新时期中国林业生物安全战略与法律法规研究项目组 ◎ 编著

新时期中国林业生物安全战略与法律法规研究

中国林业出版社

图书在版编目（CIP）数据

新时期中国林业生物安全战略与法律法规研究 / 新时期中国林业生物安全战略与法律法规研究项目组编著. -- 北京 : 中国林业出版社, 2012.3
ISBN 978-7-5038-6501-5

Ⅰ. ①新… Ⅱ. ①新… Ⅲ. ①林业-生物技术-安全管理-发展战略-研究-中国②林业-生物技术-安全管理-森林法-研究-中国 Ⅳ. ①F326.2②D922.44

中国版本图书馆CIP数据核字(2012)第029673号

出 版	中国林业出版社 (100009 北京西城区德内大街刘海胡同 7 号)
电 话	(010) 83229512
发 行	中国林业出版社
印 刷	北京中科印刷有限公司
版 次	2012 年 3 月第 1 版
印 次	2012 年 3 月第 1 次
开 本	1/16
印 张	14.75
字 数	250 千字
定 价	45.00 元

新时期中国林业生物安全战略与法律法规研究
编 辑 委 员 会

PREFACE 序

随着全球经济快速发展和技术革命的不断创新，现代生物技术在农业、林业、环境、医药和军事等领域的应用日益广泛，已经或将成为人类解决人口、资源、环境等重大社会、经济问题的重要手段。现代生物技术一方面对丰富人类多样化需求、提高人类生活质量、促进社会经济快速发展等方面产生了深刻影响；另一方面却给人类社会发展带来了许多潜在问题，严重威胁着人类自身安全。因此，生物安全问题引起了全社会的高度关注和重视。林业生物安全是生物安全的重要内容，面临着许多严峻的形势和挑战。林业生物安全问题最早可追溯到14世纪发生在欧洲的黑死病。之后，随着全球社会、经济的快速发展，林业生物安全问题受到国际社会的广泛关注。

国外在林业生物安全法规、政策和管理方面做了许多有益探索，其经验教训可为中国开展林业生物安全工作提供借鉴与启示。在林业生物安全立法方面，形成了比较有效的生物安全法律法规体系，但缺乏专门针对林业生物安全的综合法律和法规；能够及时修订和完善相关法律法规，但有待增加林业生物安全的法律条款；行政法规和技术标准相结合；国内立法与国际法规体系相结合；形成了比较齐全的国际公约和信息网络。在林业生物安全政策和行动计划方面，制定和实施了比较有效的防控政策，但尚需与林业部门的行政规定和技术规程相结合；建立了比较有效的林业生物安全预警和监测体系；制定和实施了生物安全相关领域的科学研究计划，但尚缺乏支撑林业生物安全管理的大型研究计划；基本形成以国家为主的多元化投入机制；加强了专门人才培养力度；制定和执行林业生物安全战略与行动计划。在林业生物安全管理方面，有比较合理的机构设置和相对完善的协调机制，但面对全球林业新形势仍需进行机构和管理体制上的改革和调整；实行了生物安全许可制度，但在林业领域尚处于初级阶段；建立了风险评估制度，但缺乏林业生物安全管理风险评估的实施细则；实施了标识制度，但“标识”的内涵在林业生物安全管理领域有待进一步拓展；实施越境转移的事先知情同意制度；加强植物检疫制度；鼓励公众参与制度；形成了比较通用的管理模式；注重国际交流与合作。总之，尽管国外林业生物安全的法规体系、政策措施和管理模式还不完全成熟，但能为中国开展林业生物安全工作提供经验借鉴。

中国政府高度重视林业生物安全问题，在相关法律法规、管理机构和制度建设、科学创新和技术支撑、国际交流与合作方面采取了一系列旨在保护生物安全的切实行动，有力地推动了中国林业生物安全事业的健康发展。尽管如此，林业生物安全问题仍然十分突出，主要表现为林业外来生物入侵加剧，生物灾害事件频发；林业遗传资源损失严重，生物多样性下降显著；林业转基因生物潜在风险加大，安全问题日益突出；野生动物疫病发生频繁，人类健康和野生动物资源受到严重威胁等。因此，迫切需要开展法律法规建设、政策制定和执行、林业生物安全管理等工作，尽快完善中国林业生物安全管理机制。

在中国工程院“新时期中国生物安全战略与法规研究”项目支持下，中国林业科学研究院的王涛院士承担了“林业生物安全战略与法规研究”专题，以林业生物入侵、生物灾害、林业转基因、森林遗传资源、生物疫源疫病、森林健康为主要研究对象，从法律法规、政策和行动计划、管理体系入手，全面分析了国内外林业生物安全的现状和问题，阐明了国外林业生物安全在法律法规、政策和行动计划、管理体系方面的经验和教训，明确提出了新时期中国林业生物安全的战略思想、方针和目标、战略布局与战略途径、问题及对策建议。项目研究取得了一系列重要成果，对新时期中国林业生物安全防治和现代林业发展，具有重大的理论价值和实践指导意义，对维护国土生态安全、公共安全，促进国民经济与社会可持续发展具有重要战略意义。

相信该书的出版对中国林业生物安全的学术研究具有重要的参考作用，对新时期中国林业生物安全的立法和管理具有借鉴和推动作用。

2011年6月

FOREWORD

前　言

自20世纪中期以来，随着经济全球化进程的加快、全球气候变暖、现代生物技术的蓬勃发展、旅游和交通业高速发展以及人流物流日益频繁，生物安全问题越来越突出，人类面临的生物安全问题越来越严峻。特别是进入21世纪以来，生物安全问题已成为涉及政治、经济、科学、社会、伦理及国家安全的重大问题，直接关系到全球生态环境、人类生存环境的健康发展，关系到国家与社会的稳定。正视生物安全问题，全面开展生物安全的相关研究已成为当前世界各国普遍重视的一项工作。

一、入侵生物、转基因生物、野生动物疫病及森林遗传资源丧失严重威胁着林业生物安全

生物入侵不仅造成重大的经济损失，而且还严重破坏当地的生态环境和生物多样性，对林业生物安全已经造成破坏或构成潜在威胁，是自然生态系统面临的最严重的全球性问题之一，已引起全世界高度重视。以美国为例，2001～2005年，林业有害生物引起的经济损失为140亿美元/年，其中外来有害生物造成的损失达42亿美元/年，占总损失的32.3%；此外，美国每年有70万hm^2的野生动物栖息地被外来杂草侵占；在美国受威胁和濒危的958个本地物种中，有约400种主要是由于外来种的竞争或危害而导致濒危。

转基因生物释放给人类健康和生态环境带来潜在的不良影响。林业转基因生物对生态系统及生态系统内的生物可能存在着长期而复杂的影响，但由于人类知识和技术水平的限制，对林业转基因生物的负面影响目前尚不能做出明确的判断。

野生动物疫病威胁人类健康的问题日益显著，成为国际性的新问题。流行已久的动物疫病尚未根除，新的疫病又不断出现。由重大突发动物疫病引发的公共卫生事件不断发生，让人们感到动物疫病危机四伏，不仅仅对野生动物资源造成危害，更关系到人类健康与安全，关系到社会的和谐与稳定。据世界动物卫生组织（OIE）的报告，60% 的人类传染病病原体来自动物，75% 的人类新发传染病病原体来自动物，特别是野生动物。目前，世界上已证实的人兽共患病在 200 种以上，其中对人类有严重危害的约有 90 种。

随着全球人口的增加，森林被大量砍伐，许多珍贵物种和遗传资源遭到毁灭。世界自然保护联盟（IUCN）2009 年报告指出，全世界共有 800 种动植物在最近 500 年灭绝。目前，大约有 1.7 万个物种濒于灭绝。一方面人类对森林的砍伐和破坏，使野生生物栖息地丧失、破碎和斑块化，导致生物多样性丧失和物种灭绝；另一方面，人类的乱捕滥猎和非法贸易导致了野生动物的灭绝。据统计，在澳大利亚和北美洲，74% ～ 86% 的 44kg 以上的大型动物因人类捕猎而灭绝（孔繁德，2001）。据估计，全世界每年野生动物的非法贸易额达到 100 亿美元，野生动物非法贸易已成为世界上继毒品和武器贸易之后的第三大非法贸易。

二、中国面临十分严峻的林业生物安全形势

外来有害生物已成为威胁中国生物多样性、生态与公共安全的重大问题。中国是林业生物入侵最严重、林业生物安全隐患最突出的国家之一。林业有害生物年均发生面积为 800 万 hm^2，引起的经济损失 880 亿元人民币 / 年。其中，外来有害生物发生面积超过 130 万 hm^2，占林业有害生物发生总面积的 16%，但其造成的经济损失却高达 560 亿元人民币，占林业有害生物总损失额的 60%。

转基因生物安全问题已成为制约林业生物技术发展的重要障碍。中国是世界上唯一进行商业化生产转基因林木的国家，在世界转基因林木研究和生产中占据重要的位置。然而，由于中国抗虫转基因杨树可能存在着多种安全隐患，人们对这些成果并未抱有积极的态度，转基因林木安全性问题逐渐成为制约中国转基因技术发展的主要因素。

中国野生动物资源丰富，野生动物传带疫病对人类健康的威胁日益显著。中国有脊椎动物 6 482 种，其中鸟类 1 332 种，由于生存环

境多样，这些野生动物所携带的病原体极其复杂，形成了一个庞大的天然病原体库。例如，2003年在中国一些地区发生的SARS病毒来源于野生动物，2004年以来各地频繁发生的禽流感与野生鸟类的活动相关，生活在人群周围的鼠类可传染50多种人兽共患病。

森林遗传资源丧失加剧。中国是森林遗传资源最丰富的国家之一，包括寒温带、温带、暖温带、亚热带和热带五大森林类型。据统计，全国乔木、灌木、竹、藤等森林植物达9 000多种，特有种1 100多种。但由于不合理的管理及人类活动干扰，致使中国森林遗传资源丧失严重，对生物安全构成极大威胁。

三、生物安全技术水平已成为反映综合国力的重要因素

国际上新的国家安全观认为，威胁国家安全的不只是外敌入侵，诸如外来物种的入侵、转基因生物的污染、生物多样性的锐减等生物安全问题也危及人类的未来和发展，直接影响着国家安全。近10年来，世界各国纷纷加大了对生物安全研究的投资力度，力争在新世纪生物安全技术发展和国际竞争中占据主动和有利地位。生物安全技术水平已成为反映综合国力的关键因素之一，并直接关系到未来整个生命科学技术、生物产业和生物经济及其相关产业与经济的发展。

为了适应国际大环境的变化和生物技术发展本身的要求，政府有关部门对林业生物安全管理工作高度重视。近20年来，相继颁布了包括《中华人民共和国森林法》、《中华人民共和国野生动物保护法》、《中华人民共和国植物新品种保护条例》、《中华人民共和国进出口动植物检疫法》、《中华人民共和国进出境动植物检疫实施条例》、《植物检疫条例》、《植物检疫条例实施细则》、《基因工程安全管理办法》等在内的20余种相关法律法规，从不同侧面来保障中国的林业生物安全。国家林业局就林业生物安全的管理成立了相应的机构，如，国家林业局外来有害生物管理办公室、国家林业局野生动物疫源疫病监测总站、国家林业局林业有害生物检验鉴定中心等，保证了林业生物安全的日常管理。科技部和国家林业局科技司就林业生物安全问题，组织专家开展了相关的研究，如重大检疫性有害生物（松材线虫、美国白蛾、椰心叶甲等）的预警和控制技术，野生鸟类的疫病监测、杨树转基因新品种的选育、濒危动植物保护技术、自然保护区规划等，为林业生物安全提供了技术支撑。

中国林业生物安全管理成绩显著。但目前仍存在一系列问题，如动植物引种不够科学，尚无统一的外来树种的入侵性和生态安全评估和防范标准；没有规范的林木转基因评价测试体系；没有遗传资源管理的详细规定。截至目前，中国林业部门没有一个生物安全防护三级（P3）实验室等。由此引起的生物安全问题，尚未引起有关部门的足够重视。因此，如何加强林业领域中的生物安全管理，提高全社会对林业生物安全的认识，已成为中国当前亟待解决的问题，加强该领域的研究也就成为目前一项重要的工作任务。

在中国工程院“新时期中国生物安全战略与法规研究”项目支持下，中国林业科学研究院的王涛院士承担了“林业生物安全战略与法规研究”专题，研究内容包括林业生物安全概述专论、国外林业生物安全法律法规及政策与管理研究专论和中国林业生物安全法律法规及政策与管理研究专论3部分。项目研究组在国内外首次界定了林业生物安全的概念和内涵，在理论上取得了重大突破。同时，通过调查国内外生物安全管理实践与现状，分析中国林业生物安全管理政策、法律法规等方面存在的问题，总结借鉴国外成功的经验，明确提出了新时期中国林业生物安全的战略思想、方针和目标、战略布局与战略途径、问题及对策建议。项目研究取得了一系列重要成果，对新时期中国生物安全战略与法规制定与实施产生了重大而深远的影响，对经济发展、社会进步和实施可持续发展战略起到了重要的促进作用。

在中国工程院的领导与支持下，项目研究得到了中国科学院、中国工程院、中国林业科学研究院、北京林业大学、东北林业大学、国务院政策研究中心和国家林业局相关部门的专家学者和决策管理者的支持和共同参与，在此向他们表示衷心感谢！由于时间仓促和能力受限，不妥之处敬请批评指正。

编著者
2011年6月

CONTENTS

目 录

1 林业生物安全概述

1.1 林业生物安全的概念与内涵

1.1.1 林业生物安全的概念

目前，关于“林业生物安全”的概念，全球还没有一个确切的界定。因此，参考已有的林业生物安全方面的定义，从中国生物安全的实际情况出发，确定中国林业生物安全的定义与内涵，对于保护中国森林和湿地资源、维护森林生态系统的完整性具有十分重要的意义。

生物安全是指在一定时空尺度上，生物（包括人）的生存和发展不受自然力量和人类活动侵害或损害的状态，而生物安全受到侵害所发生的现象就是生物安全问题。

关于生物安全问题，目前国际上至少有以下两种分类：一是广义的生物安全问题（Bio-security），国际自然遗产保护国际联盟（IUCN）将其定义为：管理由于某些生物体通过被排斥、消弱、适应、抑制和根除等途径造成的对经济、环境和人体健康的各种风险。实际上，这一定义的内涵表述的是普遍意义上的生物安全（即传统的生物安全），意指生物本身的安全受到一定的外部因素的影响或威胁，从而影响生物及人的生存发展。二是狭义的生物安全问题（Bio-safety），是指“做出各种努力，以减轻或消除由于生物技术和其产物所造成的各种潜在风险。”因此，把生物和安全组合在一起成为生物安全。生物安全至少包含 4 个因素：时间、空间、主体、标准。

根据林业生物安全概念界定的时间性、地域性、独特性等原则，考虑到生物安全的定义和《生物多样性公约》、《卡塔赫纳生物安全议定书》等相关国际公约及世界卫生组织（WHO）、世界经合组织（OECD）、联合国粮农组织（FAO）等国际组织对生物安全进行的解释与《中华人民共和国森林法》、《中华人民共和国野生动物保护法》、《植物检疫条例》等国内相关法律法规，根据中国生物安全的实际情况，从保护中国森林资源，维护森林生态系统平衡出发，将中国林业生物安全定义分为广义与狭义两种：

狭义的林业生物安全是指林业生物科学领域，特别是现代林业生物技术在研究、开发、应用及产业化过程中，在造福人类的同时，对生物多样性、生态环境、人类健康及社会和经济造成的现实损害或构成潜在的风险与威胁。广义林业生物安全概念应包括林业生物体或其产物对人类健康、环境、经济和社会生活的现实损害或潜在风险。

林业生物安全作为一种安全的状态，包含两个方面：一是森林生物自身的安全；二是森林生物不影响人类福利构成要素的安全。林业生物安全受到威胁，就构成了林业生物安全问题，林业生物安全问题是林业生物本身受到一定的外部因素的影响或威胁导致林业生物体或人类健康、环境、经济和社会生活的现实损害或潜在风险的状况。生物安全问题包括两个方面：林业生物安全隐患和林业生物安全损失。林业生物安全隐患，是可能危及到、但未构成客观损失的危及到森林生物本身种群灭绝、群体死亡和森林生物危及到人类福利构成因素消失的客观情况。林业生物安全损失是因某种因素造成的森林动物、植物和微生物种群灭绝、群体死亡和动物、植物、微生物导致的人类福利构成因素的消失。

林业生物安全管理是为了保障林业生物安全而实施的计划、组织、指挥、协调和控制行为，不仅包括对森林生物的检验、监测、评价、防范、治理，也包括相关的政策、法规、科学研究、教育、保障措施等。

1.1.2 林业生物安全的内涵

林业生物安全与其他领域的生物安全的主要区别有两点：一是林业生物安全问题涉及的生物主要是森林动物、植物、微生物；二是林业生物安全的管理主要是涉及林业及相关的管理部门。另外，林业生物安全还包括以下3个方面的内涵：

（1）林业生物安全的首要标准是人类福祉　对人类有利的森林生物是否安全是判断林业生物安全的首要标准；判断人类的福利是否受到森林生物的影响是判断林业生物安全的第二个标准，凡是森林生物对人类福祉有威胁的现象则构成了林业生物安全问题。

（2）林业生物安全强调极端性　林业生物安全与森林健康不同，只有危及生命的和不可接受的才称得上是安全问题。

(3) **林业生物安全具有相对性** 对一个森林生物群体安全的，对另一个森林群体可能是不安全的。比如说有害森林生物入侵，对于本地植物是不安全的，但入侵植物本身却是安全的。另外，安全是有一定限度的，是相对于一定的限度而言的安全，具有相对性。

1.2 林业生物安全的特点

林业生物安全与农业、医药卫生等领域的生物安全问题相比，虽具有一定的相似性，但也具有自身特有的属性。林业生物安全的特性与林业的特性紧密相关，具有极强的复杂性，总结起来主要有以下几个方面：

1.2.1 涉及领域多

影响林业生物安全涉及的领域包括林业生物入侵与生物灾害、转基因生物、林业遗传资源、野生动物疫病等多个领域。此外，森林火灾、气候变化、生物实验室和检疫实验室等同样可以引起林业生物安全问题。

1.2.2 涉及范围大

目前，中国森林总面积达到 19 545.22 万 hm^2（第七次全国森林资源清查数据），分布在北起大兴安岭、南到南海诸岛、东起台湾省、西到喜马拉雅山的广阔国土上，森林占据着广大的空间，其垂直分布高度可以达到终年积雪的下限。在这些森林分布的地方，均涉及到了林业生物安全的问题。

1.2.3 生命特征强

林业生物安全涉及的林业生物入侵与生物灾害、转基因生物、林业遗传资源、野生动物疫病，均具有生命特征，如林业生物入侵与生物灾害由有害生物引发；林业转基因生物导致的生物安全问题由转基因生物引发；林业遗传资源的流失包括林木、野生动物资源的流失等；野生动物疫病由野生动物携带的活体病菌、病毒等引起。

1.2.4 区域性显著

中国是一个海陆兼备的国家，经纬跨度大，东西之间跨经度约 62°，长达 5 200km，南北之间跨纬度约 50°，间距 5 500km，从南至北呈现出赤道带、热带、亚热带、暖温带、温带、寒温带等6个温度带，加之山地、高原、丘陵、盆地、平原、戈壁、沙漠多类型的地形地貌，导致中国的气候、地理环境、森林分布等也表现出了很强的区域性。林业生物安全因受这些因素的影响，同样具有很强的区域性。

1.2.5 安全隐患潜伏期长

转基因林木受其生长周期长的特点影响，所导致的安全隐患需要几年甚至更长时间才显现出来，具有较长的潜伏性；林业入侵有害生物需经定殖、种群数量增多、传播扩散等方能表现出其对生态的危害，同样具有较长的潜伏性。

1.3 林业生物安全的重要性

林业生物安全保护是林业工作的重要组成部分，也是国家安全的重要内容。做好林业生物安全保护，对于巩固绿化成果，保护森林资源，维护国土生态安全、公共安全，促进国民经济和社会可持续发展具有重要战略意义。

1.3.1 林业生物安全承担着保障国家安全的重任

国土生态安全和公共安全是国家安全的重要组成部分，与社会经济发展和人民群众切身利益息息相关。林业生物安全涉及的生物入侵与生物灾害、野生动物疫病、转基因林木等，不仅破坏着中国的森林资源，危害着人类健康，威胁着国土生态安全和社会的稳定，而且影响着经济的发展。如林业入侵生物及本土有害生物每年在中国的发生面积达1 000多万hm^2，致死树木4 000多万株，损失高达880亿元。2003年以来，中国部分地区先后出现的SARS、高致病性禽流感、口蹄疫和炭疽等人兽共患病疫情，对中国公民的身心健康造成了极大的危害，并直接威胁着中国的公共安全和社会稳定。转基因林木对生态、对人类健康的潜在影响也极大地威胁着社会稳定和公共安全。因此，切实做好林业生物安全工作，不仅可以维护国土生态安全，保护人类健康，促进社会稳定，减轻国家公共安全压力，保障最广大人民群众的根本利益，体现以人为本和全面协调可持续发展的要求，而且对履行国际义务，促进对外贸易，保护国家利益，提高国际地位也有着重要作用。

1.3.2 林业生物安全承担着建设生态文明和维护生态安全的重任

林业生物安全保护工作是促进森林健康、保障林业健康发展的一项重要工作。加强林业生物安全工作是做好林业防灾、减灾，保持和提高森林生物多样性、维护社会公共安全和社会稳定的重要措施，是林业工作的重要组成部分。中国林业发展的总体目标是到 21 世纪中叶，基本建成资源丰富、功能完善、效益显著、生态良好的现代林业，最大限度地满足国民经济与社会发展对林业的生态、经济和社会需要。但是，林业生物安全涉及的生物入侵与生物灾害、野生动物疫病、林业遗传资源、转基因林木等问题已成为实现这一目标的最大障碍。如林业生物灾害的发生，直接破坏了森林资源和人类赖以生存的森林生态环境，直接影响了森林防风、固沙、调节气候等生态功能的发挥，以及林业生产、林农的切身利益和出口贸易，对国家、集体和个人均造成了极大的损失。因此，林业生物安全保护是现代林业建设和森林可持续经营的重要组成部分，在维护国土生态安全、现代林业建设中担负着重要的保障作用。

1.3.3 林业生物安全承载着满足社会需求和保护公众切身利益的重任

林业是以广义的森林资源为经营对象，以保护、发展和利用森林资源为主要经营活动，以满足人类日益增长的生态、经济和社会需求为经营目标，兼具生态功能和产业属性的重要社会公益事业。林业生物安全保护工作作为林业建设一项极为重要的内容，是以保护森林资源和维护生态安全为核心，具有显著的经济外部性和公共物品特性，这一特性决定了林业生物安全保护工作是一项社会公益性事业。林业生物入侵与生物灾害的防治、林业遗传资源的保护、野生动物疫病的防控等工作也均体现了林业生物安全工作的社会公益性。同时，林业生物安全保护的社会公益性也体现在林业生物安全保护工作的作用和目的方面，即林业生物安全保护不仅肩负着保护森林资源和维护生态安全，满足社会对健康森林、健康林产品需求，而且要消除野生动物疫病、转基因林木等对社会公众的危害和潜在影响，保护公众的切身利益，维护社会的稳定。

1.4 林业生物安全的发展机遇

1.4.1 国际社会对生物安全问题的高度重视和生物安全地位的不断提高

目前，生物安全问题已引起国际社会的高度重视。国际上新的国家安全观认为，威胁国家安全的不只是外敌入侵，诸如外来物种的入侵、转基因生物的污染、遗传多样性的锐减等生物安全问题也危及人类的未来和发展，直接影响着国家安全。许多国家，特别是欧美等发达国家，已对外来物种入侵和转基因植物安全等问题进行了大量的系统研究，为了降低引种带来的潜在风险，陆续制定了外来物种入侵性分级标准以及评价和风险分析方法；美国、日本、欧盟等发达国家对转基因生物实施安全评价，对产品的生产、流转和销售均有明确的规定；许多生物遗传资源丰富的国家相继制定了生物遗传资源惠益分享管理制度，对本国的生物遗传资源加强了保护和管理。1992 年，179 个国家及欧盟签署了《生物多样性公约》，对外来生物入侵、转基因生物安全管理、生物遗传资源惠益分享问题做出了原则性的规定。此外，近 10 年来，世界各国纷纷加大了对生物安全研究的投资力度，力争在新世纪生物安全技术发展和国际竞争中占据主动和有利地位。同时，生物安全技术水平已成为反映综合国力的关键因素之一，并直接关系到未来整个生命科学技术、生物产业和生物经济及其相关产业与经济的发展，其地位在整个社会经济和政治发展中不断提高。

1.4.2 党中央、国务院对林业建设的全面推动

2003 年，出台了《中共中央 国务院关于加快林业发展的决定》，2007 年党的十七大作出了“建设生态文明”的重大战略决策，2009 年 6 月召开的中央林业工作会议对林业作出了“林业在贯彻可持续发展战略中具有重要地位，在生态建设中具有首要地位，在西部大开发中具有基础地位，在应对气候变化中具有特殊地位”的科学判断，确立了林业在国家建设大局中的位置，同时也赋予了林业在国家经济社会发展中的神圣使命。党中央、国务院对林业工作高度重视，林业发展面临大好形势，这为林业生物安全工作提供了前所未有的发展机遇。作为国土生态安全和公共安全的重要保障力量的林业生物安全保护工作必将大有可为，也必将在保障生态安全和公共安全，促进生态文明，实现林业又好又快发展中发挥更大的作用。

1.4.3 林业生物安全高新技术的日益广泛运用

林业生物安全的科学技术特别是高新技术对未来林业生物安全保护工作的发展具有强大的推动作用，促使全球各国在加大林业生物安全科学技术投入的同时，更加注重了高新科技成果在林业生物安全领域的运用。随着时代的发展，以生物技术、信息技术为代表的高新技术在林业生物安全领域的广泛应用，必将极大地提高林业生物安全保护的技术水平，提升林业生物安全管理水平。

1.5 新时期林业生物安全的历史重任

林业生物安全管理工作在林业建设和国家安全的全局中，始终肩负着保护森林资源，促进森林健康，维护国土生态安全，保障人类身心健康和社会稳定的重要历史使命。新时期中国林业生物安全面临着林业生物入侵加剧、生物灾害发生加重、遗传资源多样性下降显著、林业转基因生物潜在风险加大、野生动物疫病发生频繁等方面的严峻形势，同时在林业生物安全保护工作中还存在着对林业生物安全工作的认识不足、法律法规体系不健全、生物安全保护体制不顺和政策实施不力、管理不规范以及社会公众保护林业生物安全意识不强等诸多急需解决的问题。鉴于当前林业生物安全的严峻形势，解决存在的问题的关键就是要建立科学、系统的林业生物安全体系，并在不断完善这一体系的基础上，从整体到局部，从近期到长远地开展保护工作。

1.5.1 建立依法保护和防控结合的林业生物安全体系

林业生物安全体系建立必须以法制建设为先导，以科技创新和机制创新为动力，以处理好保护、利用、发展三者关系为基础，通过在林业生物安全涉及的生物入侵与生物灾害、转基因生物、林业遗传资源、野生动物疫病等领域加强组织机构和基础设施建设，完善保护政策和管理制度，明确保护责任，加大资金投入，加强科学技术研究和推广，强化宣传和培训,加大国际间和部门间的交流与合作等途径,才能建立起科学、系统、运行良好的林业生物安全体系。

1.5.2 实现林业生物健康、安全、可持续利用

林业生物健康、安全、可持续利用是林业生物安全保护的最终目标，

其中“健康”是指森林动植物的健康、整体森林的健康、整体生态系统的健康以及林产品的健康等；“安全”是国土生态安全、公共安全和公众的人身安全等；“可持续利用”是指林木的可持续利用、森林动植物的可持续利用和林产品的可持续利用等。这一最终目标符合人与自然和谐相处的时代要求，体现了建设“生态环境良好的国家”和构建社会主义和谐社会的要求，顺应了社会、经济与生态协调发展的历史潮流。

1.6 国外林业生物安全的影响因素

1.6.1 生物因子对林业生物安全的影响

1.6.1.1 森林生物灾害对林业生物安全的影响

森林生态系统中的动物、植物、微生物等生物体种群的流行或猖獗危害，限制木材生产，降低景观质量，影响野生动物栖境、火灾和流域质量，使森林总体生长量或生物量降低、森林的利用效能降低，或降低森林在陆地生态系统中的地位和作用，或威胁人类健康，并引起一定的经济损失，这种现象称为森林生物灾害（赵文霞，2006）。森林生物灾害对林业生物安全的影响表面在以下几个方面。

（1）*森林生物灾害严重发生，造成大面积森林死亡，限制寄主树种的生态分布*。如，美国由于森林生物灾害造成的死树面积平均为 40 万 hm^2/ 年；南美叶疫病 *Dothidella ulei* 在南美一年之内摧毁了 150 万株巴西橡胶树 *Hevea brasiliensis*，致使该树种在南美无法广泛种植，而且该病害已对巴西橡胶树种植广泛的东南亚国家，特别是马来西亚构成重大威胁；在欧洲 Fennoscandia 地区，由于秋白尺蛾 *Epirrita autumnata* 的严重危害，使泰加林的分布高度受到限制（Cock，2003），加拿大的云杉色卷蛾、俄罗斯的松毛虫、非洲和东南亚用材林病虫害均发生严重，造成了较大的经济损失。

（2）*森林生物灾害的发生降低了森林质量，使森林生物多样性降低，从而对林业生物安全产生影响*。尽管大部分森林生物灾害不直接引起森林资源枯损，而表现为森林质量降低和活力的丧失，但与其他因子共同作用，最终仍导致森林资源的枯损和生物多样性减少。例如，食叶害虫和蚧虫的危害常导致森林生长势和活力降低，结果使森林更易受到各种自然和社会因子如雪灾、火灾、酸沉降、人为破坏等的干扰，最终导致森林大面积死亡。

（3）*森林生物灾害的控制措施危及了林业生物安全*。森林生物灾害的化学防治导致有害生物天敌种类减少，森林生物灾害发生频率加快。据 FAO 2005 年统计，全球人工林面积 1.4 亿 hm^2，是商品材的重要生产基地。人工林结构简单，受人为干扰程度大，森林生物灾害发生严重。目前，最有效的森林有害生物控制方法仍然是化学防治为主，而化学防治对生物多样性和环境的负面影响是众所周知的。因此，森林生物灾害对林业生物安全的影响不仅仅是生物灾害本身，还包括森林生物灾害控制措施所产生的影响，联合国教科文组织实施的“人与生物圈计划”即将“病虫害管理和肥料使用对生态系统的影响”列为其 14 个研究项目之一。

森林有害生物是否会造成毁灭性灾害，取决于森林生态系统的复杂性和人类对森林生态系统的干扰程度（Cobbinah，1997）。从原始森林到次生林再到人工林，其病虫害暴发的可能性逐渐增大（Wagner et al, 1991），伐木则往往决定了有害生物暴发的危险性（Gray，1972；Wellman，1972）。根据森林生物灾害发生的机理，对森林生物灾害的管理应以森林生态系统经营为目标，将森林生物灾害作为自然干扰因子之一进行管理，减少人为干扰，达到保护生物多样性，保护生态环境的目的。美国的森林保健理论和森林健康经营理念即为此管理模式的代表。

1.6.1.2 入侵生物对林业生物安全的影响

外来物种指历史上在自然分布区内没有分布，通过人类活动引入该区域的任何物种、亚种或低等级分类单元，包括可能存活及随后繁殖的任何器官或繁殖体。入侵生物指其定殖或扩散引起或可能引起经济或生态损失或对人类健康有害的外来物种。

外来物种入侵是自然生态系统面临的最严重的全球性问题之一，对林业生物安全已经造成破坏或构成潜在威胁，引起世界各国的高度重视。林业外来有害生物在世界范围内引起的经济损失及对生物安全的影响尚无完整的统计数据，但以下案例可以反映出林业生物入侵的严重性与危险性。据报道，美国每年有 70 万 hm^2 的野生生物栖息地被外来杂草侵占；在美国受威胁和濒危的 958 个本地种中，约 400 种主要由于外来种的竞争或危害而导致濒危（李明阳等，2005）。据不完全统计，2001 ～ 2005 年，美国林业外来有害生物引起的损失为 42 亿美元 / 年，占林业有害生物总损失的 32.3%；美国林务局关注的白蜡窄吉丁、栎树猝死病、舞毒蛾等 16 种有害生物中，外来有害生物 8 种，占总物种数的 50%。据 FAO 报道，全世界有 443 种木本植物被列入入侵种名单，其中，最具代表性的例子就是黑荆树 *Acacia mearnsii* 在南非的入侵，由于黑荆树的入侵，改变了南非局部地区植被结构，进而增加了对降水的截留和蒸腾量，导致旱季缺水，由此引起的经济损失达 2 800 万美元 / 年（Adair，2002）。原产南美洲的灌木马缨丹 *Lantana camara* 在印度南部林区已经导致乡土树种的减少，进而影响当地农民的日常生活（Johan，2001）。

外来物种入侵对林业生物安全的影响主要表现在：①占据适宜的生态位，种群数量迅速增加，成为当地的优势种。②排挤本地动植物，使乡土物种濒危或灭绝。③与乡土物种杂交，造成遗传侵蚀。④改变当地生态系统的结构和功能。如新银合欢属 *Leucaena* 与牧豆属 *Prosopis* 的杂种在南非某些局部地区为入侵树种。南非曾对入侵树种对自然生境的影响进行过量化分析，发现入侵树种会导致局部生物多样性大量减少，并妨碍集水区内的自然径流，进而影响干旱地区水源供应。⑤减少当地生物多样性。如，大叶醉鱼草 *Buddleja davidii* 原产中国，1860 年作为观赏植物被引入新西兰，到 20 世纪 80 年代，已经在林地蔓延成灾，大量取代了当地的植物，减少了当地的生物多样性（Myers，1988）。

关于生物入侵的机理有许多种假说，Ehon 早在 1958 年就完成了一部系统介绍生物入侵的经典专著——*The Ecology of Invasion by Animals and Plants*。作者在该书中列举了生物入侵的许多案例，提出了解释生物入侵机制的一些重要理论与假设。例如：新栖息地缺乏入侵种的天敌，高的群落生物多样性产生较强的入侵抵抗力等（徐承远，2001）。美国康奈尔大学的科学家，研究了 473 种原产于欧洲后又传播到美国的植物，检查了这些植物被真菌、病毒感染的情况，发现平均每种植物在新栖息地感染的真菌比在原产地要少 84%，病毒感染少了 24%（孙莉，2005），证明外来物种一旦进入新的生态环境中，就摆脱了原生态环境中的天敌，超常规快速繁殖，很快完成生物入侵过程。但是由于生物入侵过程极其复杂，多年来这一领域的研究进展较慢，多停留在对入侵现象的观察描述与提出理论假设上。

Williamson（1996）根据对外来植物的统计分析，提出了“十数定律”：在到达某一地区的外来种中，约有 10% 的物种可以发展为偶见种群，偶见种群能发展成为建成种群的概率约 10%，建成种群能最终成为入侵种的概率也只有 10%。因此，把入侵过程分为 3 个阶段，即到达与建群，扩散，稳定与发生作用。可见，一个地区所有外来植物能最终成为有害杂草的概率为 1/1000，并非所有外来植物都能成为入侵性植物。

外来物种从引入新的环境到种群形成入侵需要一段时间，这段时间被称为时滞（Time-lag）或潜伏期。时滞的长短随物种而异，也随地区而异，从短短几年到几十年或上百年（Kowarik，1995），如美国黑果稠李 *Prunus serotina* 的入侵时滞为 29 年，而鱼鳔槐的时滞则长达 265 年。再如凤仙花 *Impatiens glandulifera* 在捷克入侵时滞为 40 年（Pyšek，2001），而在英国则为 80 年。Kowarik（1995）对引进德国柏林和布兰登堡的 184 种外来木本植物进行了调查，发现它们的入侵时滞从 8 年到 388 年不等，平均为 147 年。其中 6% 的树种入侵时滞是 50 年，25% 是 100 年，51% 是 200 年，14% 是 300 年，4% 是 300 年以上。一般来说，灌木树种的时滞小于乔木树种。这么长的入侵时滞，使得外来树种的入侵更加难以预测。

1.6.1.3 释放天敌对林业生物安全的影响

19 世纪 80 年代，美国从澳大利亚引进澳洲瓢虫 *Rodolia cardinalis*，成功地控制了严重危害柑橘的吹绵蚧 *Icerya purchasi*，标志着生物防治科学的开始。①天敌昆虫引种。100 多年来，全世界共有 500 多种天敌昆虫被引进后，建立了种群防治外来害虫，成功率大约为 40%；引进后建立种群防治外来杂草的天敌昆虫有 100 多种，成功率为 30%（丁建清，1996）。②释放昆虫病原物防治森林害虫。用昆虫病原微生物防治害虫最早可追溯到 20 世纪 30 年代。1939 年加拿大用核型多角体病毒防治欧洲云杉锯角叶蜂，用病毒悬浮液喷洒了 7 棵树，所产生的病毒流行病很快扩散到 1 000hm^2，连续 4 年流行传播；椰蛀犀金龟是南太平洋和东南亚椰子及其他棕榈科植物的主要害虫，1967 ~ 1975 年间，将一种非包涵体杆状病毒引进并释放到南太平洋的许多岛上，防治效果非常明显；1965 年，日本成功地用质型多角体病毒防治给松林带来毁灭性灾害的赤松毛虫（周利飞等，2007）。除病毒外，美国和中国还利用白僵菌和苏云金杆菌防治森林害虫。③森林植物病害生物防治研究。胡海燕等（2006）指出，病害的生物防治主要有抗生、竞争、重寄生、促生和诱导抗性等机制。美国和俄罗斯等国家自20世纪30年代已成功利用木霉防治丝核菌、腐霉菌等引起的土传病害，哈茨木霉于 1981 年在欧洲得到了商业化生产。利用冠瘿病菌的弱毒株系 K84 农杆菌防治冠瘿病，已有 20 多年的历史，K84 对桃树冠瘿病的防治效果达 100%。利用木隔孢伏革菌防治树木腐朽病，用栎树枯萎病菌的弱毒株系防治栎树枯萎病均取得了显著的防效。

生物防治在有效控制有害生物的同时，也带来了生物安全问题。①释放天敌昆虫防治森林害虫引起的生物安全问题最早可追溯到 19 世纪末。早在 1897 年，Perkins 发现夏威夷于 1890 年释放瓢虫后，引起无脊椎动物区系发生了灾难性的变化，生物防治起到了相反的作用

(Sweetman，1958；Funasaki et al，1988)，引发了生物安全问题。加勒比海地区引进的异色瓢虫，使当地的捕食性瓢虫种群濒临灭绝（Koch，2003；Michaud，2002)。②释放昆虫防治杂草时，天敌昆虫进攻非目标近缘种，常常发生生态危害。20世纪50年代初，非洲引进网蝽 *Teleonemia scrupulosa* 防治马缨丹属植物，当寄主被控制后，该天敌又危害芝麻（Davies & Greathead，1967；Greathead，1971)，引起了芝麻产量损失。夏威夷引进一种昆虫防治贯叶连翘 *Hypericum perforatum*，但发现该昆虫取食相近植物种——金丝桃（Davis，1971)。③昆虫在接触低剂量的病毒后，经30～40代后会产生抗性，引起生物防治失效。

国际上从立法层面关注生物防治物引起生物安全问题，始于20世纪80年代。1988年，国际植物检疫措施临时委员会开始起草国际植物检疫措施第3号标准（ISPM No.3）——《外来生物防治物的输入和释放行为守则》，主要目的是弥补各国关于外来生物防治物环境释放安全性的法律方面的不足，因为当时仅少数国家有相关的法规或政策文件。例如，瑞典的《环境保护和有害生物的生物防治》(1980)，美国的《关于生物防治物传入美国的议定书》(1989)，FAO公布的《虫害生物防治物登记指导方针》(1988)，多数国家没有类似的法规和管理文件。1996年，ISPM No.3标准公布，在随后的几年中，世界各国开展了生物防治物的生物安全评价（Thomas & Willis，1998；Howarth，2000；Follet & Duan，2000；Lynch & Thomas，2000；Wajnberg et al，2000；Henneman & Memmott，2001)，目前使用的ISPM No.3标准是2005年的修订版，增加了天敌输出的内容，标题已改为《生物防治物和其他有益生物输出、运输、输入和释放准则》，成为国际上生物防治物安全利用的法律性文件。

ISPM No.3标准只对已造成危害的事实进行评估，不涉及潜在风险的评估，而天敌释放对生态系统的影响往往是一个长期而复杂的过程。因此，对天敌的生态安全性评价，需要积累长期的观察数据。

1.6.1.4 转基因生物对林业生物安全的影响

2004年，FAO统计报告指出，至少有35个国家开展了转基因林木的研究工作。其中仅有16个开展了田间试验，其他国家还仅限于实验室或温室研究阶段（朱莉飞等，2008)。到目前为止，全世界科学家对杨树 *Populus* spp.、火炬松 *Pinus taeda*、桉树 *Eucalyptus* spp.、番木瓜 *Carica papaya* 等数百个重要树种开展了转化研究，获得的抗虫、抗病、抗除草剂、耐盐、耐旱、耐冻、耐高温、改变木材的物理性状等方面的转基因植株已进入田间试验阶段或已批准商品化。

转基因微生物的获得，已大大提高了生物农药的效力和微生物促进生长的能力。转基因苏云金芽孢杆菌 *Bacillus thuringinensis* 提高了杀虫能力，转基因荧光假单孢杆菌 *Pseudomonas fluorescens* 提高了杀菌能力，转基因苜蓿根瘤菌 *Sinorhizobium melioti* 提高了菌株的固氮能力。

对转基因生物的安全性评价主要表现在以下几个方面（表 1-1）：

（1）抗虫、抗病的转基因植物对非目标生物的影响　许多研究者的研究表明，目前林木上应用的转 Bt 基因、转几丁质酶基因、转除草剂基因对蜜蜂均无影响，转蛋白酶抑制剂基因对蜜蜂的死亡率有一定的影响，但不同类型、不同剂量其差异性明显（Malone et al，2000；Henrik et al，2003）。

表1-1　转基因生物释放后对森林生态系统的潜在风险

对环境的负面影响	造成影响的过程
产生新的杂草	基因流和杂交
产生新的病毒	不同病毒重组
产生新的有害生物	病原体—植物相互作用
	植食性昆虫—植物相互作用
侵入到新的栖息地	花粉和种子的传播、干扰、竞争
对非目标物种的伤害	改变了互惠共生关系及生态系统的结构
丧失物种的遗传多样性	基因流和杂交、竞争
改变生态系统的结构和功能	改变物种组成、结构
生物多样性的丧失	竞争、环境的胁迫，增加的影响（基因、种群、物种）
营养循环和地球化学过程的改变	与非生物环境的相互作用（如转基因植物与 N2 固定系统）
初级生产力的改变	改变了物种的组成
土壤结构和功能的改变	改变了土壤生物群落结构及其对环境的影响

注：修改自钱迎倩等（1996）

（2）病毒寄主范围扩大或病毒重组　周雪平等（1997）首次证实，非洲木薯花叶病毒可以与东非木薯花叶病毒重组，形成杂种病毒，该病毒对乌干达木薯造成毁灭性的破坏，并正向肯尼亚和苏丹扩散，该杂种病毒又可与非洲花叶木薯病毒重组形成另外一种杂交病毒，其毒力更强。但昆虫病毒的研究结果与之正好相反，对枞色卷蛾核型多角体病毒CfNPV的研究表明，野生病毒和重组病毒对水生生境内的微生物组成及其呼吸活动、细菌丰度及其代谢反应指标等都没有明显影响(Kreutzweiser et al，2001)。研究还表明，昆虫重组病毒不能垂直转播（Li et a1，1999)，对捕食性天敌个体发育和种群特征等的影响很小（ McNitt et al，1995)，由于重组病毒毒力强，杀虫速度快，在野外与非重组病毒很难竞争，不易与其他病毒发生重组，对生态环境无不良影响（Inceoglu，2001)。

(3) *对土壤生态系统及生物地球化学循环的影响*　多数研究者的研究表明（James，1997；Tapp，1995；Stotzky，2000)，Bt毒素可通过枯枝落叶和根系分泌物残留在土壤中，与土壤粘粒结合的毒性难以降解，可以在土壤中残留几个月至1年不等，但与土壤结合的Bt毒素不能作为碳源被微生物利用。因此，对土壤微生物没有影响，但其对土壤生态系统长期的影响尚不十分清楚。

(4) *转基因生物发生基因漂移，可能产生基因污染，或与野生近缘种杂交，造成遗传侵蚀，降低释放地的生物多样性，甚至导致稀有近缘种的灭绝*　澳大利亚科学家就转基因桉树基因污染问题展开了讨论，他们认为，栽培与野生的同种桉树之间或同一亚属的不同种之间发生基因漂移的可能性很大，并建议采取物理隔离的方法，降低转基因及非转基因植物相互授粉的可能性（Linacre et al，2004)。

(5) *转基因生物的积累和级联效应等（龚玉梅，2007；刘海涛等，2009)*　随着越来越多的转基因树木和微生物的问世，转基因生物引起的生物安全问题日益引起广泛关注。林业转基因生物对森林生态系统及生态系统内的生物可能存在着长期而复杂的影响，由于森林生态系统的复杂多变和不容易控制，其研究结果往往难以重复，再加上转基因林木仅有10多年的历史，缺乏长期的、大样本的研究数据，研究结论因人、因实验而异，相同的研究可能得出不同的结论。未来的研究发展趋势，主要将针对基因及基因操作安全性评价和转基因生物安全性评价两个方面积累研究数据。

1.6.1.5 野生动物疫源疫病对林业生物安全的影响

由于SARS、H1N5及H1N1最近10年在世界各国的暴发，国际社会对野生动物疫源疫病倍加关注。针对各种日益猖獗的野生动物疫源疫病，世界上各个国家根据不同国情，采取了一系列的防控措施，建立了一系列的防控机构。其中，一些发达国家的疾病监测体系较为完善，能够发现并报告新发疾病。例如，美国农业部（USDA）建立了国家野生动物疾病计划（National Wildlife Disease Program，NWDP），其目的是促进农产品贸易安全，保护人类健康、动物、植物和生态系统，以减少农业生产和自然资源损失。NWDP 包含对美国各地区野生动物疾病进行监测和监督，该计划的目的是通过 NWDP 的监视和应急反应系统作出针对疫情的第一反应。此外，NWDP 与全世界非政府组织和来自其他国家的官员合作，以促进和协助制定野生动物疾病的监测方案。在澳大利亚，政府首先建立了全国动物疾病报告系统，该系统能准确及时、全面地提供澳大利亚动物疫情，包括动物健康状况、特定疾病的监测情况、某些疾病的控制措施等。该系统通过政府机构、非政府组织收集广泛的信息，包括对某些疾病的综合评述和控制措施、全国动物饲养数、屠宰数、农兽残留的数据、外来疾病的调查情况、动物健康法规、外来疾病突发时的应急处理方案、重要的动物健康状况的控制等。联邦、各级动物卫生部门诊断实验室，疾病监控计划组，疾病根除和鉴定工作组，各大学和研究机构均需向该系统提供动物信息。此外，动物疾病监控和根除计划也是一项重要措施，它包括全国虫媒病毒监控计划、全国 BSE 监测计划、猪健康监测计划、全国牛身份标记计划、绵羊身份识别系统、结核病根除监测计划、副结核控制计划、牛流行性白血病认证计划等。

为了预防并控制动物疾病，法国也制定了完善的监控和处理体系。在疫情暴发之前、之中和之后三个阶段，都有相应的处理措施，即重视预防、严格控制和保持警惕。在近几年暴发的疯牛病疫情中，这三项措施保证了病牛肉不会流入食品市场，相比其他欧洲国家，在很大程度上减少了损失。法国食品总局还规定，无论是否进入屠宰序列，所有两岁以上的牛都必须经过疯牛病检测，这也使法国的疯牛病病例逐年减少。

此外，巴西针对狂犬病疫情的防控措施也值得借鉴。巴西的野生动物比较多，因此狂犬病的蔓延也不仅止于猫、狗等宠物传播。2004 年，巴西曾经发生过严重的吸血蝙蝠传播狂犬病事件，至少 300 人遭到袭击，造成至少 19 人感染狂犬病死亡。不过由于防疫工作及时，被吸血蝙蝠咬伤的大部分人都注射过狂犬病疫苗，所以大多数没有发病。为了防患于未然，巴西卫生部门每年都抓紧为当地居民和家畜接种疫苗，防止狂犬病扩散。1988 年，为了防止狂犬病疫病，巴西政府曾经在一天之内为 100 万只狗进行了免疫注射。

1.6.2 环境因子对林业生物安全的影响

1.6.2.1 生物栖息地不合理经营及人类活动对生物安全的影响

生物栖息地指生物生活的周围环境，即指生物个体、种群或群落在其生长、发育和分布的地段上，各种生态环境因子的总和。林业生物栖息地指森林及其周围环境。

人类对森林的砍伐和破坏，导致森林植被退化，生态系统基本结构和功能丧失，稳定性和抗逆能力下降，森林生物多样性丧失。据联合国环境计划署（Daily，1995）统计，在近 300 年中，全球热带和亚热带的森林减少了 50%；退化的热带雨林面积 4.2 亿 hm^2，并且以每年 0.154hm^2 的速度下降；11% 的哺乳动物、11% 的鸟类和 5% 的爬行动物受到威胁。世界自然保护联盟《濒危物种红色名录》显示，全世界 10% 的物种受到威胁，温带哺乳动物 25% ～ 40% 受到威胁。国际自然及资源保护联盟报告（2009）指出，全世界共有 800 种动植物在最近 500 年灭绝，目前大约有 1.7 万个物种濒于灭绝。

人类对森林的破坏还表现在，使野生动物的栖息地破碎化和斑块化，导致野生动物个体在斑块间迁移困难，降低了有效迁移繁殖率，遗传狭窄，面临受威胁状态（Didham & Hammond，1998；Ney-Nifle & Mangel，2000；Malanson，2002），这是生物多样性丧失和物种灭绝的主要因素（Soulé，1986）。

人类的乱捕滥猎和非法贸易也导致了野生动物的灭绝。据统计，在澳大利亚和北美洲，74% ～ 86% 的 44kg 以上的大型动物因人类捕猎而灭绝（孔繁德，2001）。此外，据估计，全世界每年野生动物的非法贸易额达 100 亿美元，野生动物非法贸易已成为世界上继毒品和武器贸易之后的第三大非法贸易。《濒危野生动植物种国际贸易公约》（CITES 公约）有 3 个附录，列入附录 I 的物种严格禁止贸易，列入附录 II 和附录 III 的物种能进行有限额和有条件的国际贸易。以老虎和犀牛为例，老虎和犀牛分别于 1978 年和 1987 年被列入 CITES 附录 I 中，但非法贸易并未停止。虎骨、犀牛角的贸易和走私已严重威胁到老虎和犀牛的生存，自 20 世纪 70 年代以来，由于非法贸易，非洲黑犀牛的数量已锐减 90%，每年犀牛角交易都在 10t 以上，犀牛角在印度市场上售价达 2 万美元 /kg（Mulliken & Haywood，1994）。有关资料显示，在刚果东部城市布卡武，每年仅野生动物肉一项的销售量就高达 400t，被猎动物种类繁多，大到大象、猩猩，小到蝙蝠等。

森林遗传资源的保存在生物基因资源保存领域占有极其重要的地位，同时它保存了动物、植物、微生物及其生态系统。早在1975年，FAO与UNEP便提出了《森林遗传资源保护的方法》，对森林遗传资源的收集与保存作了较全面的叙述。近30多年来，森林遗传资源的保护在国际上得到愈来愈多的关注，FAO森林遗传资源专家组于1968年成立后数年，一直致力于森林遗传资源的考察、收集和评价，提出了“全球遗传资源改良使用规划”，此后在非洲和亚洲许多国家开展了种质收集和建立迁地保护区。

CITES公约通过许可证制度控制濒危野生动植物种及其产品的国际贸易，成为打击野生动植物非法贸易、限制过度利用的有效手段。该公约为35000个动植物种提供了程度不一的保护，各个国家应该严格遵守CITES公约，并保护森林不受乱砍滥伐的破坏，就会减缓野生动植物遗传资源流失的速度。

1.6.2.2 森林火灾等自然灾害对林业生物安全的影响

根据FAO 1992年对全球47个国家（占全球森林面积的53.9%）的火灾资料统计，1981 ~ 1990年平均每年森林火灾面积6 730万hm^2，占林地面积的0.47%，特别是2002年美国发生的一系列森林大火破坏了300多万hm^2的林地，澳大利亚在2002 ~ 2003年夏季火险期大约有1/10国土面积发生了森林火灾，森林火灾对森林的破坏引起了全世界的重视。森林火具有两面性，一方面它是森林生态系统演替过程中的一种自然干扰因子，在促进森林发育、维持生物多样性特别是景观多样性方面起着积极的作用（Antonio & José，2001）。另一方面，当它失控时，森林火灾可引起森林的大面积死亡，造成重大的经济损失。因此，森林火灾是国际减灾战略的重要组成部分。由于研究的时间和空间尺度不同，森林火灾对森林结构和功能的影响，不同研究者有不同的结论。例如，Ducey等（1996）研究表明，不同强度火烧后，混交栎林的林下植被物种组成在火前和火后并无变化，只是不同物种的密度和频度有所变化。但多数研究结果表明（Daskalakou et al，1996；Ogden et al，1998；王玉涛等，2005），高强度、大面积的森林火灾可消除森林、灌丛和草本植物，使景观中的各种异质斑块毁灭，降低物种多样性、生态系统多样性和景观多样性。

火灾会引起森林组成和景观的变化，进而影响森林病虫生存与发生条件。外来物种也会受到火干扰的影响而改变分布现状。例如，Turner等研究认为，森林火烧后形成的斑块镶嵌景观虽然有利于维持较高的群落多样性，但斑块大小和格局决定了斑块的边缘特征、边缘效应和种子入侵，从而影响未来群落的物种组成、空间格局和早期演替动态（Turner & Romme et al，2003）。斑块大小的形成取决于林火的强度大小，强度大的林火易为生物入侵创造条件，引起外来物种的入侵和害虫种群数量大增（Mack et al，2000）。例如，新西兰大叶醉鱼草入侵采伐和火烧迹地，成为林地中的优势植物种；美国大的林火过后，留下许多枯死和濒死木，造成小蠹虫危害加重。相反，入侵物种和森林生物灾害将改变群落的组成结构，影响火干扰的频度和强度（Toole，1961；龚固堂等，2007）。如雀麦草（Cheatgrass），增加火烧频率，而其他种，如白矢车菊（Diffuse Knapweed），有可能减少火烧频率（Harrod & Reichard，2001）。不同的气候带和森林类型，其自然火的频度和强度不同，在湿润或寒冷地带，可燃物积累量大，易发生低频高强火；在干旱或炎热地带，可燃物分解快，常发生高频低强火（Bergeron et al，1990）。计划火烧有助于当地植物群落提高抵抗入侵物种的能力，这也是控制入侵物种的一种方法。监测当前的火管理活动和开展火影响研究，对未来更好地解决在同一生态区内生态系统恢复中的入侵物种非常重要。

森林火灾特别是大面积、高强度的森林火，可造成珍稀濒危的大型动物灭绝。林火一方面使野生动物的栖息地丧失，另一方面可造成栖息地的破碎化。根据中度干扰理论，在适度干扰的地方物种丰富度最高，有利于提高物种多样性（刘艳红等，2000），低强度小面积火烧或不均匀火烧通常可建立较多的过火斑块，从而增加景观的异质性和多样性（Chapaman et al，1994），这就为科学的林火管理提供了依据。科学的林火管理应该保持小强度、高频次的林火，减少小频度、高强度的大火。

对森林生态系统而言，多种干扰之间是关联的（Dale et al，2001）。火灾、虫害和病原体之间存在复杂的相互作用，这些作用表现在昆虫和病原体种群数量及火灾发生和火行为变化，并影响森林生产力、景观、野生动物栖息地和其他管理目标。这些相互作用表现出空间和时间的复杂性。昆虫和火是许多生态系统中常见的干扰因子，并常常同时出现（Bruhjell et al，2004）。自 1927 年以来，火与小蠹虫的相互作用一直是研究课题（Miller & Patterson，1927）。火强烈影响树种组成和森林结构，这为甲虫必须找到和占据寄主提供了模板（Bebi et al，2003；Kulakowski et al，2003；Lynch，2006）。研究证实，火引起的损伤影响树木生理和降低树木抵抗力导致容易受到昆虫侵袭（Wallin et al，2003），与火有关的昆虫种群增加也可能导致未火烧的林分发生虫害（Ryan & Amman，

1996；Bradley & Tueller，2001；Santoro et al，2001；Hanula et al，2002；Elkin & Reid，2004）。在1988年黄石公园火灾中，甲虫危害区域比未危害区域火烧面积增加11%（Turner et al，1999）。在美国西部许多针叶林中，野火和小蠹虫暴发相互作用及其与火行为的相互影响、小蠹虫发生动态和生态系统结构变化是关键的研究问题（Stephens & Ruth，2005）。虽然小蠹虫疫情对火灾危险的影响已有大量研究（McCullough et al，1998；Parker et al，2006；Lynch，2006），但直到最近才出现实验数据去验证和量化这种关系。有些研究认为，小蠹虫暴发会引起灾难性大火（Parker & Stipe，1993），而其他人则强调小蠹虫暴发以来时间的重要性（Schmid & Amman，1992；Romme et al，2006），理论上讲只有在侵染后的一年或两年后发生树冠火的可能性增加，因为死亡针叶仍存留于树冠。死亡针叶落到地面后，发生树冠火的危险度降低，因为树冠连续性和密度降低。Fettig et al（2006）认为，在一般情况下，小蠹虫暴发不会增加有效可燃物，但该虫害改变森林可燃物组成、大小、分布及排列，但不改变有效可燃物总量（Fettig et al，2008）。Fleming（2002）发现云杉食心虫（Spruce budworm）危害后3～9年森林大火增多。火对病原体的影响包括许多方面：直接影响；影响已与它们形成共生关系的有机体；改变林分动态，影响病原体的发病率和分布；提供了感染寄主植物的进入点（如心腐菌）；增加或降低寄主活力；影响病原体的活动和影响物质和微生物环境。任何病原体群落动态变化也显著影响生态系统中火的作用，包括火动态的改变。

镶嵌不同演替阶段森林的景观系统可以维持一个较高的生物多样性，但同时需要对高火险区域进行选择性管理（Moretti et al，2004）。计划火烧还是控制病虫害和外来植物入侵的重要管理措施（Dale et al，2001）。不适当的林火管理活动加剧了入侵物种的建立和传播。干燥森林生态系统排斥火烧措施会导致灾难性的森林大火，增加了外来物种侵入的可能性和生态系统的进一步改变。沿海针叶林中的皆伐和计划火烧采伐剩余物，促进了入侵物种的建立和蔓延，并对本地物种造成损害。

1.6.2.3 污染对林业生物安全的影响

1962年美国女作家雷切儿·卡逊所著的《寂静的春天》一书，为人类敲响了防止环境污染、保护生物安全和人类生存环境的警钟。

（1）由于人类大量使用化学农药，农药进入到自然界的物质和能量循环中，残留的农药通过食物链在野生动物中积累下来，轻者影响野生动物的繁殖能力，重者会造成野生动物的大量死亡（Heimbach，1992）。

此外，由于农药在土壤中的残留，降低了土壤动物多样性，并通过食物链的传递进入人体，引起人和动物生殖系统障碍和内分泌失调，有些甚至具有明显的致畸、致癌和致突变作用（史雅娟等，2003），危及人类健康和生存。

（2）工业发展引起了严重的空气污染，特别是中国、印度等发展中国家，加剧了森林有害生物的危害，甚至造成大面积森林的毁灭。20 世纪 80 ～ 90 年代，北美、欧洲、日本森林衰退病严重，其典型症状为树叶黄化、脱落，枝梢枯死，生长量下降或停滞，严重时引起大面积森林死亡（余叔文，1990）。根据世界自然基金会 1985 年的统计，欧洲大约有 600 万 hm^2 森林在衰退；美国西部和加拿大东部衰退病严重，由于衰退病的危害，日本东京 5000km^2 以内的雪松 80% 顶梢枯死（曹福祥等，1994）。美国纽约大学的 Manion 教授认为，森林衰退病是继侵染性病害、生理性病害后的第三种类型病害，其病原可能是酸雨。对酸雨导致衰退病的机理，很多研究表明，酸雨可以抑制菌根的形成、侵染和生长（Dightonn et al，1987；Dighton et al，1991），从而影响了树木对营养的吸收（Halma et al，1986），其次是污染导致土壤中铝和钙及重金属元素被活化，抑制树木生长（Thompsonm et al，1984；Reich et al，1985；Entry et al，1988；Dixon，1988；Willenborg et al，1990），酸雨还使天敌昆虫寄生率下降，降低森林害虫对病原微生物的敏感性，使森林的抗逆性变弱，常常造成害虫的大暴发（Przybylski，1979；Alstad et al，1989），这些因素共同作用导致了森林衰退病，严重时引起森林大面积死亡，工业点源和面源污染损害森林的实例见表 1-2。

（3）土壤和植物体内重金属的污染不仅影响植物本身，而且也可能进入食物链，影响动物和人类的健康（Hart & Welch et al，1998），例如，日本发生的第二公害病—骨痛病就是因为人们食用了被 Cd 废水污染的土壤生产的“镉米”所致（Asami，1981）；西班牙的森林受到 Pb、Cd 的污染，对森林中的野猪和马鹿产生了许多生理毒害作用，不仅改变肾管的功能，而且影响雄性的繁殖能力如精子的减少及睾丸的萎缩等（Santiago & Motas-Guzman et al，1998）。此外，重金属污染后的土地不能种植，由于土壤对重金属的固定作用，土壤修复代价高昂，且需要数十年甚至上百年的时间，导致土地资源浪费（Mcenroe & Helmisaari，2001）。重金属污染带来的不仅是经济损失，还是生态灾难。

污染对森林中的植物、动物和微生物的生存构成了严重的威胁。但世界范围内的污染有增无减，其发展趋势呈以下特点：

表1-2 工业点源和面源污染损害森林的实例

地点	污染源	严重受害或致死的树种	文献
德国东部工业区	化工厂	欧洲赤松	Dudel et al，1999
德国南萨克逊高地	混合源	挪威云杉	Wienhaus O. and Zimmerman F.，1997
德国艾兹格堡	发电厂	挪威云杉	Wienhaua D. 1991；Wienhaus O.，1996
英国	混合源	欧洲赤松	Farrar et al，1997
德国鲁尔谷地	混合源	欧洲赤松	Knabe，1970
德国塔兰特	熔炼厂	挪威云杉，欧洲赤松	Stoeckhardt J A，1850
法国 rouen	混合源	欧洲赤松	Decourt，1977
加拿大西北地区	熔炼厂	黑杉、白杉、纸桦、杨树、柳树	Hocking et al，1978
加拿大不列颠·哥伦布安约克斯	熔炼厂	加州铁杉、美国西加云杉	Errington and Thirgood，1971
加拿大不列颠·哥伦布特雷尔	熔炼厂	美国黄松、北美黄杉、美国黑松	Scheffer and Hedgcock，1955
美国蒙大拿	电厂	美国黄松	USDA Forest Service，1955
美国密西西比杰克逊	核电设施	红栎、白松	Rochow，1978
美国蒙大拿密苏拉	纸浆厂	美国黄松、北美黄杉	Carlson，1974
美国蒙大拿亚拿康达	熔炼厂	北美黄杉，美国黑松	Scheffer and Hedgcock，1955
美国加利福尼亚雷丁	熔炼厂	松树，栎类	Haywood，1905，1910

注：本表源自杨传贵等（2000）

（1）工业污染转向发展中国家　美国、日本和西欧等发达国家和地区的工业污染严重发生于20世纪40～70年代，80年代以后，污染性的企业向海外流转，转向亚洲、非洲、南美洲等经济欠发达的国家和地区。由于发展中国家的相关法规不严，废物处理费用便宜，大量危险废物也从工业国家转移到了缺乏监控和处置手段的发展中国家。1986～1991年，世界上最富有的10个国家把近2亿t的有害废物投入了世界市场，其中绝大部分进入发展中国家。由于发展中国家财力所限，尚未重视污染造成的严重后果，研究资料相对较少。

(2) 发展中国家化学农药污染严重　自《寂静的春天》发表后，发达国家在越来越依赖化学防治的情况下，猛然间正视了环境污染的事实，开始了对化学防治的重新评价。20世纪70年代，国际上先后有20多个国家宣布禁用DDT、六六六等有机氯杀虫剂。特别是1992年世界环境与发展大会后，控制化学农药的使用已成为全世界的共识。但实际执行过程中遇到了很多困难，特别是发展中国家，化学防治仍然是林业和农业病虫害防治的重要或唯一手段，再加上发达国家不断研制化学农药，研制及药效试验均在发展中国家进行，致使发展中国家污染问题更加严重。

1.6.2.4 生物实验室和检疫实验室对林业生物安全的影响

实验室生物安全是指在研究或操作具有潜在感染力的微生物时，为防止感染因子向实验室外扩散和实验室人员的感染而采取恰当的实验室操作和实验程序，使用一定的实验室安全装备，对实验室的设施及结构提出特定要求，并将上述诸因素综合起来进行应用的过程。首例实验室感染是1826年法国医生Laennec感染皮肤结核（周乙华等，2005），这是全世界第1次关于实验室生物安全的报告。关于植物检疫实验室的安全问题也可追溯到19世纪，1886年，美国从亚洲地区引进少量舞毒蛾作为产丝昆虫，拟在实验室内先进行引种可行性试验，没料到却发生了事与愿违的严重后果，相隔实验室引种不到1年时间内，就暴发了一场大范围内的舞毒蛾灾难（安榆林等，2005），目前舞毒蛾已扩散到美国43个州，仍是美国时刻关注的一种林业外来有害生物。

生物安全实验室在20世纪50～60年代首先出现在美国，1974年，美国疾病预防控制中心（CDC）和国立卫生研究院（NIH）出版了《基于危害程度的病原微生物分类》一书，这是全球首次对可供人类研究的病原微生物和开展相应的实验室活动按不同危险类别进行的分类，根据微生物的危险程度共分为4个级别。1级：对人不致病或几乎不致病；2级：对人致病，但引起流行的可能性小，并有特异性治疗和（或）预防方法；3级：对人高度致病，能引起严重疾病，但引起流行的可能性较小，并有特异性治疗和（或）预防方法；4级：对人高度致病，可引起严重疾病，发生流行的可能性大，并缺乏有效的治疗和预防方法。1976年，美国国立卫生研究院制定了4个对应的物理隔离等级来控制实验室的生物危害，即人们熟知的P1、P2、P3和P4实验室。1983年，世界卫生组织出版了《实验室生物安全手册》，后进行两次修订，用BSL-1、BSL-2、BSL-3和BSL-4表示不同生物安全级别的实验室。

但从世界总体水平来说，仅美国、加拿大、澳大利亚、新西兰和欧洲一些发达国家和地区对生物实验室的安全比较重视，其他国家和地区对生物实验室安全重视不够。例如，据有关组织调查显示，日本有许多BSL-2实验室曾从事BSL-3级别微生物的研究（http：//proquest.umi.com/pqdweb?did=1113243031&amp）。植物检疫实验室的建设远远落后于动物检疫实验室，与人类医学实验室更无法相比。到目前为止，世界各国普遍存在着无标准的植物检疫实验室和无检疫实验室生物安全规范的问题。

1.6.2.5 气候变化对林业生物安全的影响

由于气候变化的不确定性、生态系统的复杂性以及人类认知和技术发展水平的局限性，目前关于气候变化的预测还存在着很多不确定性，但归纳目前的研究结果，气候变化对林业生物安全的影响主要表现在以下方面：①温度胁迫。气温是限制物种分布的重要因子之一，全球气候变化会使气候带南移，北方的有些物种会因嗜低温而遭灭绝。同时，由于物种的迁移，会出现一些新的物种，特别是微生物种类。②水分胁迫。气候变化使降水量总体增加，但分布格局会发生变化，干旱地区更加干旱。干旱胁迫会使森林火灾增多，森林生物灾害和生物入侵发生严重，影响森林的生物多样性。此外，气候变化将对温带森林产生巨大的影响，一方面，由于气候带南移，水热条件好的温带森林被亚热带森林代替，另一方面，由于干旱胁迫，特别是林农、林牧交错带，森林会被草原或荒漠所代替。③气候变化使海平面升高，对红树林生态系统中的生物组成、结构和红树林的功能影响最剧烈，还可影响到沿海防护林体系(Urban & Harmon，1993)。④气候带南移会使部分冰川融化，对世界北方森林影响较大，部分学者预测，北方森林、暖温带森林和亚热带森林面积将会减少，寒温带和热带森林的面积趋于增加（Smith & Leemans et al，1992；Smith & Halpin et al，1995）。⑤热带和亚热带森林是生物多样性最丰富的生态系统，气候变化会加速某些物种的生长和演替速度，在人类活动干扰加剧的现代社会，会加速外来植物入侵的速度。⑥受气候变化影响最大的区域是不同生态系统的边缘或过渡带，有些变化具有不确定性，如热带森林在其干旱的边缘地带由于不规则的降雨，会使大多数树木不落叶，地面的枯枝落叶层不能形成，节肢动物因缺乏栖息生境和食物而大量减少，由此影响到生物链上的一系列物种，进而影响整个森林生态系统的物质流、能量流，使原本复杂多样的森林生态系统失稳、简单化（刘国华等，2001）。⑦气候变化引起全球极端气候和极端天气频率增加，可能导致森林火灾和森林生物灾害发生严重，例如，Dixon 和 Krankina（1993）预测在变暖的 50 年内，俄罗斯森林火灾面积将增加 712 万 hm^2，增加大约 100%。而严重的森林火灾又会导致温室气体增加，形成恶性循环，例如，Kurz et a1（1992）估计加拿大在 1986 ~ 1989 年发生的森林火导致碳排放增加 86%。Amiro（2001）研究认为，加拿大 1959 ~ 1999 年平均每年林火释放的碳量占化石燃料释放碳量的 18%，澳大利亚 2002 ~ 2003 年的森林火灾排放 1.2 亿～ 1.3 亿 t CO_2，大约相当于澳大利亚全年 CO_2 排放量的 20%（田晓瑞等，2005）。

气候变化将使全球的森林分布发生变化，应对气候变化，一方面如《京都议定书》提出的那样，要充分发挥森林的碳汇作用，通过林业措施增加碳的减排量，减轻气候变化的影响，另一方面，也要适应气候变化，调整森林的结构和布局。

1.6.3 其他因素对林业生物安全的影响

影响林业生物安全的因素还有：①由于人口增长的压力，土地利用方式发生改变，大量的森林和草原变为耕地，对野生动植物遗传资源和生物多样性造成威胁。②由于人们对薪柴的需求，造成过度的砍樵活动，干扰森林生态系统，进而对生物安全造成影响。③对药材、食用菌的掠夺性采集，使其更新困难，数量减少，甚至物种灭绝。④在林区开矿、开办木材和纸浆加工厂，破坏森林，再加上矿区的空气和水污染等，对生物安全构成了威胁。⑤生态旅游等人类活动及冰雹、雨雪、极端低温等自然干扰因子对林业生物安全也构成了威胁。

1.7 中国林业生物安全的影响因素

1.7.1 生物因子对中国林业生物安全的影响

1.7.1.1 森林生物灾害对中国林业生物安全的影响

中国人工林面积居世界之首，是森林生物灾害发生最严重的国家之一。现有林业有害生物 8 000 余种，能造成严重危害的达 292 种，年均发生面积为 800 万 hm^2，占年均造林面积的 80% 以上，每年引起的经济损失 880 亿元人民币，相当于中国林业总产值的 1/10。

生态系统中非外来有害生物，例如，松毛虫、多数小蠹虫引起的生物灾害呈周期性发生，对人类而言是一种灾害，造成了一定的经济损失，但对于森林生态系统来讲，是物质和能量交换、生态系统自我调节、自我恢复和自我发展过程的一个重要环节。森林生物灾害存在着孕育期—潜伏期—暴发期—衰退期的自然发生、发展过程，理论上对生物安全不构成威胁。但中国的森林状况比较特殊，由于不合理的砍伐和经营，形成了大面积质量不高的人工纯林和天然次生林，致使森林生态系统结构简单，功能稳定性差。大面积的森林生物灾害，会不会引起森林资源破坏的不可逆变化？存在很大的不确定性，构成了生物安全问题。而事实上，三北防护林一期工程由于光肩星天牛的危害而全军覆没就是一个明显的例证。

森林中外来有害生物引起的灾害常常周期短，发展速度快，甚至对生态系统造成不可逆的破坏。例如，椰心叶甲 *Brontispa longissima* 自 2002 年在海南发现以来，在短短的 6 年时间，现已遍布海南全省，经济损失超过 1.5 亿元。松材线虫病虽经近 20 年的“封锁、控制、压缩”，减缓了病害的扩展速度，但该病仍以每 5 年发生面积翻一番的速度继续扩大蔓延；美国白蛾自 20 世纪 70 年代传入中国以来，经过近 30 年的生态适应性锻炼，最近几年快速扩散，已在北京、天津、河北、辽宁等省（市）造成严重的经济、生态和社会危害；原来控制较好的松突圆蚧已从广东省向福建省和广西壮族自治区快速扩散。

利用当地天敌和病原微生物防治林业有害生物在中国也取得了很大的进展。例如，人工大量繁育周氏啮小蜂防治美国白蛾，天敌的总寄生率达到 92.67%（魏建荣等，2004），防治面积达 3.74 万 hm^2，占全国美国白蛾发生面积的 1/3（杨忠岐，2004）；人工繁育花绒寄甲和肿腿蜂防治各种林木天牛，天牛幼虫的寄生死亡率高达 96%。利用昆虫病毒、病原真菌和细菌防治各种食叶害虫和线虫均取得了明显的防治效果。但无论是天敌昆虫还是昆虫病原微生物均是以“生物农药”的形式，大量施入生态系统中，其长期使用对森林生物和森林生态系统的影响尚不清楚，需要认真研究。

1.7.1.2 入侵生物对中国林业生物安全的影响

中国是林业生物入侵最为严重、林业生物安全隐患最为突出的国家之一。至 20 世纪 90 年代末，调查发现中国外来杂草已有 108 种，隶属 23 科 76 属。其中被认为是全国性或是地区性的有 15 种（强胜，曹学章，2000）。至 2003 年底，查明中国共有外来入侵物种 283 种，其中水生植物18种，陆生植物170种，50%的外来入侵植物是作为牧草或饲料、观赏植物、纤维植物、药用植物、蔬菜、草坪植物而引进的（徐海根等，2004）。目前查明传入中国的林业外来有害生物总计108种。其中，有害植物82种，有害线虫1种，有害昆虫21种，有害微生物4种。重要的林业外来有害生物有松材线虫、美国白蛾、松突圆蚧、日本松干蚧、椰心叶甲、薇甘菊、紫茎泽兰、飞机草等，每年造成经济损失560多亿元人民币。林业外来有害生物的传入主要通过国际贸易中的植物及其产品的运输无意引入，根据中国检验检疫部门的风险分析，在进口原木中携带检疫性害虫的比例高达70%以上，疫情来自36个国家或地区（潘建明，2003）。无意引入的林业有害动物、植物及微生物造成生物入侵带给人们的教训是刻骨铭心的。

中国20世纪90年代才开始研究入侵生物问题（丁建清，1996）。入侵生物对林业生物安全主要有以下影响：①造成严重的经济损失。如松材线虫病引起松树枯萎死亡，具有发病速度快、治理难度大等特点，被称作“松树的癌症”。中国于1982年在南京中山陵风景区首次发现松材线虫时，枯死树仅200余株，1982～1992年的短短10年间，仅南京地区因病害致死松树就达140万株。截至2008年底，全国已累计致死松树5亿多株，毁灭松林33万hm^2，造成经济损失上千亿元。在松材线虫病重点发生区，由于该病连续危害，松树几乎死亡殆尽，不得不对林分进行改造，使多年的造林成果毁于一旦，破坏了自然景观及生态环境，中国松林资源面临着极大的威胁，构成了生物安全问题。②减少植物物种多样性。由于繁殖方式多、繁殖快，成熟早，自然更新容易，适应能力强，生态幅广，种子产量大、寿命长等特点，入侵生物具有竞争优势，可排挤和压制本地物种，形成单优势种群，加快本地物种的灭绝。例如，薇甘菊是一种具有超强繁殖能力的攀援藤本植物，可以进行无性或有性生殖，攀上灌木和乔木之后，能迅速形成整株覆盖之势，使被攀援的树木因光合作用受到破坏而窒息死亡。该种在广东省的内伶仃岛国家级自然保护区造成相当严重的灾害，致使树木枯死，灌丛林逆行演替成草丛。③减少植物遗传多样性。入侵生物与当地植物杂交，改变种群的遗传结构和组成，加快本地物种的灭绝。例如，海南省和广东省的海桑属产区栽培从孟加拉引进的无瓣海桑 *Sonneratia apetala*，引发当地种的遗传基因被侵蚀，甚至丧失的问题（曾北危，2004）。④减少动物多样性。当本地植物被外来植物取代后，由于食物匮乏和栖息地遭到了破坏，动物种群的数量也会下降，甚至灭绝。⑤降低森林的生态功能和社会功

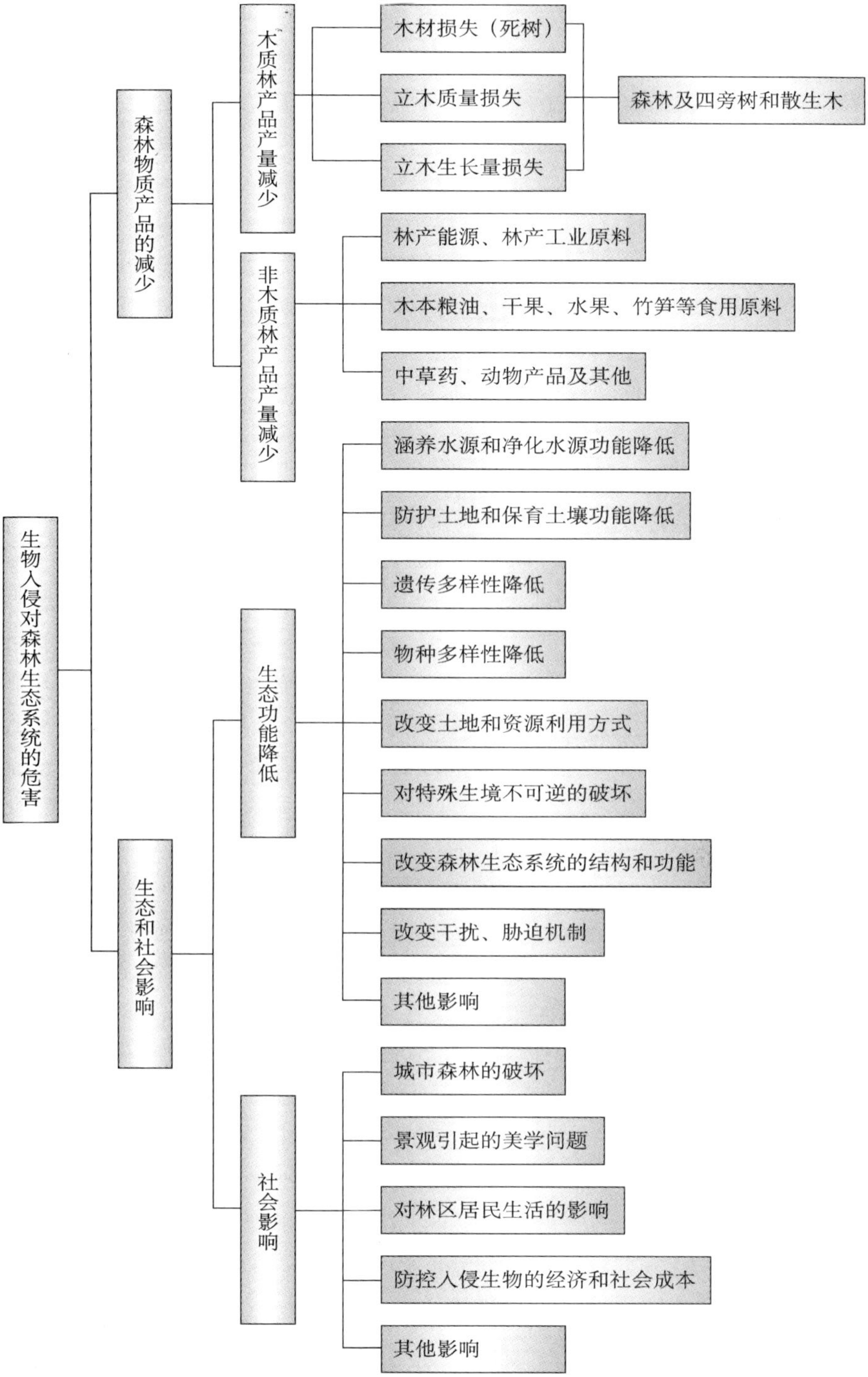

图1—1 生物入侵对林业生物安全的影响

能。⑥其他影响。昆明市滇池连绵 1 000hm² 的水面全部生长着凤眼莲 *Eichhorniac rassipes*，盖度近 100%，使许多水生生物几乎处于灭绝的边缘，已经从 20 世纪 60 年代的近百种水生动植物减少为 80 年代的 30 余种。入侵生物对林业生物安全的影响如图 1-1 所示。

关于外来有害生物发生严重的机理，目前尚不清楚，但可以用通常的两种假说来解释，以松材线虫为例：①原产地寄主有抗病基因假说。由于长期协同进化，北美洲的寄主松树含有抗松材线虫的基因，而亚洲松树受感病基因控制。②天敌跟随假说。在北美存在着抑制松材线虫的天敌，但在松材线虫传入亚洲的较长时间内，天敌未跟随其后，使松材线虫不受控制地生长和发育，造成严重危害。宋湛谦等（1993）研究表明，松属植物相同组不同亚组的松脂化学组分有明显差异，有可能不同亚组的抗病性是不同的，进而支持第一种假说。

1.7.1.3 动植物引种对中国林业生物安全的影响

（1）*植物引种* 中国引种的外来树种种类繁多，目前已引种的木本植物 1 824 种（包括变种），其中，被其他国家或地区列入入侵性物种名单的 100 多种（表 1-3），但中国目前是否存在木本植物入侵问题尚存在争议，这主要与对入侵种的认识程度、经济发展水平、人口和国土资源状况、基本的科学数据不足等原因有关。因此，开展外来树种入侵性评价和生态风险评估，制定统一技术规程和标准，确定各种外来树种的入侵性和风险等级，依此建立外来树种生物入侵预警系统显得特别重要。国家科技部、国家林业局从 2002 年起开始设立专项，开展外来树种入侵性评价和预测，开始对防范与控制外来树种入侵进行系统的研究，制定技术规程并提出防范战略，为生物入侵的防治提供科学依据。中国林业科学研究院林业所开展了一系列的研究。张川红等（2005）对北京地区火炬树入侵情况进行了调查，发现火炬树虽然具有很强的萌蘖扩散能力，但目前还没有对高大的自然、半自然森林生态系统产生危害，是荒山绿化的好树种。付增娟等（2006）在云南展开黑荆 *Acacia mearnsii* 和银荆 *Acacia dealbata* 的自然扩散研究，发现黑荆主要以种子扩散为主，而银荆则以根孽繁殖为主。这两个树种是近距离扩散模式，目前没有远距离自然扩散的现象，人为栽培管理对他们的扩散影响很大。刘宁等（2006）对广东引种的雷林 1 号桉 *Eucalyptus leizhou* No.1 进行了繁殖扩散调查，发现该树种很难形成大规模自然繁殖和扩散。宗亦臣等（2006）分别对广东引种的马占相思 *Acacia mangium* 和云南引种的新银合欢 *Leucaena leucocephala* 自然繁殖扩散进行了调查分析，发现马占相思在水分充足、

表1-3 中国引种植物

引种植物	种（变种）数量	入侵性物种数量
棕榈科	544	5
桃金娘科	350	18
蔷薇科	71	5
松科	60	14
杨柳科	43	4
含羞草科	40	23
紫茉莉科	40	0
柏科	37	0
槭树科	35	2
木犀科	33	1
云实科	32	2
蝶形花科	29	3
大戟科	23	6
木麻黄科	22	3
壳斗科	19	3
忍冬科	19	1
紫葳科	19	4
漆树科	16	3
桦木科	15	2
夹竹桃科	14	1
山茱萸科	14	0

注：资料源于 Haysom et al，2003；龚玉梅，2007

植被稀少和光照条件好的立地可以自然更新，但没有发现对当地自然植被发生入侵。新银合欢繁殖扩散能力强，具有明显的入侵植物特性，引种栽培应谨慎。郑勇奇等研制了中国的外来树种入侵性评价技术规程，根据这一体系，可以对中国引种的所有外来树种入侵性和生态影响进行比较客观的评价。

(2) *动物引种* 全世界 79 种陆生动物（包括哺乳类、鸟类、两栖和爬行类）被国际自然保护联盟（IUCN）列入了入侵种名单，列入国家林业局《商业性经营利用驯养繁殖技术成熟的陆生野生动物名单》中的动物共计 54 种，其中，31 种为外来种，进入 IUCN 入侵种名单的 2 种，海狸鼠 *Myocastor coypus* 在中国的危害已见报道，但陆生野生动物入侵还未引起足够的重视，相关的研究数据几乎为空白。

(3) *昆虫和昆虫病原微生物引种* 1909 年，中国台湾省首次成功地从美国加州和夏威夷引进了澳洲瓢虫成功地防治了吹绵蚧，20 世纪 80 年代从日本引进花角蚜小蜂 *Coccobius azumai* 成功防治松突圆蚧，1986 ~ 1989 年，共引进 16 批次，累计放蜂 88.1 万 hm^2（包建中等，1998）。从日本引进松毛虫质型多角体病毒，并进行了中试，已在部分地区建立了病毒生产厂，大面积控制了松毛虫的危害（洪华珠等，1995）。自 2000 年以来，从比利时引进大唼蜡甲防治红脂大小蠹、从越南引进椰甲截脉姬小蜂防治椰心叶甲，均取得了显著的控制效果。除生物防治的正面效果外，一些研究者注意到了生物防治引起的生物安全问题。例如，异色瓢虫的研究重心已从单纯的释放应用向安全性评价方向转变，还有研究者注意到了生物杀虫剂的抗性问题（张一宾，2008），万方浩等（1997）对生物防治物的风险进行了定量分析。但引进的天敌昆虫是否在释放地定殖、对释放地生物多样性及生态系统的影响缺乏足够的研究和评估数据，需要对其风险进行评估、监测和跟踪管理。

除此以外，一些外来有害昆虫和微生物随植物的引种而无意引入，引起重大的生物安全问题。例如，1988 年，广东省从美国引进湿地松插条的同时，将湿地松粉蚧引进中国，受害林木生长势衰弱，新梢萎缩，甚至顶芽枯死，顶梢丛生，受害球果变形、变小，严重地影响了松树的生长量和种子质量，年损失达 3 亿多元人民币，且有不断蔓延的趋势。

为加强引种管理，国家林业局制定了“普及型国外引种试种苗圃资格认定”和“国务院有关部门所属在京单位从国外引进林木种子、苗木检疫审批”2 个行政许可项目，颁发了《国家林业局普及型国外引种试种苗圃资格认定行政许可被许可人监督管理办法》和《国务院有关部门所属在京单位从国外引进林木种子、苗木检疫行政许可被许可人监督管理办法》，以确保引种安全。

此外，乡土树种驯化在中国林业可持续发展中具有不可低估的作用，但绝大部分乡土树种得不到应有的重视，遗传侵蚀严重。外来树种对本地生态系统的影响、如何确定安全的外来种群大小、合适的应用范围以及与乡土树种的相互关系和空间配置等领域的研究亟待加强。

1.7.1.4 转基因生物对中国林业生物安全的影响

中国是世界上研究转基因林木较早的国家。目前，已获得了转 Bt 基因的欧洲黑杨（田颖川等，1993；王学聘等，1997）、转 Bt 基因的健杨 94（李淑梅等，2008）、转水稻巯基蛋白酶抑制剂基因及转豇豆胰蛋白酶抑制剂基因的毛白杨植株（郝贵霞等，1999；郝贵霞等，2000）、转抗盐基因的八里庄杨（刘凤华等，2000）、转几丁酯酶基因的黑杨植株（孟亮等，2004）、转耐盐基因小黑杨和 84K 杨（杨传平等，2001；樊军锋等，2002）、转 Bt 及慈菇蛋白酶抑制剂双抗基因的 741 毛白杨植株（郑均宝等，1995）等，转 Bt 基因的欧洲黑杨和转 Bt 及慈菇蛋白酶抑制剂双抗基因的 741 毛白杨已进行了商业化生产，种植面积数千公顷（附件 2）。转 Bt 基因杨树对杨尺蠖（田颖川等，1993）、美国白蛾（丁双阳等，2001）、舞毒蛾（田颖川等，1993；王学聘等，1997；鲁绍伟等，2007）、杨扇舟蛾（姜文虎等，2007；王颖等，2007）、杨小舟蛾（郭同斌等，2007）等鳞翅目食叶害虫（胡建军等，1999；张炬红等，2003；高宝嘉，2004）有显著的抗性，转 BtCry3A 基因虽对桑天牛的幼虫死亡率没有影响，但对桑天牛幼虫的发育具有明显的抑制作用（甄志先等，2007）。

中国是世界上唯一进行转基因林木商业化生产的国家。在转基因林木商业化生产的同时，政府和科学家注意到了转基因林木安全性评价问题。2006 年国家林业局颁布并施行了《开展林木转基因工程活动审批管理办法》，将转基因林木中间试验、环境释放和生产性试验等纳入行政管理办法中，并要求进行安全性评价。2007 年 9 月农业部农业转基因生物安全管理办公室又颁布了《转基因植物生物安全评价指南》，主要包括生存竞争能力、基因漂移的环境影响、转基因植物的功能效率评价、对非目标害虫的影响、对植物生态系统群落结构和有害生物地位演化的影响、目标生物的抗性风险评价等，但相关研究数据较少。

（1）*对森林昆虫群落结构和功能的影响* 基本结论是转基因植物对昆虫群落结构和多样性指数影响不明显。但目标害虫数量显著减少，非目标害虫数量增加；目标害虫寄生性天敌种类和数量减少，捕食性天敌数量增加。例如，张真等（2004）研究认为，转Bt基因欧洲杨树纯林中昆虫群落结构差异不明显，但鳞翅目害虫数量减少，膜翅目害虫数量增加。高嘉宝等（2006）研究结果表明，转双抗虫基因741杨林分中，鳞翅目、膜翅目、同翅目和直翅目害虫大量减少，但半翅目害虫数量明显增加，中性昆虫和捕食性昆虫大量增加，但寄生性天敌昆虫减少。

（2）对非目标昆虫的影响　目前的转Bt基因多针对鳞翅目害虫，转Bt基因对家蚕可能有一定的影响，但对蜜蜂基本上无影响。但转蛋白酶抑制剂基因除对目标害虫有影响外，对蜜蜂雄蜂的死亡率也有一定影响（张兰等，2005）。

（3）对土壤微生物群落结构和功能的影响　国内此类研究数据很少，胡建军等（2004）研究认为，转Bt基因的欧洲黑杨对土壤微生物种类和数量无显著影响。但由于森林土壤微生物生态系统组成、结构和功能的复杂性，该研究结果在大尺度的转基因林木安全性评价中显然不具说服力。

害虫有无可能对Bt杀虫基因产生抗性、基因漂流对生态环境和林业生产的影响、植物及环境中其他生物遗传多样性丧失的可能性、转基因植物演变为有害生物的可能性评价等方面尚缺乏研究数据。

由于林木群体存在栽培环境复杂、驯化程度较低、遗传背景尚不清楚等问题，加之林木具有生产周期长、经营管理粗放、主要为风媒传粉等特点，在影响树种自身以及周边生态环境等方面，转基因林木环境释放及推广的潜在生态风险性不容忽视（侯英杰等，2006）。

就中国抗虫转基因杨树来讲，可能存在着多种安全隐患。一是因导入的Bt基因对鳞翅目昆虫有广谱的毒杀作用，对膜翅目昆虫及同翅目、半翅目昆虫基本没有毒杀作用，未来的转基因杨树林中，膜翅目和半翅目害虫会不会成为主要害虫？而半翅目蝽类害虫目前已在中国北方杨树林中大面积危害，如大面积推广转基因杨树，则会加剧半翅目害虫的危害；二是对自然界昆虫群落结构的影响尚存在不确定性。例如，鳞翅目昆虫多为植食性昆虫，鳞翅目昆虫的减少对以鳞翅目害虫为食的寄生性和捕食性昆虫的影响如何，对生态系统中昆虫群落结构的影响尚不完全清楚；三是大面积种植单一转基因杨树，有可能使害虫产生抗性，再度猖獗危害，破坏林分的稳定性和抗逆性；四是导入的Bt基因如何与杨树基因相互作用尚不清楚，对生态环境的影响更难预测（贾士荣，1999）；五是转基因杨树花粉漂移对中国野生杨树遗传资源基因侵蚀的影响不容忽视。

1.7.1.5 野生动物疫源疫病对中国林业生物安全的影响

从传播途径来看，中国大部分野生动物主要分布于广大农村地区，使得野生动物可通过与畜禽直接接触传播疫源，加上中国农村公共卫生保障较为薄弱，野生动物还可以通过污染水源、粮食、作物等传播疫源。还有一些兽类和鸟类有季节性迁徙的习性，其中候鸟的迁飞途径可达数千公里，需要在中途数次停歇，疫病的传播更难于控制。圈养的野生动物由于其生存环境和食物组成都发生了很大的变化，不仅增加了其自身染病的可能，并由于其高密度饲养和与人类、家禽家畜的密切接触，也极大增加了相互传染疫病的机会。因此，野生动物疫病的传播途径十分广泛，且存在很大的不确定性。

从防控情况来看，中国野生动物疫病防控现状与欧美等发达国家存在巨大差距。从国际情况来看，到目前为止，欧美等发达国家均先后设立了国家的野生动物健康中心或相应机构，逐步建立了较为完善的野生动物疫源疫病监测预警组织体系、技术手段和管理制度，收集了大量野生动物病原体样本，并积累了相应的科学资料。一旦野生动物野外种群出现异常病症，有关监测取样站点将立即进行标准化取样、送检，其技术依托机构可在较短时间内将样本与储备的各种病原体样本进行比较分析，确定疫病的病原体种类和提出其传播特点、途径和趋势，使预警机构能够及时向受威胁范围内的公众发出警告信息，并协助动物防疫、卫生机构及时将疫情消除在最小范围内。但中国在这方面几乎是空白，由于与上述发达国家的巨大差距，制约了中国与国际社会在野生动物疫源疫病防治领域的技术交流和合作，特别是当出现国际性传播的源自野生动物的疫情时，在涉及共同承担疫病防治国际义务的情况下，我方常常处于劣势。

从野生动物疫病防控制剂的研究情况来看，禽流感病毒血清型众多，变异频繁，且各血清型之间无交叉保护性，给防治禽流感带来了极大困难。禽流感防治实践表明，疫苗免疫是防止禽流感暴发和造成巨大损失的主要措施。国内已经研制成功的禽流感疫苗主要包括以下几种：①全病毒灭活疫苗。历史上禽流感灭活疫苗曾经发挥过重要作用，如1987年美国科罗拉多州使用灭活疫苗成功地控制了H9N2亚型禽流感的流行。目前，中国H5、H7亚型禽流感灭活疫苗已经研制成功，并取得了良好的免疫保护效果。②裂解病毒疫苗。裂解病毒疫苗于1968年香港流感全球大流行时开始大规模使用，中国使用的裂解病毒疫苗较长时间均为进口。2002年，上海生物制品研究所从日本引进制备裂解疫苗的技术，裂解疫苗开始在国内投产上市。裂解疫苗的裂解方法和裂解工艺各不相同，它们之间的免疫效果也是有差异的。2009 年 2 月 10 日，国家食品药品监管局启动了人用禽流感疫苗的同步批签发程序。目前，中国已具备了大流行流感病毒灭活疫苗的生产储备条件，在大流行流感发生时或紧急情况下，由国家启动用于大流行流感的预防接种。③基因重组活载体疫苗。早在 1987 年，FDA 就批准美国的 Micro-gene Sys 公司应用杆状病毒表达系统生产的艾滋病基因工程疫苗进入临床试用。同时，中国哈尔滨在 2003 年构建了能同时表达 H5N1 亚型 HA 基因和 NA 基因的重组禽痘病（fowl pox virus，FPV）毒重组疫苗，攻毒结果显示，该疫苗具有良好的免疫保护性。

1.7.2 环境因子对中国林业生物安全的影响

1.7.2.1 栖息地不合理经营及人类活动对中国林业生物安全的影响

中国是森林遗传资源最丰富的国家之一，森林类型多样，包括寒温带、温带、暖温带、亚热带和热带森林，野生动植物种类非常丰富。据统计，全国乔木、灌木、竹、藤等森林植物 9 000 多种，用于园林绿化的森林植物 2 800 余种，经济林木及有经济利用价值的树种约 3 300 种，经过人工栽培或人工干预的约 800 种，特有种 1 100 多种，如银杉、珙桐、银杏、百山祖冷杉、香果树等均为中国特有的珍稀濒危野生植物（龚玉梅，2007）。中国有脊椎动物 6 千余种、无脊椎动物 5 万余种、昆虫 15 万种，其中陆生野生动物 2 400 多种，举世瞩目的大熊猫、东北虎、华南虎、朱鹮、金丝猴、扬子鳄等数百种野生动物为中国特有种。

为保护濒危珍稀野生动物，国务院先后颁布了《国家重点保护野生动物名录》和《国家重点保护野生植物名录》，经过最近 10 年的努力，名录中的多数物种得到了有效保护，但名录中的动植物毕竟是中国野生动植物种类中很小的一部分，由于人类活动的干扰，森林野生动物、植物、微生物遗传资源仍然丧失和流失严重。

国家林业局 1995 ～ 2003 年对野生动植物资源调查结果表明：①中国现有 300 多种陆栖脊椎动物处于濒危状态，部分野生动物处于极度濒危状态，单一种群物种面临绝迹的危险，如白臀叶猴多年来在野外一直未曾发现，朱鹮、黔金丝猴、海南长臂猿、坡鹿、普氏原羚、扬子鳄等单一种群物种不仅种群数量少，而且分布狭窄，面临绝迹的危险。② 104 种野生植物种极危或濒危，61 种易危，14 种依赖保护，7 种接近受危。55 种野生植物种群数量过少，156 种野生植物种群结构不合理，

49 种野生植物仅存 1 个分布地点，极易使野生种群陷入濒危或极度濒危的状态。75 种野生植物因生境恶化陷入濒危状态，92 种野生植物因市场需求过大导致资源过度利用。③近 40 年来，中国红树林面积从 4.2 万 hm^2 减少到 1.4 万多 hm^2。

更为严重的是，许多具有重大经济价值，但尚未纳入国家重点保护的野生动植物更是面临着极大的生存威胁。目前，眼镜蛇的数量不足 20 世纪 90 年代的 1/10，豹猫种群下降到 20 世纪 80 年代的的 1/5 左右。野生植物中兰科植物是最典型的例子。中国约有兰科植物 173 属 1200 多种和大量的变种、品种，属于《濒危野生动植物种国际贸易公约》的保护范围。但由于兰科植物未被列入已公布的第一批《国家重点保护野生植物名录》，导致兰科植物的保护目前没有法律依据，加之许多兰科植物具有较高的观赏价值和药用价值，如石槲属植物是重要的药材，每年用量 2000t 以上，由于过度采集，大批量的市场交易，野生植物资源急剧消失（www.forestry.gov.cn）。除此以外，湿地遗传资源也丧失严重。

分析野生动植物遗传资源多样性下降的原因显示：①野生动植物栖息地干扰、破坏、退化和缩减。②非法猎捕和过度开发利用，如藏羚羊 *Pantholops hodgsoni* 和猎隼 *Falco cherrug* 分别是中国一类和二类保护动物，但非法捕猎和贸易严重，造成其种群数量急剧下降，有些地区甚至绝迹。③营造大面积单一树种、单一无性系的纯林，失去了天然基因资源，存在遗传多样性丧失的危险。④人为活动干扰，促进外来物种的入侵，对野生植物的生存构成威胁，研究结果表明，紫茎泽兰幼苗需要避光才能完成它的入侵，人为活动干扰可促进更多的紫茎泽兰种子进入土壤深层（高贤明等，2009）。⑤对基因材料出口把关不严，造成部分特有野生动植物资源流失，如近年来中国商业性出口中涉及可用作基因材料或研究的特有野生动植物及其产品约 17 类；因科研交流与合作出口的野生动植物标本涉及中国特有野生动植物或产品的约 18 类（龚玉梅，2007），还有外国人雇佣国人在中国天然林中盗采种质资源的现象屡见不鲜，但由于中国出口政策中仅涉及濒危动植物种，不包括中国特有的非濒危野生种。因此，对保护中国的森林遗传资源非常不利，对生物安全构成极大威胁。随着中国加入 FAO《粮农植物遗传资源国际公约》日期的临近，应对由此造成的生物安全问题引起足够的重视。

1.7.2.2 森林火灾等自然灾害对中国林业生物安全的影响

中国是森林火灾发生频繁的国家，一直采取“预防为主，积极消灭”的主动防火方针，并取得了显著的成就。1988 年以前，全国年均发生森林火灾 15 932 起，受害森林面积 947 238hm²，因灾伤亡 788 人。1988 年以后，全国年均发生森林火灾 7 623 起，受害森林面积 94 002hm²，因灾伤亡 196 人，火灾发生频次、发生面积和伤亡人数年均分别下降 52.2%、90.1% 和 75.3%。但国外许多研究表明，人为控制自然火干扰，会使林内有害可燃物大量积聚，导致高强度火灾的发生，破坏生态系统的稳定性（Linder et al，1997），对生物安全威胁更大。

多频次、小范围的森林火灾易引起植物入侵。从图 1-2 和图 1-3 看出，

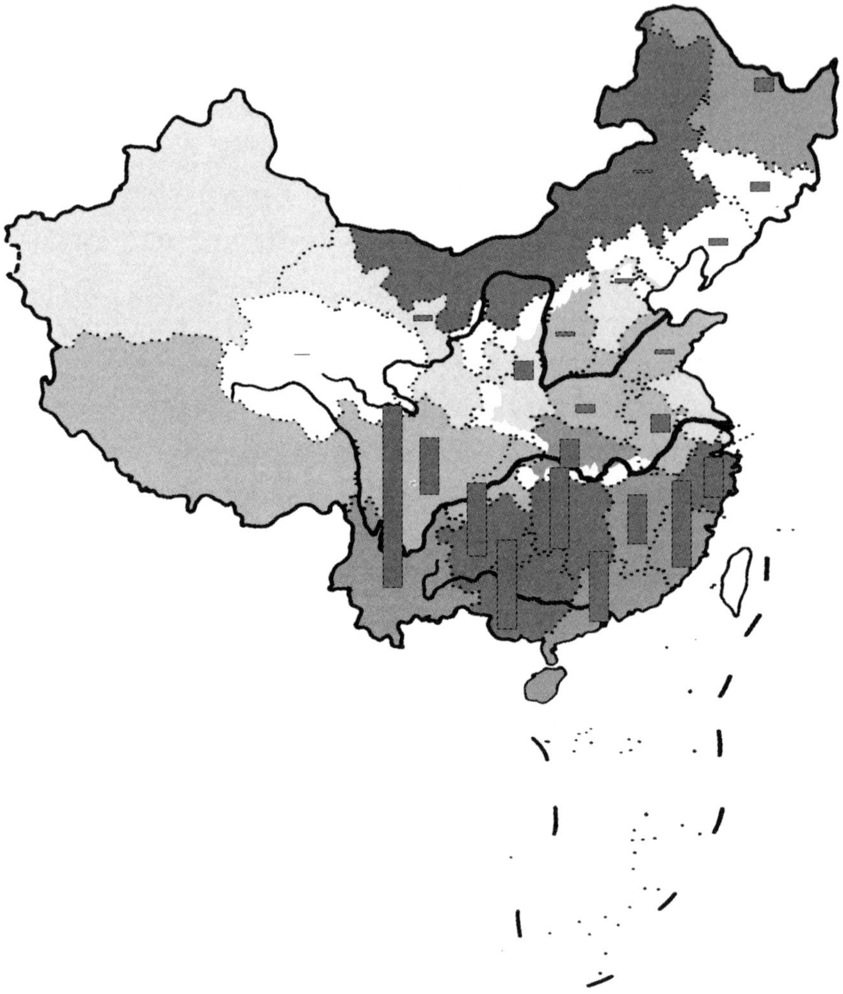

图1–2　全国森林火灾面积和频次分布示意图

注：色度代表火灾发生面积差异，色柱代表火灾发生频次。

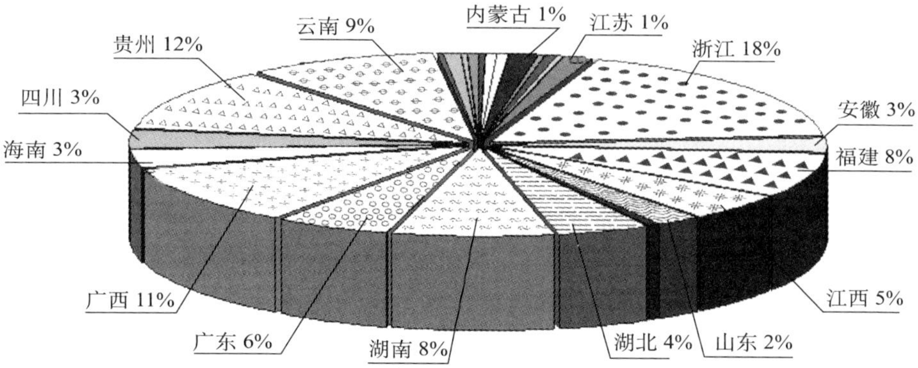

图1-3 全国森林火灾面积和频次分布示意图

中国每年森林火灾发生面积最大的省（自治区）为内蒙古、湖南、广东、广西、福建，但多频次、小范围的森林火灾以广西、贵州、云南、湖南、福建、广东等南方省（自治区）为主（图 1-2 和图 1-3）。由于火灾对森林地被物进行了全面的清理，为紫茎泽兰、飞机草等入侵植物提供了入侵的空间，使其入侵范围不断扩大，因此，南方省（自治区）有害植物入侵的风险较大。大面积、高强度的森林火灾对森林生物资源造成大范围的破坏，并易引起生物灾害的发生。有研究表明，火灾频次与火灾强度呈线性负相关（田晓瑞等，2005），中国北方地区如内蒙古、黑龙江火灾频次较小，但发生面积大，强度高，常常造成重大经济和社会损失。如 1987 年发生在大兴安岭的特大森林火灾，火烧面积为 87 万 hm^2，占全国森林被烧面积的 1/2，造成严重的人员、野生动物伤亡，严重影响了该区域的社会、经济和生态环境。2002 年夏季大兴安岭的森林火灾又造成 1.6 万 hm^2 的原始林被毁，许多林火学家认为，这些森林大火的发生与过去多年来实施的林火控制政策有关。大兴安岭火灾后，多数耐荫植物消失或减少，侵入性的喜光植物取而代之（杨树春等，1998）。此外，由于火灾增加了森林中的濒死木，为小蠹、部分天牛等次期害虫提供了栖息地，森林生物灾害发生严重。火和其他因素协同作用常常使森林遭到病虫害的危害，并加速生态系统的破坏。邵景文等（1989）对大兴安岭塔河林业局的火烧迹地蛀干害虫种类、发生规律和危害程度进行了较详细的调查，结果发现，火烧一年后迹地上次生性害虫大量发生，其中包括 16 种蛀干害虫和多种食叶害虫。大火会破坏森林生态环境，直接或间接杀死大量昆虫天敌，如各种食虫鸟、食虫蜘蛛、寄生和捕食昆虫、病原微生物等。火灾后 1 ~ 2 年内各种蛀干害虫猖獗发生。胡海清(2006)

通过对黑龙江省大兴安岭、黑河、伊春、牡丹江等林区过火林地的森林虫害调查，发现森林火灾后林内蛀干害虫大量发生，火烧强度与虫害发生数量呈正相关性。天牛及小蠹类虫害发生数量与树干熏黑高度线性关系明显。但王瑞君等（2005）认为，树干熏黑高度和胸径对虫害发生数量有一定影响但不是很显著，火强度与虫害发生数量的线性关系更显著些。虫害对火行为也有影响。在虫害侵染过的地方留有大量的病腐木或枯立木。这些可燃物干燥后很容易燃烧，从而使森林燃烧性增加（赵魁义等，1994）。

在中度干扰理论的指导下，许多研究者认为，中低强度火烧可用来清理下木，改善林分卫生状况，既减少森林火灾的风险，又可降低森林生物灾害的风险（田晓瑞等，2007）。李明等（2008）在蚧壳虫害的橡胶园内实施了计划烧除，发现对预防来年橡胶蚧壳虫害有良好效果，火烧可以在一定程度上减轻虫害，提高化学防治效果，促进橡胶树产量提高。与国外相比，中国对森林多种干扰之间相互作用的研究较少，特别是定量研究需要加强。

1.7.2.3 环境污染对中国林业生物安全的影响

中国是继欧洲和北美之后的第三大酸雨发生区，全国酸雨区面积约占全国国土面积的40%，且有面积不断扩大、危害逐步加重的趋势。根据中国环境质量报告，全国发生酸雨的城市从2001年的161个上升至2005年的357个，重酸雨区的降水pH最低值由2000年的4.1下降至2004年的3.05，酸雨频率大于40%的城市比例由2000年的52%上升至2005年的64%（图1-4）。

酸雨严重发生区主要分布在中国长江以南、青藏高原以东地区（图3-4）。这些地区是中国重要的用材林、经济林和生态林分布区，酸雨对林业生物安全构成了极大的威胁，仅四川盆地受酸雨危害的森林面积就达28万hm^2，占有林地面积的32%，西南地区酸雨引起的木材损失为630万m^3，直接经济损失30亿元（1988年的价格计算）（冯宗炜，1993）。除经济损失外，大面积的森林枯死，对野生动物、微生物的影响尚无确切的研究数据，对生物多样性的威胁难以估计。

化学农药带来的污染不容忽视。中国森林病虫鼠害发生面积年均800万hm^2左右，年防治面积约为60%，其中化学防治面积约为总防治面积的40%，年均200万300万hm^2。如此大面积的化学防治，对中国林业生物安全的影响无人做过统计和研究。此外，世界上大的农药制造商几乎悉数在中国建有生产基地，其中拜耳、先正达、杜邦等世界农药巨头在中国建立了15家农药生产企业，总投资已超过了1亿美元。这些公司在中国制造的产品已越来越多地销往世界各地，但生产农药带来的污染却留在了中国，农药污染显著降低了土壤动物的多样性，进而影响到土壤环境（王振中等，1996），对植物生长、野生动物和人类健康产生负面影响。

中国重金属的污染也很严重。重金属污染可使土壤中动物的种类和数量减少（邓继福等，1996）。目前，中国的工业污染有城市向农村转移、东部向西部转移的趋势，而西部地区是中国经济欠发达地区，分布着许多天然林和天然次生林，由于控制污染的经济能力和技术措施有限，再加上人们迫切向往经济发展的愿望，污染对森林及当地农民的影响无法估计和预测。面临城镇化日益加速，控制大气污染，是国家保持森林健康、保证林业生物安全的一项重要任务。

1.7.2.4 生物实验室和检疫实验室引起的生物安全问题

近年来，随着高致病性传染性微生物在世界范围内的频繁暴发，特别是SARS暴发以来，中国政府和专家都普遍认识到了实验室生物安全领域所面临的严峻形势。2002年，成立了中国实验室国家认可委员会；2004年，质检总局和国家标准化委员会颁布了《实验室生物安全通用要求》(GB 19489-2004)和《生物安全实验室建筑技术规范》(GB50346-2004)国家标准；2004年11月，国务院颁布了《病原微生物实验室生物安全管理条例》；2006年，中国实验室国家认可委员会与中国认证机构国家认可委员会合并成立了中国合格评定国家认可委员会，将微生物安全管理条例与GB 19489-2004相结合，颁布了《实验室生物安全认可准则》，认可范围包括检测和校准实验室、医学实验室、能力验证、标准物质/标准样品、实验室生物安全、良好实验室规范技术评价等，同年，国家环境保护总局颁布了《病原微生物实验室生物安全环境管理办法》。从此，打破了中国实验室长期无规范的局面。

中国林业生物实验室的管理相对落后于科研的发展。野生动物疫源疫病的监测、转基因生物和检疫性有害生物的研究均需要规范严格的实验室。但到目前为止中国林业部门没有一家被国家认定的P3实验室，P1和P2实验室由于不需要国家认证，没有专门的机构进行管理，动物学试验、病毒学试验和转基因实验均在普通实验室中进行，实验室防护设施简陋，对实验用废弃物没有专门的收集装置和处理区域，微生物逃逸的风险很大。对于植物检疫性有害生物的研究，没有经过认证的实验室，检疫性有害生物逃离实验室、扩散到野外的风险很大。由此引起的生物安全问题，尚未引起有关部门和单位的足够重视。

1.7.2.5 气候变化对林业生物安全的影响

中国气候变化国别研究组（2000）研究结果表明，中国变暖区主要在东北、华北、内蒙古和西北地区，变暖的中心地区在近40年内升温达1℃以上，变暖区的降水和相对湿度减少。IPCC报道，从1976年以来，北半球中高纬度的大陆地区冬季和春季有明显的增暖趋势，年均气温也表现出显著的上升趋势。特别是最近20多年来，增暖的幅度非常大，达到每10年增加0.2℃以上。有研究表明，气候变化对中国的森林影响如下：

（1）不同气候带受气候变化的影响不同　中国有热带、亚热带、温带、寒温带等多个不同的气候带，又处于世界主要季风区，气候变化对不同气候带的森林影响不同，进而对林业生物安全的影响不同，因此，对全球气候变化的响应策略也不同。

（2）森林的类型和分布发生变化　热带森林从无到有，主要由亚热带森林转变而来；亚热带森林增加近1倍，主要由暖温带森林转变而来；亚热带型山地森林面积增加近3倍，主要由暖温型山地森林转变而来。暖温带森林和寒温带森林面积显著减少，暖温型山地森林面积略有增加，寒温型山地森林面积有一定减少。青藏高原东南部山地植被有明显森林化趋势，山地森林面积增加6.4%，尤其是热性与温性森林的面积显著增加；高山草甸的面积则显著减少，大部分转为山地寒温针叶林（李霞等，1994）。森林类型的变化决定了物种和生物多样性的变化。

（3）宜林地面积将减少　大兴安岭的兴安落叶松林 *Larix gemelini* 将逐渐为蒙古栎林 *Quercus mongolica* 所取代（Yan et al，1996），油松一些分布较连续的地区变成了较破碎的岛状分布，分布区面积减少9.4%左右；杉木适宜分布区面积减少2%左右；马尾松适宜分布区面积减少9%左右。珍稀濒危树种珙桐适宜分布区面积减少20%左右；秃杉适宜分布区的面积减少42.9%左右（李霞等，1994）。森林面积的减少，决定了森林中动物、植物和微生物数量和种类的变化。

（4）全球气候变化存在着大量的非线性突变、灾变现象　极端气候出现的频次增多，对森林产生了不利的影响。江西省2005年持续干旱，对新造林的成活率以及成林的安全影响极大。2008年初发生在中国南方的雨雪冰冻灾害，对部分地区高海拔的森林生态系统也造成了重大灾害性影响。2009年春季持续的干旱，使森林生物灾害发生频繁、危害严重，如天津、山东和河南出现了大面积的杨树溃疡病，贵州、四川、重庆、广西大面积的竹林死亡，美国白蛾、杨树食叶害虫等呈大暴发的趋势。

（5）*气候变化可使大面积脆弱的森林生态系统受到破坏或瓦解*　根据脆弱性分析，中国将有 18% ～ 24% 的森林受到气候变化的威胁，主要分布在中国西南、华中和华南地区，对马尾松、杉木、胡杨、高山栎、辽东栎、丽江云杉、金缕梅等树种构成威胁（李克让等，1996）。

（6）*森林对气候变化的响应*　森林是重要的碳汇，在减缓温室气体效应方面发挥着一定的作用，但气候变化引起的森林火灾却增加了碳的排放量。徐德应等用 F-Carbon 模型计算出中国森林 1990 年总碳汇量为 7 670 万 t，2000 年为 9 480 万 t，2010 年为 108.7 万 t。田晓瑞等（2003）估算出 1991 ～ 2000 年中国森林火灾直接排放碳量为 20.24 ～ 28.56t/ 年，占中国每年碳总排放量（按 2000 年计算）的 2.7% ～ 3.9%。

气候变化受大气环流的影响，是一种自然现象，自然力起决定性作用。地球温室气体的排放加剧了气候变化的影响，因此，我们需要做的一是减缓气候变化的影响，二是适应气候变化，制定相应的对策。

1.7.3 其他因素对林业生物安全的影响

影响中国林业生物安全的其他因素还有：①城市化问题。随着中国城市化进程的加快，用于种植的土地变为了建筑用地，降低了生物多样性；城市化进程使许多森林破碎化，野生动植物的栖息地丧失或破碎化，降低了生物遗传资源的多样性。②土地利用的变化。由于人口压力的增加，许多林地被开垦为耕地，野生动植物及微生物资源遭到破坏，由于人类活动的影响，部分物种有可能灭绝。③林区开矿。中国山区农民收入低，生活贫困，为解决经济发展问题，一些地区在林区采矿、开办冶炼厂、发电厂等，造成严重的空气污染，大面积森林死亡。④生态旅游。由于旅游人数过多，超出了旅游区的环境容量，野生动物受到惊扰，鸟类减少，对森林及其周围环境构成了威胁。⑤不可持续的森林经营与管理。造林中大量使用单一无性系的树种，使树种的遗传多样性降低，增加了森林的脆弱性，易发生森林生物灾害；营造大面积结构简单、树种单一的人工林，生物多样性简单，不能发挥森林的应有功能；滥用外来物种和化学农药，造成化学污染和基因污染。

2 国外林业生物安全法规、政策与管理研究专论

随着生物技术和国际经济贸易的发展，生物安全问题与日俱增。生物安全问题关系到全球生态环境、人类生存环境的健康发展，关系到国家的安全稳定。为了维护和提高生物安全，世界上主要发达国家都在法律法规、政策和管理方面开展了大量工作。林业生物安全主要包括林业生物多样性安全、转基因安全和外来生物入侵安全等。国外虽然没有专门针对林业生物安全的法律法规政策和管理制度，但在生物安全框架内都具备相关的法律规定、政策措施和管理。

中国在林业生物安全方面起步较晚，面对日益严峻的外来生物入侵、转基因问题、森林生物多样性丧失等问题，政府和相关部门开始在林业生物安全的法规、政策和管理方面开展探索性研究和实践。为了借鉴发达国家在这方面的经验和总结相关的教训，推动中国林业生物安全领域的立法、政策制定，提高管理水平，本专题综合分析了欧盟和 11 个国家（欧盟、德国、荷兰、英国、瑞典、美国、加拿大、澳大利亚、新西兰、俄罗斯、日本、印度）在林业生物安全的法规、政策和管理方面的情况，并在此基础上综述、评价国外林业生物安全工作，分析其对中国林业生物安全工作的启示与借鉴。

2.1 国外林业生物安全工作历史沿革

2.1.1 林业生物安全工作的萌动时期（14 世纪至 1970 年）

从 14 世纪发生在欧洲的黑死病至 1970 年为林业生物安全的萌动时期。

1881 年，世界上第一部植物检疫公约《伯尔尼葡萄根瘤蚜公约》诞生。

1914 年，国际植物病害大会通过了《国际植物病害公约》。

1924 年，28 个国家签署成立了世界动物卫生组织（OIE），旨在促进和协作研究全球范围内的动物疾病监测和管理。

1948 年，世界自然保护联盟（IUCN）成立，宗旨是在可持续发展的前提下保护自然与自然资源。1963 年，IUCN 开始编制世界自然保护联盟濒危物种红色名录，该名录是全球动植物物种保护现状最全面的名录，也被认为是生物多样性状况最具权威的指标，它将全世界物种保护级别分为绝灭、野外绝灭、极危、濒危、易危、近危、无危、数据缺乏和未评估等 9 类。

1952 年，联合国粮食及农业组织（FAO）通过了《国际植物保护公约》，目的是防止植物和植物产品病虫害跨境传播和蔓延。中国于 2005 年加入了该公约，成为第 141 个缔约国。

1961 年，世界自然基金会（WWF）成立，致力于保护世界生物多样性。

2.1.2 林业生物安全工作的形成时期（1971 ~ 1991 年）

1971 ~ 1991 年是林业生物安全工作的“形成时期”（于文轩等，2005）。其主要特点是，生物安全国际法在各国立法实践的推动下逐步产生和发展，林业生物安全受到初步重视和发展。

1971 年，《关于特别是作为水禽栖息地的国际重要湿地公约》在伊朗拉姆萨签定，简称《拉姆萨公约》。中国于 1992 年加入了该公约。

1973 年，世界自然保护联盟制定并在缔约国间通过了《濒危野生动植物种国际贸易公约》，简称《CITES 公约》。中国 1981 年加入该公约。

1980 年，受联合国环境规划署的委托，世界自然保护联盟起草并公布了《世界自然资源保护大纲》。

1982 年，联合国通过了《世界自然宪章》，生物安全问题成为关注重点之一。

1983 年，国际上通过了《保护野生动物迁徙物种公约》《波恩公约》。

1985 年，国际经济与合作组织发表了《关于重组 DNA 安全问题》的蓝皮书，随后又于 1986 年发布了《重组 DNA 安全因素》报告。

1986 年，首例木本转基因植物——抗除草剂的转基因杨树诞生。

1988 年，获得转 Bt 基因的杨树植株。随后转基因松树、核桃、云杉等相继获得。

1991 年，FAO 在其制定的《影响植物遗传资源保护和利用的植物生物技术行为守则》中，涉及了植物转基因生物处理和释放的安全性准则和法规问题。

2.1.3 林业生物安全工作的发展时期（1992 年至今）

1992 年至今是林业生物安全的发展时期，其主要特点是，生物安全国际法在《生物多样性公约》框架规范的基础上向纵深发展，签署并通过具有里程碑意义的《关于森林问题的原则声明》，强调森林可持续经营和森林健康，对各国林业生物安全发展起到了重要的推动作用。

1992 年，联合国环境与发展大会通过了《21 世纪议程》和《生物多样性公约》。2008 年，《生物多样性公约》签约国已达 167 个，生物多样性保护已成为全世界的共识。《生物多样性公约》首次从联合国的层面较为全面地规定了与生物安全相关问题的法律框架。

1994 年，WTO 条约中的《关税与贸易总协定》、《技术性贸易壁垒协议》、《实施卫生与植物卫生措施协议》以及《与贸易有关的知识产权协议》中均涉及林业生物安全问题。

1995 年 11 月，在印度尼西亚的雅加达召开的《联合国生物多样性公约》第二次缔约方大会通过 5 / II 号决议，决定制定《生物安全议定书》，并设立了起草《生物安全议定书》的特别工作组。

1996、1997 年，《生物安全议定书》的特别工作组先后在丹麦的奥尔胡斯和加拿大的蒙特利尔召开了两次会议，形成了《生物安全议定书》的框架性备选案文。

1999 年，《生物安全议定书》的特别工作组会议起草完成了《卡塔赫纳生物安全议定书》的框架和条文。

2000 年 1 月，在加拿大蒙特利尔召开的《生物多样性公约》缔约方大会特别会议续会上，《卡塔赫纳生物安全议定书》终于得以通过，专门用于规范世界范围内转基因植物的安全转移、处理和使用。同年 8 月，中国签署了《卡塔赫纳生物安全议定书》，成为签约的第 70 个国家。

2000 年，FAO/WHO 在瑞士日内瓦召开了转基因事物联合专家顾问委员会会议，并发布《关于转基因植物食物的健康安全问题》，规定了转基因安全性评估的基本原则和内容。

2002 年，在约翰内斯堡举行的联合国可持续发展世界首脑会议发表《约翰内斯堡可持续发展承诺》，强调生物多样性保护。

2004 年 6 月 1 日，FAO 公布了由国际植物保护协议管理委员会制定的《植物生物风险防范纲要》，主要用于判断活体转基因生物（LMO）

是否含有对植物有害的物质。

2.2 国外林业生物安全工作现状

2.2.1 国外林业生物安全国际公约、法律与法规

《生物多样性公约》和《卡塔赫纳生物安全议定书》是国际上关于林业生物安全最重要的公约。生物安全国际公约的出现推动了各国生物安全立法的发展，已有数十个国家在生物安全方面开展研究，并陆续制定了有关生物入侵、遗传资源、转基因等一系列安全准则、条例、法律或法规。

从世界范围来看，国家层面的法律法规制定和执行情况存在一定差异。一般没有专门针对林业生物安全的综合法律和法规，有些国家制定了单项法律法规，有些国家则在林业、农业、生物多样性保护、转基因生物技术、植物保护、植物检疫、生物入侵、化学药剂、环境保护和食品卫生等法律法规中做出相关规定。

2.2.1.1 与林业生物多样性相关的国际公约、法律与法规

生物多样性保护受到国际社会的普遍关注。为了保护全球生物多样性，制定了许多相关的国际或区域性公约和协定，与林业生物多样性相关的主要公约和协定包括《生物多样性公约》、《联合国气候变化框架公约》、《联合国防治荒漠化公约》、《国际植物新品种保护公约》、《濒危野生动植物种国际贸易公约》、《关于特别是作为水禽栖息地的国际重要湿地公约》、《国际热带木材协定》等，这些公约确定了林业生物多样性保护的法律地位、表 2-1 列出了与林业生物多样性保护紧密相关的国际公约和协定。

《生物多样性公约》和《卡塔赫纳生物安全议定书》公布后，许多国家陆续签署了公约而成为成员国，并制定了生物多样性保护单项或相关的法律法规。例如日本制定了《生物多样性基本法》、《生物多样性国家战略》、《濒危野生动植物种保存法》和《限制转基因生物使用确保生物多样性法》。日本《生物多样性基本法》的内容包括国家、地方公共团体、企业、公民及民间团体的责任和义务；生物多样性保护和可持续利用基本计划（即生物多样性国家战略）及其政策措施的基本事项，以及制定国家战略和地方各级战略的依据；为保护和可持续利用生物多样性，国家和地方应该采取的措施。日本的《濒危野生动植物种保存法》的内容涉及国家的责任、义务和权利，地方公共团体和公民的责任和义务；珍

表2–1　与林业生物多样性保护紧密相关的国际公约和协定

公约或协定名称	发布和生效时间
《生物多样性公约》	1992 年 6 月 1 日通过，1992 年 6 月 5 日在联合国环境与发展大会上签署。1993 年 12 月 29 日正式生效。该公约是一项有法律约束力的国际公约。
《联合国气候变化框架公约》	1992 年里约热内卢环境与发展大会通过的《21 世纪议程》框架下的三大环境公约之一。1992 年 5 月 9 日通过，1994 年 3 月 21 日生效。
《京都议定书》	《京都议定书》是落实《联合国气候变化框架公约》的重要法律文件。1997 年 12 月 11 日通过，2005 年 2 月 16 日生效。
《联合国防治荒漠化公约》	1994 年 6 月在巴黎通过，并于 1996 年 12 月正式生效
《国际植物新品种保护公约》	1968 年 8 月 10 日正式生效，并成立了《国际植物新品种保护联盟》(UPOV)。1972 年、1978 年和 1991 年进行了三次修改。
《关于特别是作为水禽栖息地的国际重要湿地公约》	1971 年 2 月 2 日签署。1975 年 12 月 21 日正式生效。
《濒危野生动植物种国际贸易公约》	1973 年 3 月 3 日，签署了《濒危野生动植物种国际贸易公约》，又称《华盛顿公约》。1975 年 7 月 1 日正式生效。中国于 1981 年正式加入公约。该公约已成为当今世界最具影响力、最有成效的野生动植物保护国际公约之一。
《国际热带木材协定》	1983 年 11 月 18 日通过，1985 年 4 月 1 日生效。
《约翰内斯堡可持续发展承诺》	2002 年 8 月在约翰内斯堡举行的联合国可持续发展世界首脑会议发表该承诺。

稀野生动植物保存基本方针；珍稀野生动植物种个体或器官加工利用和交易的规定；关于栖息地保护的规定；处罚原则。另外，美国制定了《濒危物种保护法》；加拿大制定了《濒危物种法》、《野生动植物保护法》；俄罗斯制定了《国家生物多样性保护战略》、《俄罗斯生物多样性保护国家

行动计划》；印度制定了《生物多样性法》、《生物多样性条例》；澳大利亚制定了《环境保护与生物多样性保护法》、《濒危物种保护法》、《国家公园与野生生物保护法》；新西兰制定了《生物安全法》、《生物安全战略》等。

2.2.1.2 与林业转基因相关的国际公约、法律和法规

国际上关于林业转基因相关的国际公约和协定主要包括《生物多样性公约》、《卡塔赫纳生物安全议定书》等。表 2-2 列出了与林业转基因紧密相关的国际公约和协定。

表2—2 与林业转基因紧密相关的国际公约和协定

公约或协定名称	发布和生效时间
《国际植物保护公约》(IPPC)	1952 年 4 月 3 日签署并生效。FAO 于 1979 年和 1997 年先后两次对《国际植物保护公约》进行了修改。
《影响植物遗传资源保护和利用的植物生物技术行为守则》	1991 年，FAO 发布。
《生物多样性公约》	1992 年 6 月 1 日通过，1992 年 6 月 5 日在联合国环境与发展大会上签署。1993 年 12 月 29 日正式生效。该公约是一项有法律约束力的国际公约。
《实施卫生与植物卫生措施协议(SPS)》	是“乌拉圭回合"达成的一个新协议，1995 年 1 月 1 日生效。
《卡塔赫纳生物安全议定书》	2000 年 1 月《卡塔赫纳生物安全议定书》得以通过。
《关于转基因植物食物的健康安全问题》	2000 年，FAO/WHO 在瑞士日内瓦召开了转基因事物联合专家顾问委员会会议，并发布。
《植物生物风险防范纲要》	2004 年 6 月 1 日，FAO 公布，由国际植物保护协议管理委员会制。

大部分国家制定了与林业转基因相关的法律和法规，但由于国情差异和对转基因价值取向的不同，在法律法规中的具体相关规定也有所不同。关于林业转基因生物安全的重要法律法规见表 2-3。

表2–3　欧盟及一些主要国家关于转基因生物安全的重要法令

欧盟、主要国家	法律法规
欧盟	《关于保护、描述、收集和利用农业基因资源条例》（1994 年）、《转基因生物环境释放法令》（2001）、《关于转基因高等植物环境释放结果报告格式的决定》（2003）、《转基因生物越境转移条例》（2003）、《转基因生物科学委员会转基因植物及其衍生食品和饲料开展风险评估的指导文件》（2004）、《关于建立转基因生物唯一标识系统的条例》（2004）。
德国	《重组 DNA 分子实验准则》（1977）、《基因技术法》（1990，2007 修订）、《生物技术法》（1990）。
瑞典	《基因技术法》（1994）、《转基因生物释放条例》（2002）。
英国	《重组 DNA 分子实验准则》（1978）、《遗传操作规则》（1989）、《转基因生物体条例》（1992）、《遗传改良生物有意释放和危险评价规则》（1997）、《转基因生物的释放和市场化的管理条例》（1992）、《转基因生物的隔离使用管理条例》（1992）、《环境保护法》（1992）。
俄罗斯	《转基因国家管理条例》（1996）
美国	《生物技术管理协调框架》、《重组 DNA 分子研究准则》、《对转基因植物产生的新蛋白建立早期食品安全评价的提议》（2002）、《源于转基因植物并用于人类和动物的药品、生物制剂、医药设备的管理指南》（2002）、《转基因药用与工业用植物田间试验管理公告》（2003）。
加拿大	《种子法》、《联邦生物技术法律框架》、《植物保护法》、《实验室生物安全指南》。
日本	《限制转基因生物使用确保生物多样性法》（2003）。
印度	《重组 DNA 安全性准则》（1990）、《生物技术安全准则（修订）》（1994）、《转基因种子、植物和植物器官的科学研究准则（修订）》（1998）。
澳大利亚	《基因技术法》（2000）
新西兰	《转基因食品标准》（1995）、《危险物质和新型生物体法案》（1996）、《生物安全法》（1993）。

欧盟在林业转基因生物安全管理方面最为严格，一方面单独制定了相关法规和指南。例如欧盟《森林繁殖材料销售指令 1999/105/EC》规定，转基因森林繁殖材料只有在被证明不对人类健康和环境构成危害时才允许销售。另一方面在其他法律法规中也对林业转基因生物安全进行了具体规定。欧盟《封闭使用转基因生物 90/219/EEC 号指令》规定在应用危险植物基因及良性基因时，操作者必须提前 90 天通知有关当局，以听取有关植物转基因生物应用的意见。

欧盟成员国还参照欧盟转基因生物安全法规，结合自身国情和利益，制定本国的相关法律法规。为了规范植物基因技术科研、开发和试验，德国早在 1990 年就制定了《基因技术法》，并于 2007 年进行修订。英国于 1978 年制定了《重组 DNA 分子实验准则》，1989 年颁布了《遗传操作规则》，1992 年颁布了《转基因生物体条例》，1997 年修订发布了《遗传改良生物有意释放和危险评价规则》。瑞典除遵守欧盟的转基因法规以及国际公约和协定外，关于转基因管理还有本国专门的法律法规，例如《基因技术法》、《化学产品和生物技术生物条例》、《环境法》以及《转基因生物释放条例》等。

俄罗斯对有关转基因方面制定的法律被认为是最为严厉的法律之一。1996 年 6 月 5 日，俄罗斯政府颁布了《俄罗斯转基因国家管理条例》，条例关注的是利用自然，保护环境和保证环境安全相结合所产生行为的基因工程活动。规定要确保建立和应用基因工程研究生物材料的组合对人或环境没有任何有害的影响。其中的转基因生物涉及动物、植物、微生物或病毒。管理条例制定的主要目的是为了监督国家管制领域的基因工程活动，提高人们的生活水平和保护人类健康；保护和恢复环境，维护生物多样性。

美国的转基因生物安全法规比较宽松。美国白宫科技政策办公室于 2002 年颁布了《对转基因植物产生的新蛋白建立早期食品安全评价的提议》，美国农业部于 2003 年颁布了《转基因药用与工业用植物田间试验管理公告》。

日本制定了《限制转基因生物使用确保生物多样性法》，主要内容包括：防止国内转基因生物使用等对生物多样性产生的影响，规定了转基因生物等的第一种使用（开放使用）规程和第二种使用（封闭使用）规程、转基因生物检查程序、信息公开；转基因生物出口规定；罚则。

印度制定了《重组 DNA 安全性准则》（1990）、《生物技术安全准则》（1994）、《转基因种子、植物和植物器官的科学研究准则》（1998）。另外，

《植物检疫令》（2003）第 6 款对转基因生物进口许可作出了相关规定。

加拿大《种子法》第五部分涉及转基因植物环境释放，以及对转基因植物潜在负面影响的评估等内容。《联邦生物技术法律框架》涉及转基因植物技术应用问题。《植物保护法》包含转基因植物进口方面的相关规定，由加拿大食品检验局下设的植物生物安全办公室负责执行。

澳大利亚制定了《基因技术法》，通过鉴定基因技术产生的风险以及通过与转基因有关的风险管理来保护环境，以及保护公众的健康与安全。

新西兰有关林业转基因的法律法规包含于 1996 年制定的《危险物质和新型生物体法案》，它规范人们把包括转基因生物（GMOs）在内的新型生物体带入新西兰的有意识的活动及相关责任，要求转基因生物体进口、田间测试或野外释放必须具有“环境风险管理认证局”（Environmental Risk Management Authority）等有关部门颁发的资格证书。此外，无论林业还是农业，涉及食品方面的产品均要遵守 1995 年出台的《转基因食品标准》。按照该标准规定，对用基因工程技术生产的食品必须进行安全性评价，如在安全性评价中未获认可，将不得进入市场销售。

2.2.1.3 与外来生物入侵相关的国际公约、法律和法规

从世界范围来看，相关国际公约是外来植物入侵法律制度的主要组成部分。国际上关于外来植物入侵相关的国际公约和协定主要包括《生物多样性公约》、《保护野生动物迁徙物种公约》、《IUCN 预防外来入侵物种所造成的生物多样性丧失指南》等。表 2-4 列出了与外来植物入侵紧密相关的国际公约和协定。

随着近几年外来植物物种入侵问题的日益严重，各国（地区）都加强了立法，美国、欧盟等都已经制定或正在制定关于外来物种入侵防治的法律法规。

欧盟制定了外来入侵植物相关的法律法规。欧盟《关于木质包装和垫料的 2004/102/EC 号指令》，在木材去皮、消毒处理和标识等方面做了详细规定。欧盟《环境影响评价指令 (85/337/EEC)》规定对可能引起物种入侵的造林项目进行评价。欧盟检疫法规体系由基本法、行政法规和双（多）边协议三个层次构成。基本法的核心是《植物检疫法》，包括 10 多项重大检疫性有害生物控制法令。为提高法律的可操作性，基本法明确要求欧盟委员会制定具体办法和程序，包括委员会令、决定及建议等 110 项，既有行政法规，又有技术标准。

欧盟成员国还制定了许多与物种入侵相关的法规。1934 年德国颁布的《林业种子和苗木法》规定，只有表明种源、品种、收获年代的种子

表2–4　与外来植物入侵紧密相关的国际公约和协定*

公约或协定名称	发布和生效时间
《生物多样性公约》	1992 年在联合国环境与发展会议上通过，1993 年底生效。
《关于特别是作为水禽栖息地的国际重要湿地公约》	1971 年签订，是一个政府间公约，是湿地保护及其资源合理利用的国家行动和国际合作框架。
《保护野生动物迁徙物种公约》	1979 年签订于波恩。
《国际植物保护公约》（IPPC）	1952 年 4 月 3 日生效。FAO 于 1979 年和 1997 年先后两次进行了修改。
《亚洲和太平洋区域植物保护协议》	1956 年签订于罗马。
《实施卫生与植物卫生措施协议》（SPS）	是“乌拉圭回合”达成的一个新协议，1995 年 1 月 1 日生效。
《IUCN 预防外来入侵物种所造成的生物多样性丧失指南》	2000
《21 世纪议程》	Rio，1992
《生物防治物种进口和释放的行为法则》	1995
《预防引入外来入侵物种》。决议 A-32-9，国际民用航空组织（ICAO）	1998

* 资料来源：改编自《外来物种入侵、危害及中国的对策研究》，解焱

和苗木才可以允许经营、出售和运输，特别规定了对外来种源一定要严格控制，以确保林木生长质量和安全。欧盟委员会还与各国签定了有关生物多样性保护的双边、多边协议。欧盟检疫法规是成员国必须遵循的最低要求，成员国有权通过本国立法确定高于欧盟的具体要求。如英国对健康种苗传播某些病虫害的允许量比欧盟低、发现重大检疫性有害生物后的禁种年限也长于欧盟。1951 年的《荷兰植物病虫害防治法》规定对植物及植物产品进行检疫，在防止植物病虫害发生和预防生物入侵方

面起到了重要作用。瑞典《新森林法》(2004) 第 7 条对森林重建的物种选取做出明确规定：凡是由于造林需要，政府或政府指定的部门，可颁布规章来禁止或指定森林重建的原材料：①规定造林所用的材料为本土或外来种源。②管理和规范造林所用材料的贸易过程。《瑞典林业委员会森林培育材料销售生产以及销售项目的规定》(2002:2) 的附件 1 所列物种是限制进口和销售的森林培育材料，其中 31 种是瑞典的外来物种。

俄罗斯政府 1999 年颁布了《俄罗斯农业和粮食部关于农、林植物认证程序条例生效的法令》，建议农业部采取措施，根据国家种子检查认证机构和检测实验室提供的证书，对种子采取有关活动的认证。该法令从源头控制植物种子的来源，有效防控因大量栽培外来植物而带来的植物入侵。对于因种子问题造成损失的种植者，法令规定索赔人应在一个月内向有关管理局申请提供证明文件，包括种子的品种特性、来源和质量，以及向销售商购买时的合法性收据，由管理部门出面索赔，以此来保障种植者的权益。2001 年俄罗斯颁布的《俄联邦环境保护法》对外来物种入侵进行了明确定义。该法第 50 条规定："如果没有制定有效的措施防止其无控制地繁殖，没有国家生态鉴定的肯定结论，将禁止引进、培育和利用非本地自然生态系统的植物、动物和其他生物体以及人造的植物、动物和其他生物体。"

美国在外来入侵植物物种方面的法律和法规主要包括：《植物检疫法》、《联邦植物去虫法》、《国家环境政策法》、《濒危物种保护法》、《联邦杂草防治法》等。1996 年，美国第 104 届国会通过了《国家入侵物种法》(简称 NISA)。此后，美国政府又制定了《入侵植物管理国家策略》，该项国家策略提出了三项国家目标，即入侵物种的预防、控制和本地种的恢复。1999 年克林顿总统签发了第 13112 号《入侵物种法令》，责成农业部牵头，统一管理外来入侵物种；组建了国家外来入侵物种委员会，构建入侵物种国家研究中心，并提出了优先考虑的几个领域。

加拿大联邦当局制定的法律当中与外来物种入侵，特别是外来植物入侵的管理相关的法律有《植物保护法》、《自然资源法》、《林业法》、《濒危物种法》、《野生动植物保护与国际、省际贸易法》、《国家公园法》等。同时，加拿大省级政府也制定了与外来物种入侵相关的法律。

日本制定了《防止特定外来生物造成生态系统等危害法》，旨在对特定外来生物的饲养、栽培、保管或转移、进口等行为加以限制，同时由国家采取防治特定外来生物等措施，防止外来生物造成生态系统的灾害，确保生物多样性、保护人民生命及身体健康以及保障农林水产业的健全发展，以稳步提高人民生活水平。主要内容包括：特定外来生物灾害防治基本方针；特定外来生物饲养、栽培、保管或转移的规定；特定外来生物的防治；从国外引进未判明外来生物（因其性质与原有种不同可能会造成生态灾害的外来生物）的申报审批；罚则。

新西兰与林业转基因相关的法律主要有《生物安全法》和《危险物质和新型生物体法案》。《生物安全法》是世界上第一部有关生物安全方面的专门立法。内容主要包括防止无意引进外来物种及其在国内的危害，制定引入标准，实施边境建议和引入后建议；对于已经侵入且在国内定殖的物种，《生物安全法》制定了铲除计划或对有害生物进行综合防治的方法，建立了与外来生物有关的信息收集、记录和发放等机制。

2.2.2 国外林业生物安全政策与行动计划

2.2.2.1 林业生物安全政策

国外林业生物安全政策主要体现在生物多样性保护、生物入侵和转基因生物安全管理等方面。虽然国外并没有专门针对林业的生物安全政策，但农业、环境、卫生和贸易等部门的相关法规和政策中具有与林业生物安全相关的内容。《生物安全议定书》和《卡塔赫纳生物安全议定书》等国际公约是各国制定生物安全政策的重要依据。《卡塔赫纳生物安全议定书》的生物安全政策基本原则是“事先预防”，具体表现为：注重生物安全评价；建立生物安全信息交换所；执行“事先知情同意”制度。

在《生物多样性公约》和《卡塔赫纳生物安全议定书》的基本原则下，许多国家都根据本国情况制定了国家生物安全相关政策。例如美国关于转基因生物安全管理政策的主要内容包括：①对林业生物技术的安全性管理着重于生物技术产品本身的特性和危害性，而不是生产过程；②最大限度地减少政府所承受的审批负担；③必须有利于林业生物技术的迅速发展；④应根据产品的特性进行风险性评价，而不应设立特定的控制标准。这些基本政策体现在美国的《生物技术管理协调框架》与1991年2月颁布的《美国生物工程政策报告》中。

欧盟认为，只控制转基因的产品不足以保证转基因产品的安全性，只有从源头控制，才能把转基因产品的危害控制在最小的范围内。随着欧盟国际贸易活动的增多，入侵物种猛增，并给欧盟国家带来巨大的损失，为此，欧盟制定了防止生物入侵的相关政策，并成立了入侵物种监测网络和预警系统。欧盟十分重视生物多样性保护工作，采取了许多保护生物多样性的相关政策和行动，其中“Natura 2000”生态网络建设工程对欧盟生物多样性保护起到重大作用。为了确保林业基因生物安全，德国完善了相应的政策措施，初步形成了层次清晰，调整范围明确，具有可操作性的林业生物安全政策措施体系，其核心体现在增加投资，鼓励在农林业生物技术领域开展深入研究，为在其他国家进行生物技术转移利用奠定基础。

2.2.2.2 林业生物安全战略与行动计划

（1）林业生物多样性　生物多样性保护是国外林业生物安全战略的重要内容之一，世界上许多国际组织和国家都对生物多样性进行了研究，并制定了与生物多样性保护相关的战略和行动计划。

DIVERSITAS Ⅱ研究计划　该计划是全球环境变化研究的四大计划之一，是一个国际性的、非政府的科学计划，始于1991年。发起者最初包括国际生物科学联盟（IUBS）、环境问题科学委员会（SCOPE）和联合国教科文组织（UNESCO），后来又增加了国际微生物学联盟（IUMS）、国际科学联合理事会（ICSU）。DIVERSITAS最初的研究内容包括：①生物多样性对生态系统功能的影响；②生物多样性的起源、保护和丧失；③生物多样性编目和分类；④生物多样性监测；⑤生物多样性保护、恢复和持续利用；⑥土壤和沉积物的生物多样性；⑦海洋和内陆水体生物多样性；⑧生物多样性人文因素。2001年，DIVERSITAS进入了第Ⅱ阶段，包括4个核心研究计划，分别是bioDISCOVERY、ecoSERVICES、bioSUSTAINABILITY、bioGENESIS。

世界自然保护联盟（IUCN）2009～2012年战略计划　2008年10月在西班牙巴塞罗那召开的世界自然保护联盟大会上通过了《塑造可持续的未来：IUCN2009～2012年计划》。该计划提出5个优先领域：①保护生物多样性，确保各个尺度生物多样性的可持续和公平管理；②将生物多样性的科学知识纳入气候变化的政策和实践中；③改造未来的能源体系；④为人类福祉管理生态系统；⑤发展世界绿色经济。第1个优先领域是第2～5领域的基础。

Natura 2000生态网络　欧盟认识到某些生境和物种处于更加危险的境地中，因此创建了Natura 2000生态网络。Natura 2000网络是由单独的“节点”组成的，这些节点涵盖了欧盟200个最重要生境类型的“足够的”区域。针对各物种的专门行动方案证明，它们对保护欧盟一些濒临灭绝的物种是很有益的。欧盟将生物多样性保护融入到可持续发展战略（SDS）、里斯本伙伴关系以及环境政策中。生物多样性保护是SDS和第六框架计划（FP6）的关键性目标之一。2006年5月22日，欧盟通过了一项保护生物多样性的战略——《2010 年及未来阻止生物多样性丧失：人类福祉的可持续生态服务》。确定了欧盟 4 个行动领域、10 个首要目标和 4 个扶持措施。另外，在国际舞台，欧盟集中关注于加强《生物多样性公约》等生物多样性协议的制定和执行，以及通过对外援助为生物多样性保护提供支持。欧盟各成员国是为生物多样性项目提供支持的"全球环境基金 (Global Environment Facility)"的重要资助方。

瑞典议会 1999 年通过了 16 项环境质量目标和 72 项全国性临时目标 其中关于林业生物安全战略有以下几项：第 12 项"林业可持续发展"；第 13 项"农业格局多样化"；第 14 项"山区风景秀丽"；第 16 项"动植物种丰富多样"。另外，瑞典国际开发合作署和瑞典生物多样性中心发起了 SwedBio 联合倡议，侧重于生物多样性保护、生态系统服务和减少贫困。

俄罗斯政府相继颁布《国家生物多样性保护战略》、《俄罗斯生物多样性保护国家行动计划》，并在俄罗斯自然资源部下属的国家环保局里专门设置了生物多样性保护处 《俄罗斯生物多样性保护国家行动计划》包括了俄罗斯生物多样性保护的主要领域，如物种和种群的保护、生物多样性保护的法律机制、管理机制、宣传教育、科学研究、国际合作等。为了保证国家行动计划的贯彻落实，在 2001 年 6 月的俄罗斯生物界保护大会上还专门成立了专家协调委员会。

美国的生命之树（Tree of Life, TOL）计划 该计划由美国首先启动，目前已成为欧盟等发达国家高度重视的一个生物多样性计划。该计划提出，用 10 年时间初步完成整个生命大树的框架，将地球上的所有生物标定在这棵大树上，最终输入整个生命信息。TOL 将提供地球上生物多样性信息、系统发育关系、图像和文献信息，其数据库由成千上万的 web 页面组成，主要内容包括叶形页面（Leaf Pages）、分支页面（Branch Pages），这是生命之树的核心成分，其中每个页面都提供某一特定生物群体的最为重要的性状和文献。

加拿大的国际生命条码计划（iBOL） 该计划由加拿大奎尔夫大学教授、加拿大皇家学会会员 Paul Herbert 于 2003 年提出 DNA 条形码概念后发起的一个新的、国际性的大科学计划。该计划致力于建立条形码序列参照文库，同时还致力于建立序列文库、信息学工具以及使 DNA 条码成为全球性生命科学体系关键构建所需的技术。

加拿大是发达国家中最早签署《生物多样性公约》的国家。继公约批准后，1995 年又公布了《加拿大生物多样性国家战略》，其中不仅有森林生态系统的保护和管理的内容，还明确了生物资源可持续利用的目标和方向。为了实现关于生物多样性的承诺，加拿大林务局制定了《森林生物多样性纲领》，提出了加拿大林业的生物多样性方面所面临的8个主要问题和重点研究课题。

日本的《国家生物多样性战略》和《农林水产省生物多样性战略》，明确提出了2007～2012年农林水产省生物多样性保护行动计划　该计划包括农林水产省生物多样性保护及可持续利用措施的基本计划，生物多样性保护及可持续利用的目标，政府应全面地有计划地采取措施，以及除前3项以外的全面地有计划地推进生物多样性保护及可持续利用措施的必要事项。该计划提出11项行动计划：①推进多样性森林建设；②推进森林的合理保护和管理；③推进野生鸟兽造成森林危害的防治对策；④确保和培育林业能手和山村资源的合理利用；⑤推进兼顾生物多样性的森林作业方式；⑥推进国民参加的森林建设和多样性利用；⑦充实森林环境教育和与森林接触的活动；⑧发展以扩大国产材利用为基础的林业和木材产业；⑨推进以“保护林”及“绿色走廊”为主的国有林保护和管理；⑩加强对森林资源的监控；⑪ 推进世界可持续的森林经营。

印度的《国家野生物种保护行动计划》　该计划于1983年10月正式通过，其主要内容是：建立一个有代表性的保护网；保护区的管理与生境恢复；多用途地区的野生生物保护；濒危物种的恢复等。1999年，制定了《国家生物多样性政策和宏观行动战略》，阐述了有关生物多样性保护与可持续利用的一系列宏观政策和战略声明。2005年，《国家生物多样性策略与行动计划项目》确定了野生物种和驯化物种生物多样保护以及总体规划和管理方面的工作重点。

澳大利亚的《生物多样性保护国家策略》(1996)　其中规定了澳大利亚生物多样性保护的框架和重点。该战略是各州所采取的行动的补充，旨在保护包括生物多样性和濒危物种的高保护价值。《生物多样性保护的国家目标对象和任务》(2001)，扩充了澳大利亚生物多样性保护国家战略，为澳大利亚政府、州和地区的十大优先成果制定目标。《国家生物多样性和气候变化行动计划》(2004)描述了在气候变化影响下保护澳大利亚生物多样性的国家战略途径。

新西兰最重要的林业生物多样性行动计划是《生物多样性战略》(2000)　它旨在建立一个采取行动的战略性框架，以保护、可持续利用以及管理新西兰的生物多样性。它既通过阐明责任来协调中央政府、地方政府和非政府组织内部及它们相互之间的生物安全管理，也寻求建立有效的方法评估和管理来自有害生物体的生物多样性风险。

（2）林业转基因　2000 年，森林管理委员会（FSC）规定，在经过认证的森林中不允许种植转基因林木。2005 年，FAO 提出建立一个国际林木转基因安全评估框架。2006 年 3 月 31 日，《生物多样性公约》在第八次缔约方会议（COP-8）上通过了一项正式声明，指出转基因林木的危害，并敦促所有国家谨慎对待林木转基因技术。社会各界都希望联合国的努力能够最终解决转基因林木对生物多样性、环境和社会经济的不良影响。FAO 林木育种专家 Pierre Sigaud 警告，转基因林木在商业化生产和销售之前必须按照国家和国际生物安全议定书进行环境风险评估。他说："这个问题超出了国家界线，因为花粉和种子的传播不考虑国家边界，况且木材是一个全球性的商品。为了防御转基因林木对天然林分的污染，必须制定出针对转基因林木研究和应用的强有力的管理框架。"

（3）外来植物入侵　环境科学问题委员会 (SCOPE)、IUCN 和联合国环境规划署于 1997 年共同发起了"全球入侵物种计划"。该计划旨在世界范围内交流和共享外来入侵物种的知识、信息和防治措施，制定和发展外来入侵物种管理策略，涉及外来入侵物种的现状评价、入侵途径、风险评价、法律、政策框架以及教育和培训等方面（陈满满，2009）。

欧盟制定了《应对生物入侵欧盟行动策略》(*European Strategy on Invasive Alien Species*)，主要内容包括提高安全意识、加强信息共享和部门协调、完善预防和预警体系建设，防止农（林）业入侵种在欧盟范围内广泛传播。

美国联邦政府组建了由十几个部门组成的入侵物种委员会和非联邦入侵物种咨询委员会 (JSAG)，统一管理入侵物种问题，制定了 20 年的系统规划，从领导协调、预防、早期监测与快速反应、控制和管理、生态重建、国际合作、研究、信息管理、教育和宣传等 9 个方面制定了具体行动计划。《新英格兰州外来入侵植物地图计划》（*Invasive Plant Atlas of New England, IPANE*）是一个多层面计划，可以提供有关新英格兰州入侵植物的全面和最新信息。该计划的目标是推动教育和研究，从而更深入地理解外来入侵植物的扩散动态并且支持新外来入侵物种的早期检测。该项目包括可从网络访问的地图，以植物标本和现场记录组建的采集数据库。

2001 年，加拿大制定了《国家外来入侵物种战略》，该战略根据外来物种所处的阶段制定了预防、早期检测、快速反应，以及遏制、控制和根除 4 个目标。其宗旨是建立一个协调的政策和管理框架，以最大限度地降低外来入侵物种对经济、环境和社会的影响。

2005 年，澳大利亚制定了《植物安全计划》。该计划规定了 6 个程序，即预防、诊断、监测、控制、教育和培训、商业化和交流，并针对每一个程序制定了相应的总体目标、战略目标和行动措施。预防的目标是填补外来入侵生物生物学和流行学研究上的关键性空白，以便制定针对外来入侵生物的科学决策；诊断的目标是通过研究制定高效的诊断技术，实现快速鉴定外来入侵生物，使澳大利亚对外来入侵生物早期诊断能力达到世界一流水平；监测的目标是建立以科学有效的取样系统和调查方法为基础的全国性监测体系；控制的目标是通过控制、风险转移及恢复策略降低外来生物入侵带来的经济影响和社会影响；教育和培训的目标是提高私人企业的认识、知识和技能，增加从事供应链和进出口途径的专业人才的供应；商业化和交流的目标是把政府、大学及相关组织的植物安全技术通过企业实现商业化。

《新西兰生物安全战略》(2003) 把外来入侵植物放在了整个国家生物安全的地位来对待。该战略制定了外来入侵物种控制的目标以及实现这些目标的措施。根据外来入侵物种所处的阶段，新西兰生物安全战略中制定的控制外来入侵物种的目标包括：①预防和排除，即防止有害动植物和其他有害生物的进入和定殖；②监测和响应，即对那些可能造成危害的外来物种进行早期检测、监测和风险评估，同时应配备快速和有效的入侵响应机制；③有害动植物的管理，即对已经定殖的对经济、环境和人们的健康可能造成威胁的外来入侵物种进行有效管理（包括根除、遏制和控制）。另外，新西兰自然资源保护部制定了《入侵性杂草管理计划》(*Strategic Plan for Managing Invasive Weed*)，该计划详细论述了新西兰入侵杂草管理计划的目标和行动计划。

2.2.3 国外林业生物安全管理

2.2.3.1 林业生物安全管理工作概述

国外林业生物安全管理主要体现在管理体制、管理制度和管理模式等方面。国外没有专门负责林业生物安全管理的综合部门，相关工作包含于农业、植物检疫、环境保护和食品安全等部门中。由于林业生物安全涉及多个部门，跨部门合作与协调非常重要。从林业生物安全管理工作内容看，主要分为林木转基因生物安全管理、保护森林生物多样性和防止有害生物入侵 3 个方面。国外林业生物安全管理工作所依据的国际公约包括《生物多样性公约》、《国际植物保护公约》、《濒危野生动植物种国际贸易公约》和《卡塔赫纳生物安全议定书》等。

2.2.3.2 林业生物安全管理体制

世界各国的林业机构设置存在差异，有的隶属于农业部门，有的则隶属于自然资源或环境保护部门，而中央政府一般没有直属的林业部门。作为林业管理工作的一部分，林业生物安全管理涉及许多部门，如农业部门、植物检疫部门、环境保护部门和食品卫生部门等，因此跨部门合作与协调非常重要。

欧盟的动植物引种和检疫的协调工作由专门的检疫委员会负责，协助成员国开展检疫检验、与非欧盟国家签订检疫协定等，各成员国在农林部下设一部门管理本国的动植物引种和检疫工作。2004 年开始，欧盟对转基因实行集中管理，主要由新成立的食品安全总署（EFSA）负责转基因植物安全管理，欧盟的林业转基因生物的登记由植物科学委员会、动物健康和福利科学委员会负责。

欧盟成员国负责林业生物安全的管理机构可分为专门机构和多部门综合协调两种类型。一是以德国和荷兰为代表的专门管理机构类型。德国“消费者保护、食品与农业部 (BMVEL)”中与生物安全有关的机构包括风险评估研究所和联邦消费者保护与食品安全局。联邦风险评估研究所负责风险评估和风险交流，设有生物安全部（具体负责林业生物安全监测评估）、食品安全部、风险交流部和科研服务部等相关部门。德国“消费者保护、食品与农业部 (BMVEL)”所属联邦消费者保护与食品安全局负责林业生物安全风险管理和与其他国家及欧盟机构的协调，下设食品和饲料与日用品部、植保产品部（具体制定林业生物安全管理措施）、兽药部、基因工程部、分析部。荷兰专门设立了生物安全管理机构，即转基因委员会（COGEM）和转基因生物执行办公室。荷兰转基因委员会是一个独立的技术和科学咨询委员会，其成员由环境部任命，并组建了植物安全专门委员会。二是以英国为代表的多部门综合协调类型。英国在生物安全管理方面有比较健全的管理机构。①国务大臣：负责涉及人类健康和安全的转基因生物（包括林业）释放或市场化许可的审批。②卫生与安全管理局：主要负责林业转基因生物隔离使用管理，参与转基因生物的释放和市场化管理。③环境、运输及管理部：在林业转基因生物的释放和市场化管理以及隔离使用管理过程中起协调作用。④环境、食品和农村事务部 (DEFRA)：负责管理林业转基因生物的有意释放，并参与制定转基因生物安全的国家、欧盟和国际政策。在瑞典，形成了环保部门统一管理和各部门分工协作的生物安全管理体制，如环境部所属国家化学品检验局负责转基因微生物的管理，国家渔业委员会负责转基因水生生物的管理，国家森林委员会负责转基因林木的管理，国家农业委员会负责转基因动植物的管理，国家食品管理局负责转基因食品的管理，医药产品管理局负责转基因医药产品的管理。

俄罗斯主要运用与农业相结合的体系来管理林业生物安全。农业部全权负责食品安全问题，主要职能是对农、林产品生产、加工到销售的全程监控。隶属农业部的俄联邦兽医和植物卫生监督局监管动植物领域食品安全问题，与林业相关的主要职责是：实施或撤销检疫措施的相关提案；发放兽医、检疫、植物卫生和其他许可证和证明。转基因物种的调控工作由联邦政府下属的跨部门委员会执行，对转基因动植物食品的生产、运输、保存要受国家监督。通过俄罗斯科学院、农业部、卫生部及某些从事转基因动植物研究的科研院所落实。

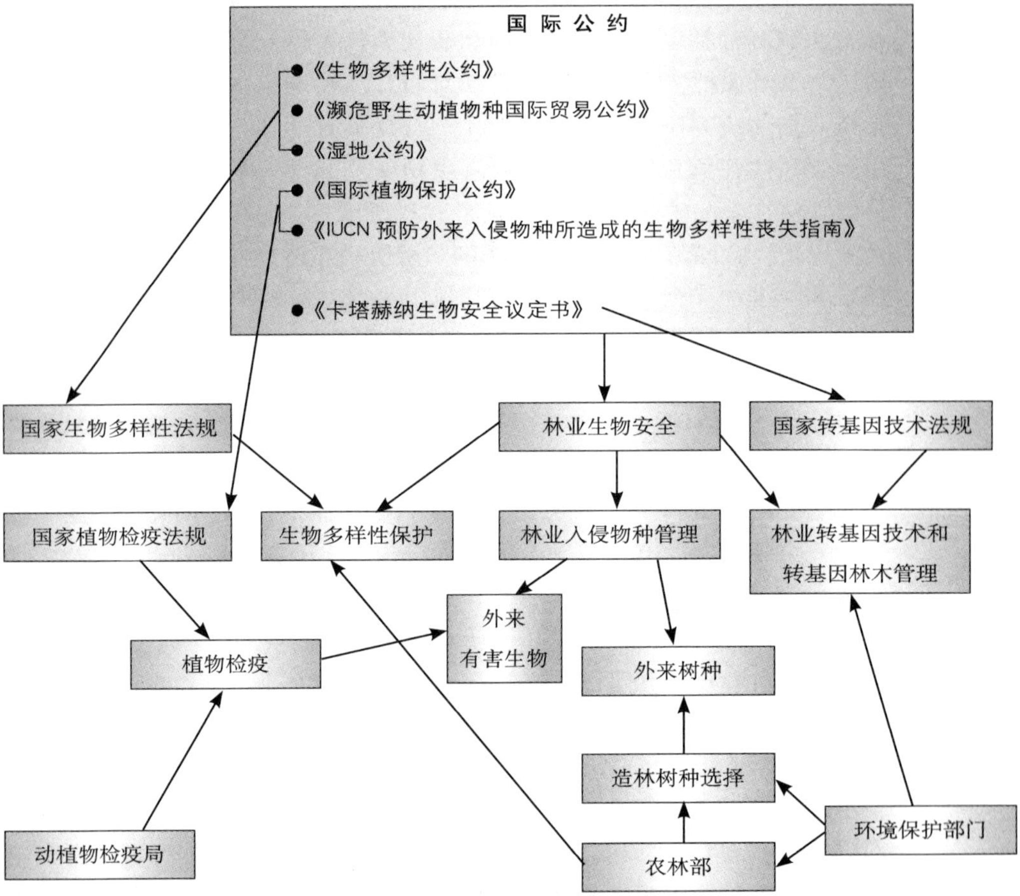

图2–1　美国林业生物安全管理体系

美国林业生物安全主要由美国国家环境保护局和农业部下属的动植物检疫局、林务局共同管理［图 2-1（上）］。国家环境保护局负责生物防治物野外释放的审批和监管、农药的登记及管理。农业部动植物检疫局负责动植物（包括转基因动植物）引种、出入境检疫及转基因植物试验与商业化生产的审批和疫源疫病管理，林业局负责入侵种的国内监测、检疫与管理。

加拿大林业生物安全方面涉及的管理部门比较分散，包括国家食品检验局、农业部、环境部、公园管理局、林务局等多个部门。林业部门实行分级管理模式，由林务局主管全国林业发展，省级林业部门负责经营管理本省的森林资源，包括生物多样性保护等。各省具有独立的林业立法权，可制定适合本地区的林业法规、标准和计划，对森林进行系统管理，管理的重点是强调森林的可持续性和生物的多样性。除了政府机构，民间还成立了各种林业协会，根据政府的林业政策，结合本地情况，制定共同遵守的章程，使政府的林业政策得到贯彻落实。

日本环境省是制定国家环境政策和生物多样性国家战略的主管部门。环境省自然环境局下设自然环境计划课、野生生物课和总务课等有关机构。其中自然环境计划课负责《生物多样性公约》的实施；野生生物课负责林业转基因生物管理和防止物种入侵；总务课下设生物多样性中心，负责大约每 5 年一次的自然环境保护调查，系统地收集自然环境及生物多样性数据。

印度的国家生物多样性管理局是根据《生物多样性法》成立的国家机构，负责全国遗传资源获取和惠益分享的审定批准和管理工作。各邦依据《生物多样性法》成立各邦生物多样性主管委员会，负责其辖区内获取和利益分享的日常管理。环境与林业部设立了基因工程委员会，负责转基因生物的生产、销售、进口和使用的审批。农业部农业与合作司设立了植物保护、检疫与储藏处，主要负责植物检疫工作，在机场、港口和边境设有 35 个植物检疫站。

澳大利亚对林业生物资源的保护和管理大体上分为联邦政府和州、领地（自治区）政府两级。在联邦政府中设有澳大利亚国家公园和野生生物管理局，负责制定保护战略框架，负责全国有关自然保护方面的管理和国际交往活动。各州及领地政府是植物遗传资源管理与保护的主要力量，各州设管理局，负责本州的自然保护工作。除政府设立的管理机构外，在民间，澳大利亚设立自然保护委员会，协助政府制定管理政策，维护自然环境不受破坏，支持国家公园和自然保护区工作。

新西兰的生物安全责任由中央政府、地方政府和产业机构共同分担，中央政府的生物安全机构有 4 个：农林部、保护局、渔业部和卫生部。而农林部是唯一一个负责确保整个生物安全活动的部门，在处理植物入侵问题上必须有效地与相关部门合作。新西兰农林部下设新西兰生物安全局，它的前身是农林部生物安全局和新西兰生物多样性保护机构，负责防止不明外来植物的引入。

2.2.3.3 林业生物安全管理制度

国外林业生物安全管理制度主要包括审批许可制度、生物安全风险评估制度、标识制度、植物检疫制度、公共知情权制度和公众参与制度等。

(1) *审批许可制度* 审批许可制度是国外林业生物安全管理的一项重要制度，各国生物安全管理部门通过严格的审批许可程序确保生物安全政策得以实施，将生物安全风险控制到最低限度。例如，APHIS（美国动植物检疫局）负责对转基因植物的研制与开发过程进行管理，评估转基因植物对农（林）业和环境的潜在风险，并负责发放转基因作物田间实验和转基因食品商业化释放许可证。APHIS 通过“审批许可制度”实施其管理职权。在澳大利亚，以引种和科学研究为目的引进植物材料，须事先向澳大利亚检疫检验局 (AQIS) 申请办理检疫许可，入境后在指定的隔离场圃作隔离检疫。所有有关转基因生物的研究、试验、环境释放、商业化生产和进出口，都需要由澳大利亚基因技术管理局签发许可。

(2) *生物安全风险评估制度* 为进行生物安全管理，许多国家都制定了相应的风险评估制度。例如欧盟执委会 2001/18 指令规定，把转基因生物推向市场的生产商应首先向其市场投放的成员国的主管当局递交申请书，申请书应包括一份完整的风险评估报告。由成员国主管当局做出同意或驳回该转基因生物释放的意见，并且该成员国应通过执委会通知其他成员国。如果没有反对的意见，原来做出评估的主管当局可以批准该申请的转基因生物投放市场，随后该转基因产品即可在符合上述批准所规定的条件下，在欧盟市场上市。如果另一成员国的主管当局提出反对意见，那么就只能上升至欧盟水平，经过欧盟决策的程序后，主管的成员国根据欧盟的决议，决定批准或拒绝转基因产品投放市场。一旦作出同意的决定，效力及于欧盟各国。此外，加拿大、日本、澳大利亚、新西兰、韩国、印度等国家的生物安全法规也涉及风险评估和环境监测内容。

俄罗斯国家级的生物技术、生物工程中心及实验室采取定性和定量的手段对遗传变异生物体内的蛋白质和其他合成物质的生物安全性作出评价，一旦发现有害物质，则立即终止转基因产品的研制。

风险分析是澳大利亚生物安全保护工作的重要组成部分和有效的管理制度，农林渔业部负责制定动植物生物安全政策和风险管理措施，农林渔业部下属的3个局负责制定生物安全和检验检疫政策：生物安全局（BA）负责进口风险分析；检验检疫局（AQIS）负责操作程序的开发，在法律的范围内安排检疫范围并交付检疫所；产品完善和动植物健康检疫局（PIAPH）负责调控有害生物和疾病的应急反应，并在各州和州内联合作好检疫安排。

新西兰林业转基因产品进入消费渠道前或进口前，必须经过安全评估，以决定是否允许该转基因林产品进口或上市，安全评估一般遵循逐案评估原则——由于不同品种或品系的转基因生物或在不同环境中释放的同一品种或品系的转基因生物所产生的风险有可能不同，必须针对具体的转基因生物环境释放逐案进行风险评估。

（3）标识与公共知情权制度　为了使林业生物安全管理工作保持公开、公正和公平，国外许多国家在生物安全管理工作中都建立了标识与公共知情权制度，便于群众对生物安全工作进行监督，同时也是对符合生物安全规定的产品和行为的保护和支持。例如欧盟《关于追踪转基因生物的1830/2003条例》中具有转基因生物标识的相关规定，要求经销者必须确保出售给最终消费者的转基因生物及其产品标识为“本产品含有转基因（物种名）”。2001年3月1日起，韩国对转基因生物及其产品实施标识，阈值为转基因成分占产品的3%以上，如不标识将判3年牢狱或罚款3000万韩元。从2001年4月1日起，日本对批准的转基因生物产品，规定转基因成分占最终产品比例达5%时需要标识。从2001年12月7日起，新西兰对转基因食品强制实施标签制度。新西兰食品主管部门在2000年12月上旬根据食品标准法典18款修正案作出以上决定（David Young，Rachel Monk，2002）。这表明与林业相关的转基因食品也必须在其标签上注明“遗传修饰生物体”（Genetically Modified Organisms,GMOS）字样。它要求最低转基因成分含量阀值为1%，标识政策规定：最终产品（如来源于转基植物等）中不含新的DNA或蛋白质的食品、食品添加剂或加工辅助物质（最终产品中不含外源DNA或蛋白质）、调味品（最终产品中转基因成分含量不超过0.1%）以及在加工点销售（如餐馆等）的食品可不进行标识。对于单一成分的转基因食品，需标识为“Genetically Modified XX（转基因XX）”，若食品中某种成分为转基因，则在该成分之后注明“Genetically Modified”字样，如“XX（Genetically Modified）”

（4）*植物检疫制度* 林业有害生物入侵已经使世界上许多重要的森林生态系统面临严重威胁，给国家和人民造成难以估量的巨大损失。为此，许多国家都非常重视植物检疫工作，并建立了严格的植物检疫制度。例如欧盟根据疫情发生的分布情况将一些检疫性有害生物列入名录进行检疫，并经常对名录进行修订补充。欧盟检疫名录分6大类，包括《禁止传入传播的有害生物名录》、《禁止随特定植物或植物产品传入传播的有害生物名录》、《禁止入境植物（植物产品）及其相关物名录》、《满足特定条件方可入境的植物（植物产品）及其相关物名录》、《入境前必须检疫的植物（植物产品）及其相关物名录》、《需采取特殊检疫措施的植物（植物产品）名录》等，涉及有害生物、植物、植物产品及栽培介质等多达351种（类）。部分名录还根据有害生物在欧盟有无发生、植物（植物产品）是否源于欧盟、对象关系整个欧盟还是特定保护区等，进行了细化分类，操作性极强。欧盟各成员国围绕《入境前必须进行检疫的植物（植物产品）及其相关物名录》开展农产品检疫工作。一是对名录中源于欧盟的对象实施检疫。各成员国植物检疫机构委派植物检疫人员进行产地检疫，每年或每茬不少于1次，必要时作室内检验。对植物产品储存场所、包装材料和运输工具也要进行认真的检验，确保输往其他成员国的植物产品具有良好的植物卫生条件；二是对名录中来自非欧盟的对象实施检验。进口植物产品不管最终销往哪个成员国，原则上要在进入欧盟的第一个成员国口岸进行检疫，核发植物检疫证书（即统一的植物护照）后，才能在欧盟境内流通，以确保输入欧盟的植物产品具有良好的植物卫生条件。为确保各项检疫要求落到实处，欧盟还采取了以下几项措施：一是对生产者和进口商进行注册登记，相关信息要伴随其生产或经营的植物产品流通，力求每一批植物产品都可以回溯到它的源头；二是根据需要实施市场检疫，带有植物检疫证书的植物产品在跨成员国边境流动时无需检疫，但在市场流通时要接受必要的核查；三是对进入保护区的植物产品提出特殊要求，符合要求才能进入保护区；四是欧盟委员会可组织成员国对进口植物产品实施原产地预检。

（5）*公众参与制度* 为了使公众利益能够在林业生物安全管理过程中得到充分的保护，许多国家在生物安全管理的各环节中非常注重公众参与。例如，美国环保署（EPA）在接受转基因生物产品通告(PMN)后向公众公布，EPA保留一份PMN复印件，在科学技术办公室的公众信息办公室展出，公众进行评论，通常是30天。另外，EPA生物技术科学顾问委员会的会议向公众公开。EPA还建立了公共记录，同样在科学技术办公室的公众信息办公室向公众公开。

(6) *森林管理表彰制度* 森林管理表彰制度是加拿大关于森林生物多样性保护方面的一项制度。加拿大各省和特区政府根据国家战略制定了各自独立的生物多样性战略和行动计划，“森林管理表彰制度”就是其中的一项。所谓森林管理表彰制度就是对森林管理和生物多样性保护作出贡献的个人或团体给予表彰。这项制度作为安大略省的尝试性计划始于 1998 年。

2.2.3.4 林业生物安全管理模式

由于国情不同，各国虽然没有统一的林业生物安全管理模式，但有一个通用模式作为各个国家用于管理本国林业生物安全的基础。在此基础上，不同国家可根据本国国情进行变动，形成适合本国特色的生物安全管理模式。国外林业生物安全管理通用模式包括监测、评估、决策、信息发布和公众监督等环节。生物安全监测是以各地方监测机构的监测工作和预警系统为基础的。发现生物安全隐患和问题后，由生物安全风险评估机构进行风险分析和评估，评估报告供生物安全管理机构决策参考。而信息发布和公众监督则贯穿于生物安全监测、评估和决策的整个过程中。

以林业转基因生物为例，可归纳为 3 种管理模式：以产品为基础的美国模式、以生物技术过程为基础的欧盟模式、中间模式。

(1) *以产品为基础的美国模式* 美国对转基因食品持积极支持的态度，认为转基因生物与非转基因生物没有本质的区别，监控管理的对象是生物技术产品，而不是生物技术本身。美国是对转基因安全研究最多的国家，也是全球转基因生物审批最宽松的国家。林业转基因食品不需要上市前的批准，采取自愿咨询程序。一般只要求该转基因产品达到与传统产品一样的安全标准，但是对一些在安全性方面有本质差别或者还缺乏充分认识的，就需要对该转基因生物及其产品（如质量性状、多基因和复合性状的转基因作物，医药和工业用转基因植物）进行全面、严格的安全性评价和管理。

(2) *以生物技术过程为基础的欧盟模式* 欧盟对通过重组技术获得的转基因生物，都要接受安全性评价和监控。欧盟在国际上极力主张对转基因产品采取“预先预防态度”，不仅针对转基因生物及其产品本身进行监管，而且也对转基因生物的研制过程进行监管。欧盟成员国在生物安全管理过程中有的直接使用欧盟法规，有的则依据这些法律建立本国的法规。

（3）中间模式　加拿大比较接近美国模式，澳大利亚接近欧盟模式，但都有自己的特色。其突出的特点是，在加拿大，只注重产品新性状的安全性，不考虑采用何种技术。在澳大利亚，国家颁布基因安全法规，并新建立基因技术办公室负责管理工作。日本采取介于美国和欧盟之间既不宽松也不严厉的管理模式，由日本科学技术厅、农林水产省和厚生省共同管理。农林水产省根据《农、林、渔及食品工业应用重组DNA准则》，负责管理转基因生物在农业、林业、渔业和食品工业中的应用。

2.3 国外林业生物安全工作评价、启示与借鉴

为了完善我国林业生物安全法律法规、政策和管理，在分析国外林业生物安全现状的基础上，从林业生物安全法律法规、政策和管理3方面进行评价。

2.3.1 国外林业生物安全法律法规体系评价

2.3.1.1 形成了比较有效的生物安全法律法规体系，但缺乏专门针对林业生物安全的综合法律和法规

国外一般没有专门针对林业生物安全的综合性法律和法规，但主要国家（特别是发达国家）已经形成了比较有效的林业生物安全法律法规体系。有些国家制定了与林业生物安全相关的单项法律法规，有些国家则在林业、农业、环境保护、植物检疫、生物入侵等法律法规中做出相关规定。

有些国家制定了林业生物安全单项法律法规，具有明确的针对性，便于加强林业生物安全管理和执法，可为今后制定综合性法律法规奠定基础。例如在生物多样性方面，美国制定了《濒危物种保护法》，日本制定了《生物多样性基本法》、《生物多样性国家战略》、《濒危野生动植物种保存法》和《限制转基因生物使用确保生物多样性法》等。在林业转基因方面，欧盟《森林繁殖材料销售指令1999/105/EC》规定，转基因森林繁殖材料只有在被证明不对人类健康和环境构成危害时才允许销售；日本制定了《限制转基因生物使用确保生物多样性法》。在外来植物入侵方面，美国制定了《植物检疫法》、《联邦植物去虫法》、《联邦杂草防治法》等。1996年，美国第104届国会通过了《国家入侵物种法》（简称NISA）。此后，在联邦法框架下，美国林务局制定了《美国国家林业入侵物种管理策略及规划》，包括预防、早期监测和快速反应、控制和管理、

生态系统恢复四部分内容。

其他法律或法规涉及了林业生物安全的相关内容，可以作为管理和维护林业生物安全的法律补充。美国没有专门为转基因生物安全管理立法，而是主要基于现行法规，如农业部对转基因动植物安全管理依据的法律主要是《联邦植物保护法》、《联邦植物害虫法》、《联邦植物检疫法》等，但每一个林业转基因性状都能找到相应的法规条文。虽然欧盟也没有制定林业转基因的专门法规，但在比较全面的转基因生物安全法律体系中涉及了林业转基因的相关内容，例如《转基因生物环境释放法令》(2001)、《关于转基因高等植物环境释放结果报告格式的决定》(2003)、《转基因生物越境转移条例》(2003)、《转基因生物科学委员会转基因植物及其衍生食品和饲料开展风险评估的指导文件》(2004) 中均对林业转基因做出了相关规定。又如新西兰 1993 年出台的《生物安全法》是世界上第一部有关生物安全方面的专门立法。它的主要内容是防止无意引进外来物种及其在国内的危害，制定引入标准，实施边境检疫和进入后检疫 (Post-entry Quarantine)；对于已经侵入且在国内定殖的物种，《生物安全法》制定了铲除计划并对有害生物进行综合防治，建立了与外来生物有关的信息收集、记录和发放等机制。

虽然相关法律法规中涉及林业生物安全的内容，但至今还没有一部专门针对林业生物安全的综合性法律和法规。随着人类对全球气候变化、生态环境和生物资源等问题的关注，以及全球经济一体化的发展，现有的“普通”生物安全法律和法规已经不能够满足当代林业生物安全管理工作的需要，不能够反映林业的特殊性以及森林在全球经济、环境和社会发展中所起的重要作用和地位。与农业相比，林业具有长周期性，生物安全的影响比农业更加深远。转基因林木和外来树种长期环境影响的评估也不同于农作物。林业生物安全的特殊性都应该在生物安全法规及其实施细则中得以体现，制定单独的林业生物安全法律法规显得尤为重要。

2.3.1.2 及时修订和完善相关法律法规，但有待增加林业生物安全的法律条款

近 20 年来，在基本法律和管理制度保持相对稳定的基础上，各国根据社会经济的不断发展和生物安全管理的客观需要，不断修订和完善生物安全的法律法规。例如美国随着转基因技术发展和安全管理的客观需要，及时修订、补充与完善配套的法规、程序和要求。美国是世界上转基因植物种植和出口最多的国家，从中获取了巨大利益，从而对转基因

植物产品的管理相对比较宽松，没有专门的法律，只有相关的法规和指南。随着人们对转基因植物与人类健康和生态环境的关注，美国开始补充与完善配套的法规和要求。其中既有科学方面的考虑，也有经济利益和社会政治方面的因素，最终均要与有利于安全管理与维护国家权益要求相适应。随着转基因技术和生物安全管理要求的不断发展，欧盟法规也不断得到调整和完善。同时，发达国家对林业生物多样性保护和外来入侵植物方面的法律法规也进行了必要的修订和完善，使之满足社会、经济和林业发展的需要。

尽管各国对生物安全法规进行了不断的修订和完善，但仍缺乏针对林业生物安全的专项条款和实施细则。林业生物安全管理问题（如转基因林木繁殖材料的使用、林木引种、森林生物资源保护、森林有害生物的检疫与防治等）有待于在今后各国生物安全法规中加以明确。

2.3.1.3 行政法规和技术标准相结合

林业生物安全技术标准是指导和管理林业生物安全活动的重要技术性规范。当前，除了用行政法律和法规管理林业生物安全外，许多国家还制定了相关的技术标准，推动了林业生物安全工作的不断发展。

2.3.1.4 国别立法逐渐与国际法规体系接轨

随着国际生物安全立法的不断发展和《生物多样性公约》、《卡塔赫纳生物安全议定书》的签署与生效，许多国家陆续签署了公约而成为成员国，并制定了生物多样性保护、外来入侵植物、林业转基因的单项或相关的法律法规，在生物安全立法方面逐渐与国际法规体系接轨，以便更好地维护本国利益，推动世界生物安全工作。

2.3.1.5 形成了比较齐全的国际公约和信息网络

生物安全一直受到各国政府组织、非政府组织的关心和支持，已经形成了比较齐全的国际公约和相关网络。在生物多样性方面的国际公约主要包括《生物多样性公约》、《卡塔赫纳生物安全议定书》、《国际植物新品种保护公约》、《濒危野生动植物种国际贸易公约》和《国际热带木材协定》等；与林业转基因相关的国际公约和协定主要包括《生物多样性公约》、《卡塔赫纳生物安全议定书》、《国际植物保护公约》、《关于转基因植物食物的健康安全问题》等；与外来植物入侵相关的国际公约和协定主要包括《生物多样性公约》、《保护野生动物迁徙物种公约》、《IUCN预防外来入侵物种所造成的生物多样性丧失指南》等。此外，联合国环境署还通过建立生物安全资料交换所（BCH），形成了比较及时的信息交流和共享机制，有利于收集、分析、监测和评估各国乃至全球的生物安全形势。

2.3.2 国外林业生物安全政策措施评价

2.3.2.1 制定和实施了比较有效的防控政策，但尚需与林业部门的行政规定和技术规程相结合

《卡塔赫纳生物安全议定书》的生物安全政策基本原则是“事先预防”，美国、加拿大、澳大利亚、日本、欧洲国家等制定和实施了预防与控制相结合的政策措施。例如，欧盟的《伯尔尼公约》成员国都已经建立了严格的边境检疫制度。在控制外部世界对欧盟内部的生物入侵方面发挥了积极作用，但由于贸易量与旅客量的急剧增加以及欧盟内部一体化的要求，现有的边界控制与检疫体系面临越来越大的压力。因此，欧盟要求各成员国加强检疫、海关和边境人员的培训，改进工作效率，完善入侵种数据库和咨询专家网络建设，以便有效防控外来入侵物种（植物）。在转基因方面，欧盟认为只有从源头控制才能把转基因产品的危害控制在最小的范围内，因此积极主张事先预防和积极控制转基因产品的负面效应。随着欧盟国际贸易活动的增多，入侵物种猛增，并给欧盟国家带来巨大的损失，为此欧盟制定了防止生物入侵的相关政策。同时，欧盟十分重视生物多样性保护工作，采取了许多防止林业生物多样性丧失的相关政策，其中“Natura 2000”生态网络建设工程就是实施相关政策的结果，有效防止了生物多样性丧失，保护了生态环境。澳大利亚和新西兰根据远离大陆的区域特点，将防控入侵种作为生物安全的头等大事，控制动植物引种和生物防治物的引进与释放。以新西兰为例，1993 年新西兰制定了《生物安全法》，主要针对有害生物物种的无意引入以及它们在国内的传播。1996 年，颁布了《危险物质和新型生物体法》，规范外来物种的有意引入，1999 年颁布了《动物产品法》和《动物福利法》，动物福利法体现“每个物种均平等”的保护生物学理念，旨在防止虐待动物，满足动物身体的、健康的、以及行为的需求，缓减它们的痛苦或不幸。

尽管国际公约和各国都有生物安全管理方面的法规、准则和政策，但要使林业生物安全管理方面的相关法规和政策得以落实，必须将其分解和细化，并融入林业部门的行政规定和技术规程中，这样才能在林业实际工作中得以贯彻落实。

2.3.2.2 建立了林业生物安全预警和监测体系

许多国家在入侵物种的数据库、早期预警、监测和控制技术等方

面实施了大量的研究项目，成立了一些专门的研究机构。例如，美国、日本、澳大利亚、新西兰、南非以及欧洲的一些国家都组建了专门的入侵物种研究中心，并通过建立和完善国家/地区的入侵物种数据库形成了外来入侵物种的共享机制。在欧盟第五、六期框架计划下实施了“欧洲外来入侵物种数据库”建设。欧盟建立了入侵物种监测网络和预警系统，对主要的监测点如机场、港口、码头、车站以及旅游者经常光顾的地点进行定期监测并上报。在快速反应方面，欧盟要求成员国授权地方当局采取及时有效的措施，在第一时间内清除或控制入侵种，必要时考虑紧急命令。2002 年美国颁布了《公共健康安全和生物恐怖预警法案》。最近几年，美国农业部动植物卫生检疫局（APHIS）又对机构和职能进行了重大调整，增加了应急反应办公室（OEMHS）、植检处（PPQ）、国家入境种质资源检疫实验室（NGRL）、专门的培训机构等。外来入侵物种的早期预警权限在 APHIS，APHIS 两个科研机构分别是国家兽医实验室（NVSL）和植物健康科学技术研究中心（CPHST）。总之，国外在生物安全管理方面注重早发现早控制，并建立了生物安全预警机制和监测网络体系，值得我们借鉴。

2.3.2.3 制定和实施了生物安全相关领域的科学研究计划，但在林业部门内部尚缺乏支撑林业生物安全管理的研究计划

发达国家已经认识到加强科技支撑能力建设是保障林业生物安全的有效手段和措施，相继制定和实施了生物安全领域的科学研究计划。美国开展了植物生物技术风险评估、微生物基因组学、动物疫病的遗传抗性、植物病原与植物的分子互作、植物功能基因组研究、基因组数据库和生物信息学、植物病害的种群动力学等研究计划和研究项目。欧盟没有专门的农林生物安全研究计划，主要由各国科研署联合几国力量投资数百万欧元或上亿欧元来研究比较大型的科学项目计划，如国际生物多样性研究计划投资 1 750 万欧元，植物基因组学拟研究 2 200 ～ 3 500 个植物种的基因组，并单独注册专利。这些已经或正在实施的大型林业生物安全研究计划有利于形成新的理论体系，发现新的研究与管理方法和技术，保障林业生物安全。德国联邦教研部与植物基因研究经济协会联合发起了植物基因研究项目，这个项目的宗旨是建立该领域国际合作网络和加强技术转移。近年来，正是在相关鼓励政策措施的支持下，德国在提高植物抗病虫害的性能、培养适应恶劣环境的植物新品种、生产可再生原料和药物蛋白的新型植物、通过系统生物学用计算机模拟植物生命过程的动态数量变化等方面发展迅速，已经开发出一批可用于生产的转基因农林作物。

与生物安全管理有关的基础研究对于林业生物安全管理而言是必不可少的，但仅有这些还不够，因为林业生物安全管理具有其特殊性。森林生长周期长，而且以生态系统的形式存在，不同物种间的相互关系、养分循环、水分循环、群落演替等复杂的林学规律往往要借助数学模型加以模拟，这就决定了林业生物安全的复杂性、长期性和特殊性，因此需要在林业部门内部制定和开展用于支撑林业生物安全管理的基础研究。林业生物安全研究计划应该是跨学科的综合研究计划，涉及的领域包括基因工程、植物学（含树木学）、植物生理学、动物学（主要指野生动物）、森林生态学、植物病理学等，研究资料的时间跨度可达数10年以上。

2.3.2.4 基本形成以国家为主的多元化投入机制

林业生物安全的研究和管理离不开大量财力、人力和物力投入，仅靠个人或私营组织的力量难以完成。发达国家基本形成了以国家投入为主体，私人、民间组织等多元化投入机制，保证生物安全得到持续不断的健康发展。例如，美国投入大量资金用于生物类科学研究，确保农（林）业生物安全研究队伍稳定，研究设施及时更新。以立法的形式规定从所有生物类科研项目中提取2%用于农（林）业生物安全研究。而且，联邦政府从1983年起设立了专项研究基金和专门研究机构。美国国会还通过联邦财政的预算应急机制，设立专门的“生物安全应急行动基金”以应对农（林）业生物安全突发事件。此外，每年还有大量的民间资金用于生物多样性保护、林业转基因和外来植物入侵管理相关的基础设施建设、宣传教育和培训，形成了多元化投入机制。德国联邦政府每年投入生命科学的研究经费大约为8亿欧元，每年会有选择地投入巨资资助其中一些项目，如2008年，对农业部的可再生植物材料研究项目就给予了专项投资。

2.3.2.5 加强专门人才培养力度

林业生物安全建设与发展离不开专门高级人才，加强专门人才培养力度已成为美国、日本、欧盟等国家和地区的共识。例如欧盟设立了一些专项基金用于吸引欧盟成员国及其之外的人员到欧洲进行学术交流、访问和学习，培养了一批生物安全方面的专门人才。德国联邦教研部正要开展一项“生物技术的未来”专项活动（包括林业生物技术），由联邦政府出资，每年通过竞争把国际上的生物技术顶尖人才吸引到德国，使他们在德国建立自己的研究团队，独立开展创新课题研究并创立自己的企业。

2009 年 3 月，国际林联（IUFRO）在新西兰召开了“国际林业生物安全大会”。林业生物安全管理领域的学者和决策者在会上进行了充分交流和讨论。随着国际组织和各国政府对林业生物安全的重视，将来应该还会召开类似的国际或国家级别的学术研讨会和培训班，而各国政府也应该积极组织林业生物安全管理人员和科研人员参加林业生物安全方面的学术交流和培训活动。

2.3.2.6 制定和执行林业生物安全战略与行动计划

国际组织、欧美等发达国家已经制定和执行了与林业生物安全相关的战略和行动计划，用以指导和协调全球性、区域性和国家层面的生物安全工作。国际生物科学联盟（IUBS）、环境问题科学委员会（SCOPE）和联合国教科文组织（UNESCO）、国际微生物学联盟（IUMS）、国际科学联合理事会（ICSU）组织发起了生物多样性方面的 DIVERSITAS Ⅱ研究计划；世界自然保护联盟（IUCN）制定了《2009 ~ 2012 年生物多样性保护战略计划》。

欧盟制定了《应对生物入侵欧盟行动策略》(*European Strategy on Invasive Alien Species*)，主要内容包括如下几部分：①强化教育，提高公众警觉性。②及时收集、整理和共享相关信息。③加强成员国的政策、法规及制度框架建设。④加强区域合作。⑤预防为主，建立了严格的边境检疫制度。⑥建立早期预警体系和快速反应体系。⑦减轻入侵种的负面影响。⑧恢复原有生态及生物多样性。

美国联邦政府从立法、投入、机构、管理、应急预案、科学研究、基础设施建设等方面，对农（林）业生物安全问题做了系统部署，形成了较为全面的国家战略和行动计划，可概括为“政府重视、法制先行、投入充足、机构健全、保障有力”。通过立法和相关条例与指南为农（林）业生物安全提供法律保障。投入大量资金用于生物类科学研究，确保农（林）业生物安全研究队伍稳定，研究设施及时更新。农（林）业生物安全研究机构和基础条件设施形成了以国家中心为核心支撑、专业分中心为框架的分层式网络布局。农（林）业生物安全战略已跨越国界，在境外设置联合实验室，试图掌控世界生物安全的主导权和占用全球资源。

2.3.3 国外林业生物安全管理评价

2.3.3.1 有比较合理的机构设置和相对完善的协调机制，但面对全球林业新形势仍需进行机构和管理体制上的改革和调整

林业与农业存在密不可分的相关关系，有时也存在矛盾，可以说是

矛盾的统一体。所以有些国家的农业管理部门与林业管理部门是合在一起的，为农林部、农林渔业部或农林水利部等。与农业相比，林业的一个突出特点是具有农业无法比拟的环境效益。森林还蕴藏着巨大的生物资源，从某种意义讲，生物多样性价值是无法用货币价值加以衡量的。随着人类对森林的固碳效益达成共识，森林的内涵又发生了质的飞跃。由于森林的环境效益和自然资源价值，有些国家将林业管理工作纳入环境部或自然资源管理部门。林业的“跨部门”特性决定了林业生物安全管理必然涉及许多部门。目前，许多林业发达国家和对林业生物安全比较重视的国家已经形成了比较合理的机构设置和相对完善的协调机制。负责林业生物安全工作的机构设置可分为单一专门机构垂直管理和多部门综合协调两种类型。

一是单一专门机构垂直管理类型。这种类型机构设置的主要特点是只有一个部门作为牵头管理机构，垂直管理和领导下设机构，便于形成良好的协调机制。德国、荷兰、日本和新西兰负责林业生物安全的机构设置就是此种类型。例如德国以“消费者保护、食品与农业部 (BMVEL)”为领导机构，协调下属风险评估研究所和联邦消费者保护与食品安全局开展林业生物安全风险管理和与其他国家及欧盟机构的协调。荷兰转基因委员会（COGEM）和转基因生物执行办公室是负责生物安全管理的专门机构。日本环境省是制定国家环境政策和生物多样性国家战略的主管部门，协调下属自然环境计划课（负责生物多样性保护公约的实施）、野生生物课（负责林业转基因生物管理和防止物种入侵）。新西兰由农林部下的生物安全局全权负责林业生物安全管理相关事务。

二是多部门综合协调类型。这种类型机构设置的主要特点是多部门合作管理生物安全工作，职责分工明确，具有较好的协调机制，但协调时间较长、办事效率不是很高。从 1990 年开始，欧盟负责转基因生物安全横向系列法规管理的机构是环境、核安全以及公民保护总司。负责管理林业转基因产品的机构是农业总司和运输总司。2004 年开始，欧盟对转基因实行集中管理，主要由新成立的食品安全总署（EFSA）负责转基因植物安全管理，欧盟的林业转基因生物的登记由其植物科学委员会、动物健康和福利科学委员会负责。英国国务大臣负责涉及人类健康和安全的转基因生物（包括林业）释放或市场化许可的审批。卫生与安全管理局负责林业转基因生物隔离使用管理，参与转基因生物的释放和市场化管理。环境、运输及管理部在林业转基因生物的释放和市场化管理以及隔离使用管理过程中起协调作用。环境、食品和农村事务部 (DEFRA)

负责管理林业转基因生物的有意释放。美国林业生物安全主要由美国国家环境保护局和农业部下属的动植物检疫局、林业局共同管理，但分工职责明确。

国家林业机构设置情况是决定林业生物安全管理机构设置和管理体制的一个重要因素。一般而言，除林业主管部门外，与林业生物安全管理有关的机构还包括环境部门、农业部和植物检疫部门等。如果一个国家具有独立的林业主管部门（林业部），而且与农业部、环境部和植物检疫部门在行政级别上是并列关系，那么林业生物安全管理机构应该设在林业部内部(图2-2)。这样的机构设置更容易落实林业生物安全管理政策，能够照顾到林业生物安全管理工作的特殊性，但必须与国家环境部和植物检疫部门等保持协调统一。如果林业主管部门不是中央政府的直属行政机构，那么林业生物安全管理在机构设置和管理体制上往往会与其他“普通”的生物安全管理（如农业生物安全管理）混在一起，不容易突出林业生物安全管理的特殊性。在这种情况下更应该在生物安全法规中对林业生物安全管理的特殊性加以考虑并反映到实施细则中。

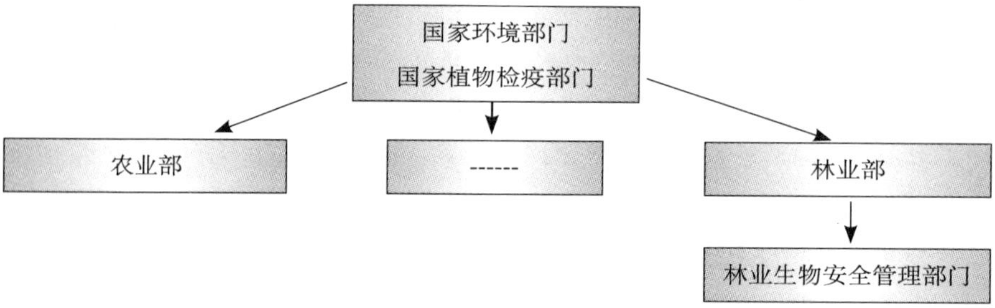

图2–2　林业生物安全管理部门的合理设置图

随着森林的生态环境效益、固碳效益得到人类的共识，有些国家（如新西兰）成立了林业生物安全研究理事会（Forest Biosecurity Research Council）。这些都表明林业生物安全问题已经被提到国际议事日程。尽管人们已经意识到林业生物安全的重要性，但在林业生物安全机构设置和管理体制的变革方面还存在一定的滞后现象，林业生物安全管理职能往往分散于传统的生物安全管理部门中，以“普通”生物安全管理的方式应对林业生物安全问题。如果说农业可以影响一个地区，那么林业可以影响全球；如果说农业生物安全关系到人类健康，那么林业生物安全关系到人类生存。所以，从发展趋势看，随着林业在全球可持续发展中的作用被达成共识，各国有望提高国家林业主管部门的地位并建立专门的林业生物安全管理机构。

2.3.3.2 实行了生物安全许可制度，但在林业领域尚处于初级阶段

许多国家已经实行生物安全许可制度。例如，APHIS（美国动植物检疫局）负责对转基因植物的研制与开发过程进行管理，评估转基因植物对农（林）业和环境的潜在风险，并负责发放转基因作物田间实验和转基因食品商业化释放许可证。

目前，生物安全许可制度在林业领域基本上局限于林业转基因技术开发和应用的审批，以及转基因林木造林的审批。在生物多样性保护和外来入侵种管理等方面的生物安全许可尚处于探索阶段。尽管许多国际公约以及各国的法律法规和行动计划中对生物多样性保护和外来入侵种管制等方面已经有明确的规定，但只有通过适当的林业生物安全许可制度才能在森林经营活动中加以落实并产生实际效果。这种生物安全许可制度在森林生物多样性保护和林业外来入侵种管理方面应该以“林业生物安全认证”的形式出现，并且应该作为“森林认证”内容的一部分。为了开展“林业生物安全认证”，就应该根据有关的国际公约和本国的生物安全法律法规制定“林业生物安全认证”的标准和指标。

2.3.3.3 建立了风险评估制度，但缺乏林业生物安全管理风险评估的实施细则

国际生物多样性公约组织的《卡塔赫纳生物安全议定书》、欧盟的《生物安全技术规范》，以及加拿大、日本、澳大利亚、新西兰、韩国、印度等国的生物安全法规都涉及风险评估和环境监测内容。例如，欧盟的《环境风险评估的原则》和美国的《生态风险评估准则》(EPA/630/R—95/002F，1998 年 4 月) 都有生物安全风险评估内容。另外，加拿大和美国的生物安全管理机构之间在生物安全风险评估的资料和管理方式等方面经常进行交流和协调，目前双方正在就相互接受风险评估结果进行协商和谈判。

国际公约中关于生物安全风险评估的规定，以及各国生态环境风险评估制度的建立，都为林业生物安全风险管理的风险评估创造了良好的外部条件。然而，为了在森林经营活动中履行国际公约的生物安全规定，贯彻本国生物安全法规和政策，就必须由国家林业主管部门与国家环境管理部门及有关的生物安全管理机构一起制定符合本国林业实际情况的林业生物安全管理风险评估细则。只有这样，才能够使林业生物安全风险估制度与国家生物安全风险评估制度保持一致，使国家生物安全法规

和政策在林业领域落到实处。

2.3.3.4 实施了标识制度，但“标识”的内涵在林业生物安全管理领域有待进一步拓展

欧盟的《关于追踪转基因生物的1830/2003条例》中具有转基因生物标识的相关规定。2001年3月1日起，韩国对转基因生物及其产品实施标识，阈值为转基因成分占产品的3%以上，如不标识将判3年牢狱或罚款3000万韩元。为了加强我国林业生物安全管理，有必要对转基因林木实行标识制度。

在生物多样性保护和入侵物种防控方面，“标识”的内涵可以拓展为类似于森林认证的“标签”。有了“林业生物安全标签”，就证明企业遵守国际和本国的林业生物安全规定，证明该企业在森林经营等活动中符合有关林业生物安全的技术规范，能够保护生物多样性，遵守植物检疫方面的规定，在防止外来物种入侵本国的同时，也能本着对其他国家负责任的精神防止本国物种入侵其他国家。经过“林业生物安全认证”的企业，其产品就可享有“林业生物安全”标签，随着人类对林业生物安全的日益重视，其产品相对于没有标签的产品就会更加受到市场的欢迎。

2.3.3.5 越境转移的事先知情同意制度

《卡塔赫纳生物安全议定书》第8条规定了“通知程序”。出口缔约方应在首次有意越境属于第7条第1款范围内的转基因生物之前，出口者需要以书面形式通知进口缔约方的国家主管部门。出口缔约方应有法律条文，规定出口者所提供的资料必须准确无误。这种规定体现了转基因生物越境转移中“事先知情同意”原则。

2.3.3.6 加强植物检疫制度

植物检疫制度的建立和完善是林业生物安全的重要保障。例如欧盟非常注重植物检疫法规的制定和实施。2005年3月1日,欧盟实施了《关于木质包装和垫料的2004/102/EC号指令》，该指令对第三国进入欧盟的木质包装和垫料明确提出了溴甲烷熏蒸处理和去皮处理等详细的植物检疫规定。欧盟将一些检疫性有害生物列入名录进行检疫，并经常对名录进行修订补充。美国和日本等国家也有完善的植物检疫法规和制度。

2.3.3.7 公众参与制度

为了使公众利益能够在林业生物安全管理过程中得到充分的保护，许多国家在生物安全管理的各环节中非常注重公众参与，逐步建立了公众参与机制。例如在转基因生物及其产品的储运、加工、释放、使用、废弃物处理和越境转移等方面，充分考虑社会公众生物安全知识水平的

重要性，采取必要的宣传和教育措施，提高公众参与生物安全监管的能力。

2.3.3.8 形成了比较通用的管理模式

由于国情不同，各国虽然没有统一的林业生物安全管理模式，但有一个通用模式作为各个国家形成本国林业生物安全管理模式的基础。国外林业生物安全管理通用模式包括监测、评估、决策、信息发布和公众监督等环节。

2.3.3.9 注重国际交流与合作

国际合作已经成为管理林业生物安全的重要活动。无论是发展中国家，还是发达国家都非常重视国际交流与合作。参与途径包括网络建设、国际合作公约与协定的制定与执行、跨国研究机构的建设、国际项目合作与人才交流等形式。

2.3.4 国外林业生物安全工作对中国林业生物安全的启示与借鉴

基于国外林业生物安全法规、政策和管理的评价结果，对中国林业生物安全的启示与借鉴主要体现在以下几方面：

（1）制定和完善林业生物安全法律法规　国外（特别是发达国家）已经初步形成了比较有效的林业生物安全法律法规体系。虽然没有专门针对林业生物安全的综合性法律和法规，但主要国家已经制定了与林业生物安全相关的单项法律法规，具有明确的针对性，便于加强林业生物安全管理，也为制定综合性法律法规奠定了基础。我国在林业生物安全方面起步较晚，立法工作也相对滞后，无法满足林业生物安全管理的需要。因此，政府和相关部门必须在林业生物安全的立法方面开展探索性研究和实践。一方面需要加强对国外相关国家生物安全法律制度的研究，时刻洞悉其立法动向，以供调整我国相关法律时参考。另一方面需要抓紧时机制定专门性法规来保障林业的生物安全工作。

（2）制定林业生物安全行动规划　林业生物安全既是一个全球性问题，也是一个区域性问题。我国必须在遵守相关国际生物安全公约的基本原则下，针对目前所面临的外来生物入侵、转基因、森林生物多样性丧失等林业生物安全问题，制定符合我国林业生物安全发展实际的行动规划。在国家层面上，制定相应的林业生物安全发展战略，从宏观上把握林业生物安全的发展方向；在林业部门内部，制定专门的林业生物安全行动计划，如林业转基因研究行动、应对外来物种入侵行动等；在地方政府层面上，制定区域性的林业生物安全行动规划，解决区域内的林业生物安全问题。

(3) *建立健全科学的长效管理机制* 林业生物安全的管理是一个涉及多部门、多领域的综合性工作。从我国林业发展的现状来看，在林业生物安全管理机构的设置方面可以考虑发展美国式的管理体制，按照生物安全问题的不同层面，确定主管机关，在各司其职的前提下加强部门间的合作与协调。同时，还应借鉴国外林业生物安全的管理制度，如审批许可制度、风险评估制度、标识制度、植物检疫制度等，吸取其在林业生物安全管理中的有益经验，建立起符合我国国情的科学合理的林业生物安全长效管理机制，以应对林业生物安全问题的复杂形势。

(4) *建立林业生物安全评价体系* 随着人类对与林业生物相关的研究、试验、生产、经营活动的不断深入，林业生物的发展就会产生很多安全性问题，为了正确认识和解决问题，就必须对林业生物安全进行客观的评价，确定生物风险的等级，为指导生物安全的科学发展提供依据。我国应尽快建立起能够与国际接轨且适合中国林业部门实际情况的林业生物安全总体评价体系。同时，从林业生物多样性、林业转基因、林业外来物种入侵等方面分别建立生物安全评价体系，并逐步在实践中不断完善评价体系。

(5) *建立林业生物安全预警和监测网络* 美国、日本、澳大利亚等许多国家在生物安全的数据库、早期预警、监测和控制技术等方面实施了大量的研究项目，成立了一些专门的研究机构。我国也必须尽快建立专门的林业生物安全预警和监测网络体系，特别是在外来物种入侵方面，要组建专门的数据库，对外来物种入侵进行及时的监测和预警，做到早发现、早控制。同时，还应逐步完善林业生物安全预警机制，建立专门的监测机构，不断培养高素质的管理人员，有效防治林业生物安全隐患。

(6) *加强宣传教育和能力建设，逐步形成公众参与机制* 维护林业生物安全工作需要公众广泛参与相关法规、政策和规划的制定、实施，以及各种管理活动中。因此，在生物安全监管过程中，需要开展必要的宣传和教育活动，提高公众参与林业生物安全的能力。同时，加强对林业生物安全信息的交流与共享，充分保护林业生物安全管理过程中的公众利益。许多国家在生物安全管理的各环节中都非常注重公众参与，我国也必须充分考虑到社会公众参与生物安全发展的重要性，逐步建立起公众参与机制，提高公众参与林业生物安全监管的能力。

(7) *注重国际合作，积极参与国际公约的制定并严格履行* 开展国际交流与合作是我国参与全球林业生物安全发展和不断完善我国林业生物安全管理的重要途径。我们要通过国际法来维护国家利益安全，由于中国已经加入 WTO，必须在遵守 WTO 基本原则的前提下，充分利用双边和多边国际条约的方式来防范转基因生物产品（食品或生产原料）、外来物种入侵等对国家安全产生的危害。同时，我们也可以利用国际交流与合作的机会，不断学习国外的发展经验，有效指导林业生物安全的实践。另外，我国也应积极参与国际公约的制定，并严格履行在国际公约中的义务，展现负责任大国的形象。

3 中国林业生物安全法规、政策与管理研究专论

在林业方面，生物安全主要涉及生物入侵与生物灾害、林业转基因、森林遗传资源、野生动物疫病等领域。当前，随着经济全球化进程的加快、全球气候恶化、生物技术不断发展、旅游和交通业高速发展、人流物流日益频繁，中国林业面临的外来生物入侵、转基因、森林遗传资源、野生动物疫病等生物安全问题越来越严重，已对中国的森林资源造成了极大的破坏，并严重威胁林业生物安全、国土生态安全以及人们的身心健康和生命财产安全，制约着中国社会经济的可持续发展。

面对如此严峻的林业生物安全问题，中国政府及各级林业主管部门高度重视，并采取了一系列旨在保护生物安全的行动，已取得了一定成效，特别是在法律法规建设、政策制订、强化管理等方面取得了一定的成绩：一是出台了一系列相关的法律法规，如《中华人民共和国森林法》、《中华人民共和国野生动物保护法》、《中华人民共和国植物新品种保护条例》、《中华人民共和国进出口动植物检疫法》、《植物检疫条例》等，从法律法规的层面对防止外来生物入侵，防控林业生物灾害，解决转基因、森林遗传资源、野生动物疫病等生物安全问题进行了规定，确保了中国生物安全保护工作有法可依。二是制订了多项生物安全方面的政策，包括监测预警政策、风险管理政策、保护利用政策、经费扶持政策、应急管理政策、信息与成果共享政策等，并分别提出了“预防为主、科学防控、依法治理、促进健康”的林业生物入侵与生物灾害防控方针，“加强保护、积极发展、合理利用”的森林遗传资源保护管理方针，“加强领导、密切配合、依靠科学、依法防治、群防群控、果断处置”的野生动物疫病防控方针等，在一定程度上保障了生物安全工作的顺利开展。三是成立了

一批保护生物安全的专门管理机构，并制订了相关的管理制度。自21世纪以来，国家林业局相继成立了防止外来有害生物入侵、林业基因安全管理、森林遗传资源保护、野生动物疫病防控等专门机构，并建立了检疫审批、风险评估、生物普查、基因测试管理与风险评价制度以及动植物疫情报告、公布、监测、防控等制度，确保了林业生物安全保护工作的科学有序开展。

虽然中国各级政府及林业部门在保护生物安全方面开展了一些工作，并取得了一定成效，但当前林业生物安全形势依然十分严峻，主要表现在林业生物入侵种类增多、入侵速度加快、生物灾害发生日趋严重、森林遗传资源损失加剧、转基因生物安全问题日渐突出以及野生动物疫病事件频发不断等。同时，林业生物安全保护工作中仍存在着诸多急需解决的问题，如对林业生物安全工作认识不足、法律法规体系不健全、生物安全保护体制不顺和政策实施不力、管理不规范以及社会公众保护林业生物安全意识不强等，严重制约着中国林业生物安全工作的开展。

为适应当前林业生物安全保护工作的需要，本专题针对中国林业生物安全方面的法律法规、政策措施、管理等开展研究，系统总结中国林业生物安全工作现状，分析当前中国林业生物安全面临的形势和存在的问题，提出中国林业生物安全战略计划和针对性的措施和建议，为中国各级政府和相关部门制订林业生物安全法律法规和政策、强化保护工作的管理、提升林业生物安全保护水平等提供参考和借鉴。

3.1 中国林业生物安全工作历史沿革

林业生物安全工作的发展历程与社会、经济、科技发展紧密相连，内容涉及社会、经济、政治、健康、伦理及生态安全等诸多领域。按照中国林业生物安全工作的发展历程，可将林业生物安全工作划分为四个阶段，即19世纪末至1949年的起步探索阶段、1949～1978年的初步发展阶段、1979～2000年的快速发展阶段和2001年至今的全面提高阶段。

3.1.1 起步探索阶段（19世纪末至1949年）

从19世纪末葡萄根瘤蚜传入中国至新中国成立前为中国林业生物安全工作的起步探索阶段。这一时期，危害生物安全的个案已经开始出现，但由于中国长期处于战乱状态，并没有出台应对生物安全的任何法律法规和政策。只是在民间，自发地开展零星的研究工作。

1895 年，烟台张裕葡萄酒厂从法国引种葡萄苗时无意引入了葡萄根瘤蚜，现已扩散至中国山东、辽宁、陕西、甘肃、云南和台湾。

1911 年，中央农业试验场设立了病虫害科。

20 世纪 30 年代初，李寅恭在中央大学森林系开设“森林保护学”课程。

1947 年，任玮应聘在云南大学开设“森林保护学”和“树病学”课程。

3.1.2 中国林业生物安全的初步发展阶段（1949 ～ 1978 年）

1949 ～ 1978 年是中国林业生物安全工作的初步发展阶段。其主要特点是，中国开始制定一些生物安全领域的政策法规，建立了一批从事生物安全研究的科研机构，林业生物安全受到初步重视和发展。由于认识上的原因，这一时期的林业生物安全工作主要局限在病虫害防治方面。

1951 年，对外贸易部发布《输入输出植物病虫害检验暂行办法》。

1953 年，林业部林业科学研究所成立。

1954 年，对外贸易部发布《输入输出植物检疫暂行办法》及《输入输出植物应施检疫种类与检疫对象名单》，提出了 30 种检疫对象，其中包括美国白蛾、榆枯萎病、五针松疱锈病和核桃枯萎病等 4 种检疫性林木病虫。

1956 年，中国建立了第一个自然保护区——广东肇庆鼎湖山自然保护区，标志着中国自然保护工作的开始。

1957 年，经国务院批准，农业部发布了《国内植物检疫试行办法》，并附有《国内植物检疫对象和应受检疫的植物、植物产品名单》。

1958 年，中国林业科学研究院成立。

1958 年，北京林学院和南京林学院设立了森林保护专业。

1960 年，林业部在河南省郑州市召开了全国森林保护工作会议。

1963 年，国务院公布《森林保护条例》。

1964 年，林业部发布《国内森林植物检疫暂行办法（草案)》，提出了 19 种国内森林植物检疫对象。

1964 年，林业部在山东省济南市召开了第一次全国森林病虫害防治工作会议。

1964 年 12 月，林业部在黑龙江省嫩江县和江西省弋阳县分别成立了林业部北方、南方森林植物检疫实验站。

1970 年，农业部和林业部合并，成立农林部，中国农科院与中国林科院合并，成立中国农林科学院。

1974 年 12 月 14 日，农林部发布《对外植物检疫操作规程》（试行草案）。

1978 年，中国林业科学研究院恢复。

3.1.3 快速发展阶段（1979 ～ 2000 年）

1979 ～ 2000 年是中国林业生物安全工作的快速发展阶段。其主要特点是，伴随着中国改革开放的深入进行和综合国力的不断增强，生物安全的法律体系逐步完善，行政执法机构相继确立，林业生物安全工作进入了快速发展的轨道。特别是 1979 年《中华人民共和国森林法》（试行）的颁布实施，标志着林业管理实现了由过去单纯依靠行政手段管理，向同时注重运用法律手段调整、规范、促进和保障林业健康发展的转变。

1979 年，全国人大五届六次会议原则通过了《中华人民共和国森林法》（试行）。

1979 年，林业部恢复，开始组织历时 5 年的最大规模的全国范围内（不含西藏和台湾）的森林病虫害普查工作。

1979 年，美国白蛾由朝鲜传入中国。

1981 年，林业部发布《关于引进林木种子、苗木履行检疫审批手续的通知》。

1982 年 12 月，中国公布的《中华人民共和国宪法》中规定，“国家保障自然资源的合理利用，保护珍贵的植物和动物，禁止任何组织或个人用任何手段侵占或者破坏自然资源。”

1982 年 6 月，国务院公布《中华人民共和国进出口动植物检疫条例》。

1982 年，松材线虫在中国南京首次发现。

1983 年，国务院公布《植物检疫条例》。

1984 年，全国人大六届七次会议通过了《中华人民共和国森林法》，自 1985 年 1 月 1 日起正式实施。

1985 年，林业部发布《森林和野生动物类型自然保护区管理办法》

1985 年，林业部南方森林植物检疫所和北方森林植物检疫所合并。

1985 年，国务院办公厅、中央军委办公厅转发农牧渔业部、林业部《关于迅速扑灭陕西境内美国白蛾的报告》。

1986 年，林业部发布了经国务院批准的《中华人民共和国森林法实施细则》。

1988 年，第七届全国人民代表大会常务委员会第四次会议通过了《中华人民共和国野生动物保护法》。

1988 年，林业部、农业部共同发布了《国家重点保护野生动物名录》。

1989 年，林业部发布《国内森林植物检疫技术规程》。

1989 年，国务院公布《森木病虫害防治条例》。

1990 年，林业部森林病虫害防治总站在原林业部森林植物检疫防治所的基础上成立。

1991 年，全国人大七届二十二次会议审议通过了《中华人民共和国进出境动植物检疫法》，自 1992 年 4 月 1 日起施行。

1992 年，国务院对《植物检疫条例》进行修订，并重新发布。

1992 年，《中华人民共和国陆生野生动物保护实施条例》公布施行。

1993 年 12 月，原国家科学技术委员会颁布了《基因工程安全管理办法》，为中国转基因生物安全管理提供了基本框架。

1994 年，国务院颁布《中华人民共和国自然保护区条例》。

1994 年，林业部发布《植物检疫条例实施细则》（林业部分）。

1994 年，制定《中国生物多样性保护行动计划》及《中国 21 世纪议程》。

1994 年，发布《中华人民共和国自然保护区条例》。

1994 年，中国林业科学研究院森林保护研究所在北京正式成立。

1996 年，国务院颁布施行《中华人民共和国野生植物保护条例》。

1997 年，国务院颁布施行《中华人民共和国植物新品种保护条例》。

1997 年，全国人大八届五次会议修订的《中华人民共和国刑法》中，增设了动植物检疫徇私舞弊罪和动植物检疫玩忽职守罪，把动植物检疫工作中的严重失职定为犯罪，并规定了相应的刑罚。

1998 年，全国人大九届二次会议通过了关于修改《中华人民共和国森林法》的决定，并重新颁布。

1998 年，国家林业局印发了《关于在全国范围内开展森林植物检疫对象普查的通知》，并重新修订颁布的《森林植物检疫技术规程》。

1999 年，《国家重点保护野生植物名录（第一批）》发布施行。

2000 年，国家环保总局牵头编制了《中国国家生物安全框架》。

2000 年，《中华人民共和国种子法》、《中华人民共和国森林法实施条例》颁布施行。

3.1.4 全面提高阶段（2001 年至今）

2001 年，国家林业局开始实施《全国天然林保护工程》，并制定了《全国野生动植物保护及自然保护区建设工程》。

2001 年至今是中国林业生物安全的全面提高阶段，这一时期的林业生物安全工作开始全面涉及有害生物入侵、转基因工程活动、遗传资源保护、疫源疫病防控等诸多方面，林业生物安全的法律体系、技术标准不断充实和完善。

2001 年，国家林业局在科技发展中心设立基因安全管理处，负责全国林业系统的生物安全管理与协调。

2003 年，国家林业局发布《引进林木种子苗木及其他繁殖材料检疫审批和监管规定》。

2004 年，国务院办公厅专门下发《关于加强生物物种资源保护和管理的通知》。

2005 年，发布《重大外来林业有害生物灾害应急预案》、《突发林业有害生物事件应急处置办法》、《普及型国外引种试种苗圃资格认定管理办法》和《国家林业局普及型国外引种试种苗圃资格认定行政许可被许可人监督管理办法》。

2005 年，在 1997 年《中华人民共和国动物防疫法》颁布的基础上，国务院颁布《重大动物疫情应急条例》。

2005 年，国家林业局制定《全国陆生野生动物疫源疫病监测预警体系建设总体规划》。

2006 年，国务院公布施行《中华人民共和国濒危野生动植物进出口管理条例》。

2006 年，国家林业局颁布《开展树木转基因工程活动审批管理办法》。

2006 年，国家林业局公布《陆生野生动物疫源疫病监测规范（试行)》。

2006 年，国家发展改革委会同农业部、财政部、国家质检总局、国家林业局编制的《全国动物防疫体系建设规划 2004 ～ 2008》。

2007 年，国家林业局发布了《林木种质资源管理办法》。

2007 年，国家林业局发布《转基因森林植物及其产品安全性评价技术规程》。

2007 年 10 月，国家环境保护总局印发《全国生物物种资源保护与利用规划纲要》。

2008 年，国家林业局、中国科学院和国家环保总局联合公布《中国植物保护战略》。

2008 年 11 月，国务院修订并颁布新的《森林防火条例》。

3.2 中国林业生物安全法律法规、政策及管理现状

3.2.1 法律法规

3.2.1.1 立法背景

随着社会、经济、科技的不断发展，生物安全已成为一个前沿性和综合性的问题，并引起了全球各个国家和国际社会的高度重视。20 世纪 80 年代中期，由 UNEP、WHO、UNIDO 及 FAO 联合组成了一个非正式的关于生物技术安全的特设工作小组，开始关注生物安全问题；其后，1989 年国际农业研究磋商小组（CGIAR）设立了“生物技术工作组”（BIOTASK）；国际经济与合作组织（OECD）在 1986 年和 1992 年连续发布了有关重组 DNA 安全问题和生物技术安全问题的文件。在生物安全立法方面，1992 年联合国环境与发展大会签署的两个纲领性文件《21 世纪议程》和《生物多样性公约》均专门提到了生物技术安全问题。1994 年开始，联合国环境规划署（UNEP）和《生物多样性公约》（CBD）秘书处共组织了 10 轮工作会议和政府间谈判，为制订一个全面的《生物安全议定书》做准备。2000 年 5 月，全球几十个国家在内罗毕签署了《〈生物多样性公约〉卡塔赫纳生物安全议定书》，随后，签署国和国际社会均加大了生物安全的研究，并制订和完善相关法律。

目前，中国林业生物安全同样面临着严峻挑战：一是随着全球贸易、旅游和交通的迅速发展，特别是加入 WTO 后，中国面临的外来生物入侵、转基因问题、森林遗传资源、野生动物疫病等生物安全问题越来越严重；二是转基因生物对生物多样性、生态环境和人类健康带来了巨大的潜在风险；三是中国林业生物资源缺乏合理的保护与利用，导致森林系统生物多样性显著下降，部分野生动植物资源已经或濒临灭绝。

面对如此严峻的形势，中国政府对林业生物安全给予了高度关注和重视，制订和出台了一系列相关的法律法规，对防止外来生物入侵、解决转基因、森林遗传资源、野生动物疫病等方面的林业生物安全问题起到了一定的作用。近 20 年来，中国相继颁布了《中华人民共和国森林法》、《中华人民共和国野生动物保护法》、《中华人民共和国植物新品种保护条例》、《中华人民共和国进出口动植物检疫法》、《中华人民共和国进出境动植物检疫实施条例》、《植物检疫条例》、《基因工程安全管理办法》、《重大动物疫情应急条例》等相关法律法规，从不同侧面保障中国的林业生物安全。此外，2000 年 8 月，中国还签署了《卡塔赫纳生物安全议定书》，成为签署该议定书的第 70 个国家。

3.2.1.2 林业生物入侵与生物灾害相关法规

中国是林业生物入侵和生物灾害发生最为严重的国家之一。中国政府和林业部门高度重视林业生物入侵和生物灾害问题，自20世纪80年代加快制订了多项相关法律法规，如《森林法》(1984年制定，1998年修改)、《进出境动植物检疫法》(1992年)、《环境保护法》(1989年)、《国境卫生检疫法》(2007年)、《种子法》(2000年)、《突发事件应对法》(2007年)、《植物检疫条例》(1983年制订，1992年修订)、《植物检疫条例实施细则（林业部分)》(1984年制订，1994年修订)、《森林病虫害防治条例》(1989年)、《重大动物疫情应急条例》(2005年)、《自然保护区条例》(1994年）等。在国家一级立法的基础上，各省（自治区、直辖市）也制订和颁布了一些相关法规，如河南、江西、四川、辽宁、黑龙江、广东、浙江、重庆、山西、湖南等20多个省（自治区、直辖市）颁布省级森林病虫害防治、检疫条例（办法)，辽宁省沈阳市于2004年还制定颁布了《沈阳市外来物种防治管理暂行办法》等。此外，在防控林业生物入侵与生物灾害方面，中国还制定了多项国家和行业标准（表3-1）作为技术法规，较好地规范和促进了林业生物入侵与生物灾害防控工作的开展。以上相关法律法规及标准的制订，对中国防范生物入侵、减少生物灾害造成的损失、消减生物安全隐患起到了积极作用。

表3-1　中国已公布的林业生物入侵与生物灾害防控国家和行业标准

序号	标准号	标准名称
1	GB/T 14175-1993	林木引种
2	GB/T 20476-2006	松材线虫病发生区松木包装材料处理和管理
3	GB/T 20477-2006	红火蚁检疫鉴定方法
4	GB/T 21760-2008	植物检疫证书准则
5	GB/T 21659-2008	植物检疫措施准则 辐照处理
6	GB/T 21761-2008	建立非疫区指南
7	GB/T 23473-2009	林业植物及其产品调运检疫规程
8	GB/T 23474-2009	美国白蛾检疫技术规程
9	GB/T 23475-2009	青杨脊虎天牛检疫技术规程

（续）

序号	标准号	标准名称
10	GB/T 23477-2009	松材线虫病疫木处理技术规范
11	GB/T 23478-2009	松材线虫普查监测技术规程
12	GB/T 23476-2009	松材线虫病检疫技术规程
13	LY/T 1181-1995	苏云金芽孢杆菌制剂
14	LY/T 1663-2006	油松毛虫、赤松毛虫和落叶松毛虫监测与防治技术规程
15	LY/T 1675-2006	马尾松毛虫监测与防治技术规程
16	LY/T 1681-2006	林业有害生物发生及成灾标准
17	LY/T 1704-2007	白蛾周氏啮小蜂人工繁育及应用技术规程
18	LY/T 1705-2007	管氏肿腿蜂人工繁育及应用技术规程
19	LY/T 1866-2009	松褐天牛防治技术规程
20	LY/T 1867-2009	松褐天牛引诱剂使用技术规程

3.2.1.3 林业遗传资源相关法规

中国目前还没有遗传资源方面的专门立法，但已制定了多项与此相关的法律法规，如《中华人民共和国森林法》、《中华人民共和国野生动物保护法》、《中华人民共和国种子法》、《中华人民共和国森林法实施条例》、《陆生野生动植物保护实施条例》、《野生植物保护条例》、《自然保护区条例》、《濒危野生动植物进出口管理条例》、《森林和野生动物类型自然保护区管理办法》、《国家重点保护野生动物名录》、《国家重点保护野生植物名录（第一批）》等。同时，在《宪法》中明确规定了“国家保障自然资源的合理利用，保护珍贵的植物和动物，禁止任何组织或个人用任何手段侵占或者破坏自然资源”。为确保上述法律法规得以贯彻实施，各有关部门还制定了大量配套规章和规范性文件，如《林木种质资源管理办法》等。此外，各省（自治区、直辖市）结合本地资源状况和保护管理工作实际，也分别制定了地方性法规和规章。据初步统计，全国已有超过半数以上的省（自治区、直辖市）颁布了本地野生动物资源和野生植物资源保护条例或管理办法及其配套名录，如《湖南省野生动植物资源保护条例》、《广东省野生动物保护管理办法》等。目前，在遗传资源方面已基本形成了以宪法为指导、以各项相关法律法规为主干、以部门规章相配套、以国际条约为补充的与遗传资源紧密相关的生物资源的法律体系。

3.2.1.4 林业转基因生物相关法规

中国林业转基因生物立法与其他国家相比较为滞后。自20世纪80年代后期开始，随着中国生物技术的发展，中国开始研究和制订了一些相关法律法规。1990年制定了《基因工程产品质量控制标准》。1993年原国家科学技术委员会颁布了《基因工程安全管理办法》，为中国转基因生物安全管理提供了基本框架。1996年，农业部发布《农业生物基因工程安全管理实施办法》，将1993年的《基因工程安全管理办法》加以具体化，并开始受理有关申请。1997年又发布了《关于贯彻执行〈农业生物基因工程安全管理实施办法〉的通知》，并于同年成立了农业生物基因工程安全委员会和农业生物基因工程安全管理办公室。2000年8月，中国政府签署了《卡塔赫纳生物安全议定书》，成为签署该议定书的第70个国家。2000年国家环保总局牵头编制了《中国国家生物安全框架》，提出了中国生物安全管理体制、法规建设和能力建设方案。目前正在进行《国家生物安全法》的制定，其他相应法律法规也在准备之中。

在林木转基因方面，自20世纪80年代后期，随着林业转基因生物的研究开发迅速增加，特别是近年来转基因杨树的不断面世，对林业行业的转基因法律法规的需求也随之日渐增加。为适应这一需求，2006年5月，国家林业局以第20号令颁布了《开展树木转基因工程活动审批管理办法》，2007年6月又发布了《转基因森林植物及其产品安全性评价技术规程》。这些办法和规程的颁布与实施为中国转基因树木的管理和安全评估奠定了良好的基础。

3.2.1.5 野生动物疫病相关法规

由于中国野生动物疫病防控工作刚刚起步，尚未专门制定野生动物疫病防控方面的法律，目前主要依据《中华人民共和国野生动物保护法》、《中华人民共和国动物防疫法》、《中华人民共和国传染病防治法》、《中华人民共和国突发事件应对法》和《重大动物疫情应急条例》等相关的法律法规开展工作。其中，《中华人民共和国野生动物保护法》是各级林业主管部门开展野生动物保护的重要法律依据；《陆生野生动物保护实施条例》是《中华人民共和国野生动物保护法》的重要配套法规，对其有关规定做了进一步细化，增强了可操作性；《中华人民共和国动物防疫法》中对动物的含义，疫病分类、动物疫病预防，动物疫情的报告、通报和公布，动物疫病的控制和扑灭以及保障措施等进行了详细的规定。《中华人民共和国突发事件应对法》规定“国家建立统一领导、综合协调、分类管理、分级负责、属地管理为主的应急管理体制”和“预防为主、预防与应急相结合的原则”;《重大动物疫情应急条例》确立了林业部门开展陆生野生动物疫病监测的法律地位。

3.2.2 政策措施

针对林业生物安全问题，中国已制定了多项政策，包括监测预警政策、风险管理政策、保护利用政策、经费扶持政策、应急管理政策、信息与成果共享政策等。这些政策对中国防控林业生物入侵与生物灾害，确保转基因生物的科学开发和安全应用，保护森林遗传资源合理利用和免遭破坏，保障野生动物疫病的科学防控等起到了积极的引导、规范和推进作用。

3.2.2.1 林业生物入侵与生物灾害

自新中国成立以来，中国的林业生物入侵与生物灾害防控政策经历了三个阶段的转变，包括20世纪80年代前的灾害防控阶段，即防控重点是针对入侵林业生物造成灾害后进行的被动防控；20世纪80～90年代的损害预防阶段，即防控重点是针对减少入侵林业生物造成的灾害而进行的预防和除治；21世纪以来逐渐转向风险预防阶段，即以风险评估为基础，逐步将风险管理作为林业生物入侵与生物灾害防控重点的管理原则。

目前，中国出台了多项林业生物入侵与生物灾害方面的防控政策：①强制性政策。包括对引进林木种子苗木及其他繁殖材料的检疫审批和隔离试种政策、防止入侵有害生物传播危害的检疫管理政策、发生入侵有害生物的除治政策等。②预警政策。通过发布《林业有害生物警示通报》、开展普查、监测等工作，提醒各地各有关部门关注入侵生物，对入侵生物主动采取防控措施，减少损失。③促进森林健康政策。实施科学合理的措施，将预防生物入侵危害纳入到营造林的各个环节，并通过营造、保护、恢复和经营健康森林，提高森林生态系统的稳定性和生物多样性，增强森林对有害生物的自控能力和抵抗能力，降低生物入侵后的定殖和发生的可能性。④系统管理政策，即防止有害生物入侵、明确防控责任、制订防控措施和防控规划等政策。目前主要包括属地管理政策、防止有害生物入侵和传播的分级管理政策、重要入侵有害生物的治理政策、确定防控方针和目标以及制订《全国林业有害生物防控中长期发展和建设规划》等旨在加强防控基础设施建设和防控能力的规划和方案等。⑤防控经费的分担政策。林业生物入侵与生物灾害的防控经费采取以地方投入为主，国家补助为辅的经费投入政策。⑥指导性政策，包括向研究机构建议开展防控有害生物入侵危害工作中的急需技术研究、向社会发布有害生物发生趋势等。

3.2.2.2 林业遗传资源

森林遗传资源作为维持人类生存、维护国家生态安全和可持续发展的重要物质基础，在中国有关的法律法规中均明确体现出了“加强保护、积极发展、合理利用”的森林遗传资源保护管理方针政策。为贯彻这一方针政策，国家制定了一系列与森林遗传资源有关的保护与发展规划和纲要，并启动实施了一系列保护工程，如《全国野生动植物保护及自然保护区建设工程》（2001 年）、《全国天然林保护工程》（2001 年）、《全国生物物种资源保护与利用规划纲要》（2007 年）、《中国野生植物保护战略》（2007 年）等，同时加强了森林遗传资源保护管理的组织领导与技术、政策及安全研究，强化知识产权保护工作，尤其是 2004 年国务院办公厅专门发出了《关于加强生物物种资源保护和管理的通知》，提出加强生物物种资源管理立法、加强资源调查、出入境管理、知识产权保护以及资源材料与研究成果惠益共享等重大政策和措施。

3.2.2.3 林业转基因生物

中国在林业转基因生物方面制订了以发展和促进森林资源的培育、提高森林质量为宗旨，鼓励和支持基因工程技术的开发应用，严格转基因生物的安全管理，对转基因林木进行严格的风险评估和安全管理，强化转基因林木的跟踪监测和评估，并严格按照转基因生物安全管理相关法律法规加强安全管理和防控。此外，还制定了优惠政策和激励措施，吸引企业积极参与，加速转基因技术的开发和产品的应用。林业转基因生物政策可概括为鼓励开发和应用转基因产品、制定科学合理的风险评估体系和严格的安全管理制度、加大监测和执法力度以及确保转基因生物的安全应用。

3.2.2.4 野生动物疫病

中国野生动物疫病防控工作虽起步较晚，但经过短短几年的探索，形成了“加强领导、密切配合，依靠科学、依法防治，群防群控、果断处置”的方针，初步建立了“统一领导、综合协调、分类管理、分级负责、属地管理为主”的应急管理体制，坚持了“预防为主、预防与应急相结合”的工作原则。国家在体系建设和经费投入方面等给予许多扶持政策。

3.2.3 林业生物安全管理

中国林业生物安全管理实行在国务院和各级地方政府的领导下，由国家、省、市、县级林业主管部门具体负责的管理体制。针对林业生物安全涉及生物入侵与生物灾害、林业转基因、森林遗传资源、野生动物疫病等不同领域的情况，国家林业主管部门分别设立了相应的管理部门和机构，如防止外来有害生物入侵管理办公室、森林病虫害防治总站、野生动植物保护与自然保护区管理司、基因安全管理处、野生动物疫源疫病监测总站等。为加强和规范林业生物安全不同领域的管理工作，国家林业主管部门建立了一系列的管理制度，如审批制度、应急管理制度、监测预警制度、疫情报告公布撤消制度、风险评估制度、基因测试管理与风险评价制度、野生动物采猎制度等。

3.2.3.1 林业生物入侵与生物灾害

中国林业生物入侵与生物灾害管理工作由国家林业局统一负责，各省、市、县级林业主管部门负责本辖区的林业生物入侵与生物灾害的管理工作，实行“分级管理”和“属地管理”相结合的管理方式。为全面加大生物入侵的防控工作，国家林业局于2003年成立了“防止外来有害生物入侵管理办公室”，负责全国林业生物入侵管理工作。此后，大部分省级林业主管部门也相应成立了省级防止外来有害生物入侵危害的管理机构，负责本辖区的林业生物入侵的管理工作。此外，为提高中国林业生物入侵与生物灾害的防控技术水平，国家林业局于2003年和2007年分别成立了国家林业局林业有害生物检验鉴定中心和全国危险性林业有害生物防治技术培训中心，全面开展了技术培训和基础性技术管理工作，为防控林业生物入侵与生物灾害提供技术保障和科技支撑。

在林业生物入侵与生物灾害管理制度方面，中国目前主要建立了审批制度、疫情报告、公布、撤消制度，有害生物普查制度，应急管理制度，监测预警制度、检疫检查制度，风险评估制度等，全面加强对林业生物入侵和生物灾害的规范性管理。如引进林木种子苗木及其他繁殖材料实行国家林业局和各省级林业主管部门两级审批制度，对首次引种国内或种植地所在省没有的林木种子、苗木及其他繁殖材料，或已有引种但一次进口量特别巨大的实行风险评估制度，对引进林木种子、苗木和其他繁殖材料实施隔离试种和监管制度；在全面掌握有害生物入侵和生物灾害的基础数据方面，建立了有害生物普查制度，特别是对检疫性有害生物每隔3～5年开展一次全国性普查制度，并对新入侵及新发现的有害生物建立专项调查制度；在规范疫情管理方面，建立了疫情报告、公布、撤消制度及风险评估制度；在防止有害生物传播扩散方面，建立了产地检疫、调运检疫、复检等检疫检查制度；在及时准确掌握有害生物发生发展动态和治理生物灾害方面，建立了监测预警制度和应急管理制度。

3.2.3.2 林业遗传资源

目前，中国森林遗传资源的管理采取分部门、分级、分类的管理体制，由国务院林业行政主管部门分工负责对包括森林遗传资源在内的森林资源、林区内野生植物及林区外珍贵野生树木、陆生野生动物及林业自然保护区的管理。2003 年，为加强对全国生物资源的保护管理，国务院成立了由环保部牵头、包括国家林业局在内的 17 个部门组成的生物物种资源保护部际联席会议制度，以建立和进一步强化在分部门管理体制下的工作协调机制。

为加强和规范森林遗传资源管理，中国在森林遗传资源的权属管理、采猎、利用与贸易、外国人在中国境内采猎与贸易管理等方面建立了相应的管理制度。其中对陆生野生动物、野生植物等森林资源的采伐、采集及猎捕实行分级分类管理和许可证制度，并设立行政许可事项；对陆生野生动物、野生植物等森林资源的经营利用与进出口管理实行审批制度，并设立行政许可事项；对外国人在境内采猎和贸易野生动植物实行限制管理制度。

3.2.3.3 林业转基因生物

随着转基因林木种类的增加和栽培面积的加大，迫切需要对转基因林木的生物安全进行科学管理，对转基因林木及其产品的生物安全风险和环境影响进行准确评估，避免发生各种转基因林木的生物安全事故。为此，国家林业局于 2001 年设立科技发展中心基因安全管理处，负责全国林业系统的生物安全管理与协调，同时成立国家林业局林业转基因生物安全委员会，并在基因安全管理处设林业生物安全管理办公室，承担林业转基因生物安全管理工作，专门负责提出针对林业转基因生物安全管理法规建议，参与制定林业转基因生物安全管理办法并监督执行。此外，2007 年经国务院同意，中国建立农业转基因生物安全管理部际联席会议制度，并在农业部设立了联席会议办公室，成员由农业部、发展与改革委员会、教育部、科技部、财政部、商务部、卫生部、工商总局、质检总局、环保部、林业局等部委的部长 / 副部长组成，进一步加强了林业转基因生物安全管理工作。

为全面保障林业转基因生物安全和规范林业转基因管理，国家林业局建立了审批制度，设立了开展树木转基因工程活动和外国人转让植物新品种申请权或植物新品种权两项审批。同时，对林业转基因生物建立了测试管理制度和风险评价制度等保护林业生物安全的制度。

3.2.3.4 野生动物疫病

近年来，随着 SARS、高致病性禽流感、口蹄疫和炭疽等野生动物疫病在中国频繁发生，中国逐步加大了野生动物疫病的管理工作。2005年12月，国家林业局成立全国野生动物疫源疫病监测总站，负责全国野生动物疫源疫病监测工作，具体承担组织拟定疫源疫病监测技术规范和有关管理制度和办法、指导疫源疫病监测体系建设、指导各地开展疫情调查和应急处置、汇总和上报全国疫源疫病监测信息等，以及指导和组织开展疫源疫病风险评估、技术培训、科学研究和推广等工作。2009年5月，国家林业局在野生动植物保护与自然保护区管理司设立野生动植物疫源疫病防控处，进一步加强野生动植物疫源疫病的管理工作。各省级林业主管部门也相应成立了省级野生动植物疫源疫病管理机构，负责本辖区的野生动植物疫源疫病管理工作。目前，中国野生动植物疫源疫病管理已初步形成了在国务院和各级地方政府的领导下，由国家、省、市、县级野生动物保护部门具体负责的管理体系。

中国野生动物疫病防控工作开展以来，按照“及时发现、快速反应、严格处理、减少损失”的要求，坚持以人为本的理念，在疫情应急准备、疫情监测、疫情信息报告和重大动物疫情的应急处理等方面制定了一系列制度，以保证野生动物疫病防控工作的顺利开展。相关制度包括以下几个方面：①制订了重大动物疫情的应急准备制度，包括应急预案制定制度、建立物资储备制度和建立应急预备队制度等。②制订了重大动物疫情的监测、报告和公布制度，包括监测网络和预防控制体系制度、重大动物疫情监测制度、重大动物疫情报告制度、重大动物疫情的确认程序权限和公布制度、重大动物疫情通报制度等5项制度。③制订了重大动物疫情的应急处理制度，包括应急指挥系统制度、应急预案的启动制度、基层组织的群防群治制度、有关单位和个人的配合制度。④建立了监测信息报告制度，包括定期（日报、月报、年报）报告和突发（紧急）事件快报等。这些制度的制订和建立，集中体现了《重大动物疫情应急条例》、《陆生野生动物疫源疫病监测规范（试行）》等法规的要求，为科学、有效防控野生动物疫病起到了关键作用。

3.3 中国林业生物安全法律法规、政策及管理分析

3.3.1 林业生物安全面临的严峻形势

3.3.1.1 林业生物入侵加剧，生物灾害发生加重

中国是林业生物入侵、生物灾害发生最为严重的国家之一。据统计，目前中国有林业有害生物 8 000 余种，其中，能造成严重危害的近 300 种，年均发生面积逾 1 000 万 hm^2，直接经济损失和生态服务价值损失达 880 亿元。特别是近年来，随着全球经济一体化进程的加快，林业外来有害生物入侵中国的种类不断增多，危害日益加剧，截至目前入侵中国大陆并造成危害的林业有害生物种类已达 37 种，年均发生面积约 280 多万 hm^2，造成的直接经济损失 560 多亿元。其中 1980 年以后入侵的生物种类多达 19 种，仅 2000 年以后入侵的达 9 种。林业生物入侵及生物灾害的严重发生，极大地破坏本土林业生物资源，导致林地生物多样性的丧失，危及本地物种生存并导致土著种的种群数量减少、消失乃至灭绝，并直接威胁着中国民众的身心健康，影响着中国社会经济的发展。

3.3.1.2 森林遗传资源损失严重，生物多样性下降显著

生物资源已成为各国经济与社会和谐发展的重要战略性资源，中国多样化的生态环境孕育了丰富而独特的森林遗传资源，但由于长期以来保护利用及流失控制工作不到位，中国森林遗传资源损失极为严重。主要表现在以下几个方面：①由于森林遗传资源的保护研究与利用技术滞后，缺乏系统性与标准化；②长期以来对森林遗传资源的无情掠夺和对环境的破坏，使得中国森林遗传资源处于日趋匮乏的境地；③一些有重要价值的森林遗传资源急剧减少或已经消失，部分有重要价值的生物资源被掠夺流向境外。

3.3.1.3 林业转基因生物潜在风险加大，安全问题日益突出

生物安全是一门新兴的学科，许多概念以及相关理论还在不断发展中。中国目前已经成为世界上转基因农作物田间试验和商品化生产面积的第四大国，越来越多的转基因产品走入我们的生活。中国的转基因林木研究也发展很快，转基因林木在中国林业经济建设和生态建设领域将发挥越来越大的作用。同时，转基因林木带来的潜在风险也越来越突出，并随着林木转基因研究进一步发展，其生物安全问题将日趋严峻。

3.3.1.4 野生动物疫病发生频繁，人类健康和野生动物资源受到的威胁增大

野生动物是病原体的巨大天然储藏库，许多重大的新发疫病来源于

野生动物。中国野生动物资源十分丰富，野生动物疫病发生也极为严重，特别是近年来，野生动物疫病在中国频频发生。自2003年以来，中国部分地区先后出现SARS、高致病性禽流感、口蹄疫和炭疽等人兽共患病疫情，尤其是一些新发疫情多来自境外，对中国的生物安全和公共卫生安全构成巨大威胁。当前，一些流行已久的动物疫病尚未根除，而一些新的疫病又不断出现。由重大突发动物疫病引发的公共卫生事件不断发生，让人们感到动物疫病危机四伏，不仅对野生动物资源造成危害，更关系到人类健康与安全，关系到社会的和谐与稳定。

3.3.1.5 气候变化等环境因子影响日益明显，林业生物安全复杂程度增强

全球气候持续变暖、极端异常气候事件频繁发生、生物实验室和检疫实验室潜在风险日益增大、人类活动范围不断扩大、生物赖以生存的环境不断破坏等多种因素从不同方面对林业生物安全造成了影响，且影响程度不断加大，影响结果也日益明显，林业生物安全的复杂程度也在不断增强。特别是近年来气候变化因子的影响，等温线的北移，使中国的森林类型和分布发生了明显变化，大量生物的分布范围向北扩大，造成原有生态条件下的生物被北扩的生物取代，进而种群数量减少、甚至消亡，对中国林业遗传资源造成越来越大的破坏。近年来，珙桐、秃杉等多种中国珍稀物种面临消失威胁的现状充分说明了气候变化对林业生物安全影响的结果。同时，由于气候变化，原本不适生的物种在中国也有了适生之地，为入侵物种提供了适宜生存的环境，增加了生物入侵的风险，一些已入侵的物种在中国的适生范围不断扩大，直接威胁着原有物种的安全。

3.3.2 林业生物安全保护工作存在的问题

3.3.2.1 对林业生物安全的认识不高

林业生物安全保护工作不仅仅是一项单纯的技术问题，目前，它已成为一项涉及管理、社会和经济等诸多问题的工作，具有很强的复杂性和系统性。在林业生物安全保护的实际工作中仍存在着诸多认识问题：①由于相关部门及一些政府部门的领导没有充分认识到林业生物安全面临的严重性和保护工作的重要性、长期性和系统性，更没有认识到保护工作的反复性和不确定性，导致在保护生物安全方面未能将保护工作摆上重要议事日程，在保护过程中用于生物安全保护的物资、资金不足或难以到位，部门间配合不够协调，政策法规执行乏力。②虽然近十几年来林业生物安全保护工作减少了数额巨大的经济损失，保护了大量的森

林资源，对生态安全保护及生态文明建设做出了巨大的贡献，但社会公众对林业生物安全保护工作的重要作用及获得的经济社会效益的认识还很有限，对生物安全工作的认可程度也不高，成为阻碍林业生物安全发展的一个重要因素。③林业生物安全关系着中国森林、湿地资源的保护，关系着人类生存环境的优劣，关系着经济、社会的可持续发展，但在中国对生物安全概念的理解仍普遍停留在狭义的转基因生物安全上，还没有提出“林业生物安全”的概念和相应的理论体系，对如何从国家安全战略的高度保证林业生物安全也没有清晰的认识，全社会缺乏获得林业生物安全知识的渠道。此外，中国是一个发展中国家，经济发展是摆在各级政府面前的首要任务，但在发展过程中如何兼顾生物安全和科学发展是摆在管理者和科学家面前的一个重要问题。

3.3.2.2 相关法律法规不健全

目前，中国涉及生物安全的法律法规较多，但还没有保护生物安全方面的专门性法律法规，也没有形成生物安全保护的法律法规体系，并且现有的相关法律法规无论从立法目的、级别、制定时间，还是涉及的内容和范围等方面均存在着一定的问题和不足，制约了当前林业生物安全工作的开展。①部分涉及林业生物安全的单项法律法规急需修订和完善。中国林业生物安全方面的相关法律法规基本上是20世纪80～90年代制定的，在立法的内容、范围、适宜程度等方面已无法适应当前生物安全保护工作的需要，缺乏应有的可操作性和现实针对性，急需进行修订和完善。②没有专门的生物安全方面的法律法规。在国家层面上，没有统一制定专门针对生物安全方面的法律法规，致使林业生物安全的保护工作只能根据相关法律法规及一些部门规章制度进行，严重制约了生物安全保护工作的开展。③已有的林业生物安全保护方面的相关法律法规级别较低，如防控林业生物入侵与生物灾害的相关法律法规主要是《植物检疫条例》和《森林病虫害防治条例》，均是条例，级别较低。④已有法律法规在制定上具有较强的独立性，部门管理的色彩比较浓，导致在生物安全保护工作中，部门之间的协调不利，难以有效行使职责，需要制定相关的法规加以规范，做到既分工明确又能密切配合。

3.3.2.3 政策性问题较为突出

中国林业生物安全保护体制是在计划经济条件下形成的，工作涉及农业、林业、进出境、水利、环保、海洋等多个部门，存在管理分散、职责不清、与市场经济下的保护要求不适应等问题，极大地影响了保护工作整体效能的发挥。体制上的弊端也直接导致林业部门与其他部门间在保护政策方面产生了多种问题，制约了保护工作的有效开展。①政策执行力不足，一些规划、纲要得不到有效实施，同时，一些深层次的政策问题还得不到解决。②政策配套性差，缺少关键性的扶持政策，保护经费投入尚未列入财政预算，只是以补助形式给予，制约了林业生物安全保护工作的开展。③激励性政策缺乏，缺少对林业生物安全保护技术、方法等研究的激励性政策。

3.3.2.4 管理体制不健全

中国林业生物安全管理和保护工作开展时间晚，许多工作仍处在起步阶段，急需规范和完善。如在生物入侵与生物灾害方面存在检疫管理不规范、制度不完善、已有制度执行不力、防控工作粗放等的问题。在转基因生物管理方面，缺少转基因生物检测评估机构和转基因生物的研究、使用方面的管理制度和办法。在森林遗传资源方面，对森林遗传资源本底不清，对遗传资源的调查、收集、保存和评价技术标准以及信息库建立等不系统，导致无法采取具有针对性的管理措施。此外，对森林遗传资源的有效保护和开发利用以及对信息的共享等的管理制度建设滞后。同时，生物安全许可制度在林业领域目前基本上局限于林业转基因技术开发和应用的审批，以及转基因生物造林的审批。在林业遗传资源保护和外来入侵物种管理等方面的生物安全许可尚处于探索阶段。

3.3.2.5 科研工作薄弱

目前，中国在生物安全的科学研究方面主要存在以下三方面的问题：①已有的林业有害生物研究、转基因研究、昆虫病原微生物、植物病原微生物研究所用实验室还未经过任何认证和规范，存在很大的生物安全隐患。例如，中国林业科学研究院是中国林业生物安全研究的骨干力量，涉及转基因杨树新品种选育、植物引种安全试验、野生动物疫病监测技术支撑、重大检疫性林业有害生物的控制技术研究、林业生物遗传资源的编目、保存等重要林业生物安全研究工作，但实验条件离生物安全管理的要求相距甚远。②缺乏对林业生物安全研究的总体规划和设计，急需解决的评价技术、评价标准和评价方法、生物安全管理技术等得不到科研计划的支持。③已开展的一些林业生物安全保护的研究工作存在着研究内容游离于实际工作之外、科研选题不够准确、急需技术的研究数量少、技术创新不足等问题，而一些已完成的林业生物安全保护成果得不到及时转化和推广运用。以上问题的存在已成为制约当前林业生物安全保护工作发展的重要因素。

3.3.2.6 宣传力度不够

林业生物安全关系着中国森林、湿地、荒漠资源的保护，关系着人类生存环境的优劣。林业生物安全问题不仅仅是政府和科学家的事情，更是全国人民的事情。但目前，针对林业生物安全保护方面的宣传极为有限，相关保护知识和保护技术的培训更是寥寥无几，没有充分调动全社会力量参与到林业生物安全管理中。

3.4 新时期中国林业生物安全战略计划

3.4.1 战略思想、方针和目标

林业生物安全是林业工作的重要组成部分，是国土生态安全和公共安全的重要保障力量，是实现党的十七大提出的“建设生态文明”重大战略决策及“建成生态环境良好的国家”的重要基础。林业生物安全战略要以科学发展观为指导，从中国的国情和林情出发，总结和研究国内外林业生物安全的现状和趋势，分析林业生物安全在现代林业和国民经济发展中所面临的机遇和挑战，明确林业生物安全在建设生态文明、发展现代林业中的重要任务和重要地位，提出新时期新形势下林业生物安全的战略思想、战略方针、战略目标，规划林业生物安全的战略布局，确定实现林业生物安全的战略途径和战略措施。

3.4.1.1 战略思想

21 世纪上半叶中国林业生物安全的战略思想是：以邓小平理论和“三个代表”重要思想为指导，全面落实科学发展观，按照构建社会主义和谐社会和生态文明建设的总体部署，以中央林业工作会议精神为统领，以建设现代林业、保障林业生物安全为根本要求，以林业生物健康、安全、可持续利用为目标，通过完善生物入侵与生物灾害、林业转基因生物、森林遗传资源和野生动物疫病等领域的法律法规体系，制定和执行林业生物安全的政策和行动计划，建立健全林业生物安全管理体制，形成节点式和立体式全国林业生物安全网络防控布局体系，积极参与林业生物安全国际规则的制定和实施，建立依法保护和防控相结合的林业生物安全体系，构建适应中国经济社会可持续发展要求和符合中国国情和林情的林业生物安全保障体系，实现林业生物健康、安全、可持续利用。

林业生物安全战略思想的核心是：

• 确立林业生物安全现代化的道路

• 建立依法保护和防控相结合的林业生物安全体系
• 实现林业生物健康、安全、可持续利用

以上三者之间相互关联，相辅相成。林业生物安全现代化是技术路线和前提，林业生物安全体系是基础和保障，林业生物健康、安全、可持续利用是最终目标。按照科学发展观，“确立林业生物安全现代化的道路，建立依法保护和防控相结合的林业生物安全体系，实现林业生物健康、安全、可持续利用”符合现代林业发展的要求，体现了林业所要承担的重要使命，同时又顺应了世界发展的大趋势，展示出中国政府对林业生物安全的高度重视以及对保护全球生态安全的高度责任感和使命感。

3.4.1.2 战略方针

林业生物安全战略的总体战略方针是：“依法保护、防控结合、持续利用、科学管理、安保有力”。

中国林业生物安全工作起步晚，对相关技术和管理方法的研究较为滞后，远远不能满足经济社会发展的客观需要，已经成为制约中国林业可持续发展的重要因素。在新的历史时期，应围绕国家安全和可持续发展的整体目标，按照林业生物安全的战略指导思想，完善林业生物安全的法律法规、政策和管理制度，依法管理森林生物资源引入和传播、林业转基因产品开发和应用、野生动物疫病预警与处置等生物安全活动；预防和控制生物入侵和生物灾害、森林遗传资源丧失和野生动物疫病广泛传播等生物灾难；实现林业转基因资源和森林遗传资源的合理利用；强化林业生物安全自主创新与科技支撑，加大政府投入力度，拓展国际合作空间，为中国林业生物安全体系的建设和运行，为实现林业生物健康、安全、可持续利用提供强有力的保障。

3.4.1.3 战略目标

（1）总目标　到20世纪中叶，建立起完备的林业生物安全法律法规和管理体系，生物入侵和生物灾害得到有效防控和监测，林业转基因资源得到合理开发和利用，典型森林群落和国家重点保护野生动植物种群得到充分保护，野生动物疫病得到有效监控；林业生物安全科学研究和技术支撑能力显著增强，基本普及林业生物安全教育，公众参与意识明显提高；基本构建起法规完备、防控结合、管理科学、保障有力，可持续利用的现代林业生物安全体系，发挥林业生物安全保护工作在生态、经济、社会和文化等方面的多种保障功能，满足国民经济社会发展对林业生物安全工作的需求，实现林业生物健康、安全、可持续利用的目标。

(2) 阶段目标　到 2020 年，建立起比较完善的林业生物安全法律法规和管理体系；基本控制生物入侵种类和发生几率，生物灾害成灾率控制在 0.3%以下；全国林业自然保护区面积达到 1.392 亿 hm^2，占国土面积的 14.5%，90%的典型森林生态系统类型得到有效保护；林业转基因资源得到比较合理的开发，安全产品推广利用率达到 80%；野生动物疫病得到基本监控；科技支撑能力得到增强，科技进步对保障林业生物安全的贡献率达到 50%；公众参与程度得到逐步提高。

到 2030 年，建立起比较完备的林业生物安全法律法规和管理体系；全面控制生物入侵种类和发生几率，生物灾害成灾率控制在 0.2%以下；全国林业自然保护区面积达到 1.536 亿 hm^2，占国土面积的 16%，95%典型森林生态系统类型得到有效保护；林业转基因资源得到合理开发，安全产品推广利用率达到 90%；野生动物疫病得到比较全面监控；科技支撑能力得到明显增强，科技进步对保障林业生物安全的贡献率达到 60%；公众参与程度得到明显提高。

到 2050 年，建立起完备的林业生物安全法律法规和管理体系；全面控制生物入侵种类和发生几率，基本实现生物灾害的可持续控制；全国林业自然保护区面积达到 1.728 亿 hm^2，占国土面积的 18%，典型森林生态系统类型得到全面有效保护；林业转基因资源得到合理开发，安全产品推广利用率达到 95%；野生动物疫病得到全面监控；科技支撑能力显著增强，科技进步对保障林业生物安全的贡献率达到 70%；公众参与程度得到显著提高。

3.4.2 战略布局与战略途径

根据新时期中国林业生物安全的总体战略思想、战略方针和战略目标，结合现代林业建设的总体思想、方针和目标，并围绕发展现代林业、建设生态文明、促进科学发展这一主线，科学规划新时期中国林业生物安全的战略布局和战略途径。

3.4.2.1 战略布局

(1) 林业生物入侵及生物灾害防控战略布局　根据当前林业生物入侵及生物灾害发生的现状，充分考虑导致林业生物入侵及生物灾害发生的影响因素，紧密结合中国不同区位特点、森林植被状况、生态条件、基础设施现状、技术发展水平、现有体系建设情况和林业发展规划，强化区域特点和针对性，提出中国林业生物入侵及生物灾害防控的战略布局。

林业生物入侵及生物灾害监测预报体系建设　分层次完善国家、省、地（市）、县四级林业有害生物预测预报基础设施，重点加强县级防治检疫站的预测预报基础设施建设（国家级中心测报站点和省级测报点所在县优先）；建成地面踏查和空中遥感相结合，多层次、全方位、立体化的监测预报体系，实现林业有害生物监测数据的立体采集、网络传输、自动处理、智能预报、科学决策，做到对常发性病虫准确预报、对突发性病虫及时预警。

林业生物入侵及生物灾害检疫御灾体系建设　分层次完善国家、省、地（市）、县四级林业有害生物检疫基础设施，建立国家、省、地（市）、县四级检疫信息网络系统和信息数据库，构建全国林业有害生物远程诊断系统；建立与农业、质检、环保、气象等部门间及国际间的、特别是与亚太地区国家间的信息网络系统，实现信息资源共享，全面提高检疫检验和除害处理的能力，实现对危险性林业有害生物快速、准确的检测、诊断和除害处理，有效控制危险性林业有害生物的传入和传播蔓延。

林业生物入侵及生物灾害应急防治体系建设　建立较为完善的地面与空中相结合的现代化林业有害生物应急防治体系，全面提高对林业有害生物的应急除治能力。完善国家和省级林业有害生物应急防治指挥中心，强化应急物资储备，组建一支装备精良、行动快捷、结构合理的林业有害生物应急防治专业队伍，强化常规防治和应急防治的资源整合，实现优势互补，确保发生重大林业有害生物灾情时，能够按照应急预案的要求，采取快速有效的处置措施，最大限度减少灾害损失。

林业生物入侵及生物灾害防控支撑保障体系建设　适应集体林权制度改革，开展林业有害生物防治公共服务保障体系建设。建立突发林业有害生物应急防治技术研究与开发中心，紧密结合生产需要，快速反映，及时解决生产中出现的问题，提高应对突发灾害的能力和水平，实现及时控制或扑灭。加大部门间、学科间的技术合作力度，建立有效的技术合作体制和协调机制，积极引进国际先进技术，加强现有技术的组装配套和科研成果转化推广的力度，开展试点示范。规范林用药剂药械市场，建立和完善林用药剂药械的准入机制。建立防治综合实验室、检验室。建立国家和省级林业有害生物科普标本馆（室）。采取各种形式，向全社会宣传林业有害生物防治工作的基础知识和重要意义，增强全民的有害生物防治意识。加强从业人员的素质教育，建设防治技术培训和全国远程教育网络，为防治工作提供人才保证。

全国林业生物入侵及生物灾害防控空间布局　按照“东防、西营、南控、北管”的林业生物入侵及生物灾害防控思路进行空间布局。

东部地区主要包括上海、江苏、浙江、福建、江西、安徽、山东、广东、广西、天津、辽宁以及河北东部、香港、澳门、台湾。该区主要是中国的沿海地区和出口港口所在地，社会经济较发达，经济贸易活动频繁，应加强检疫体系建设，加大外来有害生物的管理，严防外来有害生物的入侵。此外，该区大部分省份森林总体覆盖率较高，森林资源状况较好，生物多样性程度较高，森林自我调控能力强，防治工作应以保护现有森林资源，提高森林资源质量为重点，加强抚育管理，营造健康森林。

西部地区主要包括陕西、甘肃、宁夏、青海、新疆、重庆、云南、贵州、西藏、山西以及内蒙古西部。该区生态环境脆弱、森林覆盖率较低，是中国加速国土绿化、加强生态保护和加快林果业发展的重点区域，防治工作要从营造林措施入手，选择良种壮苗，注重使用乡土树种，营造混交林，要注重幼林保护，重点抓好鼠（兔）害、蛀干害虫及经济林有害生物的防治，并强化检疫措施，防止外来有害生物的传入。

南部地区主要包括湖北、湖南、河南以及浙江、福建、江西、广东、广西的部分地区。该区以发展商品林为主要特点，商品林多为集体，民营林业经济发展迅速，一家一户的经营容易突发生物灾害，防治工作要重点加强应急防治体系建设，提高突发林业有害生物的处置能力，更好地为加快林业和社会经济发展保驾护航。

北部地区主要包括吉林、黑龙江、北京以及河北西部、内蒙古北部，是休养生息恢复森林资源的区域。该区以保护森林资源为重点，健全监测网络，把资源管护和有害生物监测紧密结合起来，全力做好预防工作，有效保护森林资源。

(2) *林业遗传资源保护战略布局* 根据中国重点保护的林业遗传资源的分布特点，结合中国地域特点，勾划中国林业遗传资源保护的战略布局。林业遗传资源的战略布局在地域上可划分为东北山地平原区、蒙新高原荒漠区、华北平原黄土高原区、青藏高原高寒区、西南高山峡谷区、中南西部山地丘陵区、华东丘陵平原区和华南低山丘陵区，每个区域确定不同的林业遗传资源保护重点（图 3-1）。

东北山地平原区 包括黑龙江、吉林、辽宁全部和内蒙古的呼伦贝尔市、兴安盟、赤峰市等部分地区，总面积 124 万 km^2。该区重点保护东北虎、原麝、梅花鹿、马鹿、丹顶鹤和红松等寒温带、温带的珍稀野生遗传资源，重点实施东北虎、原麝、野生梅花鹿以及鹤类和红松林的保护工程。

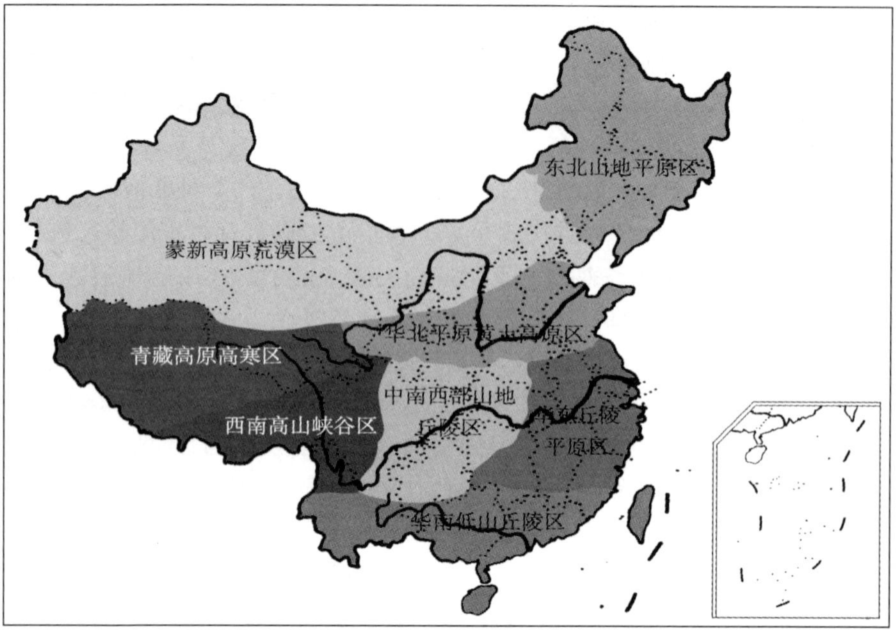

分布区	资源保护对象
东北山地平原区	寒温带、温带珍稀野生遗传资源
蒙新高原荒漠区	草原和荒漠类野生动物遗传资源
华北平原黄土高原区	黄土高原和深山区的野生动物遗传资源
青藏高原高寒区	高寒灌丛、高寒草甸、高寒草原和高寒荒漠的野生动物遗传资源
西南高山峡谷区	重点保护大熊猫、金丝猴、羚牛等野生动物遗传资源
中南西部山地丘陵区	重点保护大熊猫、朱鹮、金丝猴、野生梅花鹿的保护工程
华东丘陵平原区	重点保护华南虎、扬子鳄、梅花鹿、鳄蜥的保护工程
华南低山丘陵区	重点保护印支虎、长臂猿、亚洲象以及红树林的保护工程

图3—1　林业遗传资源保护战略布局

蒙新高原荒漠区　包括新疆全部和内蒙古、宁夏、甘肃、陕西、山西、河北的大部或一部分，总面积约 269 万 km^2。该区重点保护藏羚羊、林麝、雪豹、野骆驼、白唇鹿、马鹿、天鹅、大鸨等草原和荒漠类野生动物遗传资源，重点实施藏羚羊、林麝、雪豹的保护工程。

华北平原黄土高原区　包括北京、天津，山东全部和河北、河南、山西大部分，江苏、安徽省淮北地区，陕西、宁夏中部及青海省东部，总面积 95 万 km^2。该区重点保护林麝、褐马鸡、大鲵、豹、石貂、大鸨、青羊、兔狲、猞猁、白冠长尾雉、原麝、马鹿等黄土高原和深山区的野生动物遗传资源。重点实施林麝以及褐马鸡等特有雉类的保护工程。

青藏高原高寒区　包括西藏、青海的大部和甘肃、四川西北一部分，面积约 173 万 km^2。该区重点保护藏羚羊、普氏原羚、马麝、喜马拉雅麝、白唇鹿、黑颈鹤、雪豹、藏野驴、藏原羚等高寒灌丛、高寒草甸、高寒草原和高寒荒漠的野生动物遗传资源，重点实施藏羚羊、普氏原羚、喜马拉雅麝、白唇鹿、马麝的保护工程。

西南高山峡谷区　包括横断山区及雅鲁藏布江大拐弯地带，西藏自治区东南部、四川西部及云南西北部，面积约 65 万 km^2。该区重点保护大熊猫、孟加拉虎、黑麝、黑颈鹤、长臂猿、金丝猴、印支虎、羚牛、小熊猫以及虹雉等野生动物遗传资源，重点实施大熊猫、孟加拉虎、黑麝、黑颈鹤、长臂猿、金丝猴以及虹雉等特有雉类的保护工程。

中南西部山地丘陵区　包括贵州省全部，四川、重庆、云南大部和陕西、甘肃、河南、湖南、湖北省部分地区，面积 91 万 km^2。该区重点保护大熊猫、金丝猴、朱鹮、野生梅花鹿、灰金丝猴、羚牛、林麝、青羊、毛冠鹿、苏门羚、金猫、猕猴、豹、大小灵猫等野生动物遗传资源，重点实施大熊猫、朱鹮、金丝猴、野生梅花鹿的保护工程。

华东丘陵平原区　包括江西、浙江、上海的全部和河南、安徽、江苏、湖北、湖南、福建、广东、广西的大部或部分地区，总面积 109 万 km^2。该区重点保护华南虎、扬子鳄、鳄蜥、黑麂、毛冠鹿、猕猴、短尾猴、黄腹角雉、白颈长尾雉、丹顶鹤、白鹤以及水杉、金钱松、银杉、伯乐树、珙桐等野生动植物遗传资源，重点实施华南虎、扬子鳄、梅花鹿、麋鹿、鳄蜥的保护工程。

华南低山丘陵区　包括福建、广东、广西沿海地区和广西、云南南部丘陵山地及海南岛、台湾岛的全部，总面积约 34 万 km^2。该区重点保护印支虎、长臂猿、亚洲象、海南坡鹿、野象、亚洲象、绿孔雀以及红树林等野生动植物遗传资源，重点实施印支虎、长臂猿、亚洲象、海南坡鹿以及红树林的保护工程。

(3) 林业转基因生物安全保护战略布局　中国的转基因生物研究发展很快，转基因生物在中国林业经济建设和生态建设领域将发挥越来越大的作用。同时，转基因生物带来的潜在风险更不能被忽视，随着林木转基因研究进一步发展，其生物安全问题也会随之日趋严峻。因此，加强转基因生物安全风险评估监测技术的研究开发，加强转基因生物品种的生物安全管理，不仅有助于消除转基因生物研究对生物安全的威胁还也能促进和推动林业生物技术的不断发展，为社会经济发展服务。

开展林业转基因生物监测工作　加强对林业转基因生物的安全性监测不仅能确保转基因生物的安全，还能促进转基因生物为经济社会带来更大的效益。

提出林业转基因生物发展规划　虽然中国的林业转基因生物研究发展很快，但目前缺乏明确的林业转基因生物发展规划，必须尽快制定中国的林业转基因生物发展规划，以指导林业转基因生物的研究开发及其安全管理。

加强林业转基因生物的研究与开发　充分利用基因技术为经济社会服务。同时，林木自身形态、生理、生化性状的改变也是研究的重要内容之一。

加强林业转基因生物检测鉴定工作　对转基因生物及其产品标签制度开展可行性研究和技术准备，以便能够对转基因林产品进行准确的转基因成分检测、确定其含量和种类。检测方法要求具有快速、简便、灵敏、可靠、适应广等特点。鉴于转基因生物产品具有巨大的社会经济效益，转基因生物产品的检测鉴定目前已成为各主要贸易国的一项重要工作。因此，应大力研发针对转基因生物的快速检测技术和新方法。

加强管理机构及其能力建设　尽早立项建立国家林业局林业转基因生物安全监测分析中心，开展转基因生物检测、生态环境影响监测评估以及安全管理等方面的技术研究和技术储备，为国家林业局生物安全管理的决策和行政执法提供科学依据和技术支撑。

（4）**野生动物疫病防控战略布局**　按照野生动物在中国的分布状况，结合野生动物的活动规律和疫病的流行特点，提出中国野生动物疫病防控的战略布局。

野生动物疫病监测预警体系建设　在野生动物集中分布地和自然疫源地，加密监测站点建设，重要陆生野生动物疫病的监测覆盖率要达到90%以上，确保突发野生动物疫情能在第一时间发现、第一现场处置。

野生动物疫病监测预警信息报告管理体系建设　以信息畅通、运转高效、安全保密、指挥灵敏、评估科学、预警准确为目标，借助现代信息技术，不断完善监测预警信息报告、汇总、分析工作。

野生动物疫病监测技术科技支撑体系建设　依托现有公共科研资源，逐步建立国家级野生动物疫病样本库、野生动物疫病研究中心和野生动物流行病学调查中心以及候鸟迁徙调查中心，开展野生动物疫病相关基础研究，逐步实现对野生动物疫病的快速全面检测。

野生动物疫情应急处置体系建设　野生动物源性人兽共患病疫情的应急处置需要非常高的专业知识和专业装备，要在全国建立应急储备库，建立野生动物疫病监测防控培训演练基地，组建国家级和省级应急处置专业预备队，配备相应设备，实现对突发疫情的科学、快速、有效处置。

3.4.2.2 战略途径

中国是森林资源大国，森林面积和森林蓄积均位于世界前列，但受到中国人口多、历史破坏严重及经济、社会发展状况较低等因素的影响，呈现出森林资源总量不足、生态健康状况不佳、林业发展水平较低的状况和特点，这也决定了中国林业生物安全保护与其他森林资源大国存在着较大的差异，实现生物安全战略的途径和重点必将不同，保护工作的发展道路也将具有自身的特点。同时，中国的国情和林情也决定了中国林业生物安全保护任务的长期性和艰巨性，实现林业生物健康、安全、可持续利用将是一项任重道远的工作。

中国林业生物安全保护工作实现林业生物健康、安全、可持续利用目标的战略途径是：以林业现代化为载体，以法制建设为先导，以科技创新和机制创新为动力，以处理好保护、利用、发展三者关系为基础，通过加大政府的投资力度，强化体系建设，完善保护政策，实行分类管理，落实属地管理，促进森林健康，提高公众保护意识和参与程度，实现中国林业生物安全的战略目标。

3.4.3 新时期中国林业生物安全战略问题及对策

林业生物安全作为保护森林资源，维护国土生态安全、公共安全，促进国民经济和社会可持续发展的一项重要措施，必须对其开展全方位、深层次的研究，提出对策措施，并确保各项对策措施落到实处。因此，围绕新时期林业生物安全亟待解决的林业生物入侵与生物灾害、转基因生物、林业遗传资源、野生动物疫病等方面的问题，针对每个问题开展研究，并从林业生物安全整体战略出发，提出对策和建议，为中国新时期林业生物安全保护工作提供理论根据和保护途径，实现林业生物健康、安全、可持续利用的最终目标。

3.4.3.1 战略问题

(1) 林业生物入侵及生物灾害战略问题

基本现状　林业生物入侵与生物灾害是一种严重的自然灾害，且具有人为灾害的特征，是制约中国现代林业建设和发展的重要因素，已严重威胁着中国森林资源和国土生态安全，制约着生态建设步伐，成为中国林业发展、生态建设的大敌。目前，中国林业入侵生物及本土有害生物年均发生面积 1 000 多万 hm²，致死树木 4 000 多万株，损失高达 880 亿元，且呈现出发生面积逐年增加、危害程度逐年加重的趋势，形势极为严峻。主要表现在：椰心叶甲、刺桐姬小蜂、桉树枝瘿姬小蜂、枣实蝇等林业入侵生物不断侵入，危害日益加剧；松毛虫、杨树烂皮病、杨树天牛等常发病虫种类的发生面积居高不下；栗山天牛、云杉八齿小蠹、竹节虫等一些次要有害生物上升为主要危害种类；天幕毛虫、沙棘木蠹蛾、灰斑古毒蛾等天然次生林、灌木林和荒漠植被有害生物的问题突出；林业鼠（兔）在中国的西北、西南、东北等地危害进一步加剧；苹果蠹蛾、枣大球蚧等重大经济林病虫害日益严重。随着中国造林绿化步伐的加快，森林资源和新造林面积的不断增加，全球经济一体化进程的加速和贸易的日益频繁，加之全球气候变暖和局部气候异常等因素的影响，中国林业生物入侵和生物灾害将呈现进一步加剧的趋势。只有通过实施促进森林健康、强化体系建设、实行分类管理、推行工程防治战略、加强无公害防治、加大科技支撑力度、落实各项战略措施，才能遏制林业生物入侵与生物灾害的发生危害形势，从而保护中国造林绿化成果，维护国土生态安全。

战略目标　按照“预防为主、科学防控、依法治理、促进健康”的林业生物入侵与生物灾害防治方针，构建起与现代林业相适应的监测预报体系、检疫御灾体系、应急防治体系和支撑保障体系，实现林业生物入侵与生物灾害防治的法制化、科学化、标准化、信息化，全面提高中国林业生物入侵与生物灾害防治工作水平。积极开展综合治理，使主要林业生物灾害发生面积和危害程度大幅度下降，林业生物入侵得到有效控制，危险性林业有害生物严重扩散危害的趋势得到有效缓解，有效保护森林资源，促进森林健康，为“生态建设、生态安全、生态文明”提供有力保障，为促进人与自然的和谐发展发挥重要作用。到 21 世纪中叶，将林业有害生物成灾率控制在 0.2% 以下，无公害防治率达到 100% 以上，灾害测报准确率达到 95% 以上，种苗产地检疫率达到 100%，主要有害生物常发区监测覆盖率达到 100%，生物入侵频率显著下降且能得到及时根除，实现中国林业生物入侵与生物灾害的可持续控制。

战略重点：

①全面开展林业生物入侵与生物灾害防治体系建设。以监测预警体

系、检疫御灾体系、应急防控体系、支撑保障体系建设为重点，全面加强和完善林业生物入侵与生物灾害防治体系建设，增强应对林业生物入侵与生物灾害的防治能力，提高从业人员素质，建立快速准确、运转高效的防治机制和完善的支撑保障体系，实现全方位监测、有效防御、及时控制和扑灭的林业有害生物防治目标。其中：监测预警体系重点完成国家、省、地（市）、县四级林业生物入侵与生物灾害预测预报基础设施建设，建立地面踏查和空中遥感相结合，多层次、全方位、立体化的监测预报体系，实现林业生物入侵与生物灾害监测数据的立体采集、网络传输、自动处理、智能预报、科学决策，做到对常发性有害生物准确预报、对突发性有害生物及时预警。检疫御灾体系重点完成国家、省、地（市）、县四级检疫基础设施建设，建立国家、省、地（市）、县四级检疫信息网络系统、信息数据库和远程诊断系统，构建起与农业、进出境检疫、环保、气象等部门间及国际间、特别是与亚太地区国家间的信息网络系统，实现信息资源共享，实现对入侵性、危险性等林业有害生物快速、准确的检测、诊断和除害处理，有效控制林业生物入侵与生物灾害的传入和传播蔓延。应急防控体系重点完成国家和省级林业有害生物应急防治指挥中心的建设，强化应急物资储备，组建起装备精良、行动快捷、结构合理的林业生物入侵与生物灾害应急防治专业队伍，强化常规防治和应急防治的资源整合，实现地面空中相结合的现代化林业生物入侵与生物灾害应急防治体系建立，确保发生重大林业有害生物灾情时，能够按照应急预案的要求，采取快速有效的处置措施，最大限度减少灾害损失。支撑保障体系重点完善林业有害生物防治法律法规，建立突发林业有害生物应急防治技术研究与开发中心，加强林业有害生物监测、检疫和防治新技术的研究和推广，完成森防技术培训和全国远程教育网络建设，为林业有害生物防治工作提供坚强的技术支撑和政策保障。

②加强林业重大入侵生物的治理。以松材线虫、美国白蛾、松突圆蚧、椰心叶甲、桉树枝瘿姬小蜂、薇甘菊等重大入侵生物为治理对象，以根除性措施为手段，以营林性防治或生物防治等措施为辅助，以“分级管理、分类施策、分区治理”为策略，以促进森林健康为根本要求，按照“预防为主、科学防控、依法治理、促进健康”的防治方针，全面开展林业重大入侵生物的治理工作。

③实施林业生物入侵与生物灾害工程防治。工程防治是中国林业生物入侵与生物灾害防治管理机制创新的一项成功举措。林业生物入侵与生物灾害防治工程包括重点林业生物入侵与生物灾害防治基础设施建设

工程和重大林业生物入侵与生物灾害防治工程，前者属于传统的基建工程，管理方式与其他基建项目的管理方式一样，应按照国家工程建设项目的规范和要求组织实施；后者是把林业生物入侵与生物灾害防治按照基建项目的管理方式，对重大林业生物入侵与生物灾害实施工程防治。其中，防治基础设施建设工程以强化国家、省（区、市）、地、县四级林业生物灾害防治机构的基础设施建设为主要目的，通过配置必要的设施设备，进一步健全和完善监测预警、检疫御灾和防治减灾三大体系，提高对林业生物入侵与生物灾害的防治能力，为防治林业生物入侵与生物灾害提供坚实的物质保障；重大林业生物入侵与生物灾害防治工程主要是针对发生面积大、危害严重、危险性高的林业生物入侵与生物灾害，组织开展国家级林业生物入侵与生物灾害治理工程。根据历年林业生物入侵与生物灾害的发生防治情况，当前和今后一段时间应组织开展松材线虫病、美国白蛾、森林鼠（兔）害、杨树病虫害、松树病虫害和林业有害植物等六大治理工程。

④促进森林健康。林业生物入侵与生物灾害是影响森林健康的重要因素，在中国森林健康状况总体较差的情况下，林业生物入侵与生物灾害发生严重对森林健康的影响尤为突出。因此，林业生物入侵与生物灾害防治必须实施森林健康战略，用森林健康理念指导防治实践，把森林健康的思想贯穿到森林经营全过程，不仅要关注病虫等致灾因子，更要关注整个森林系统，不仅把控制有害生物危害作为主要任务，更要把促进森林健康作为主要目标。要从造林规划和森林经营各个环节入手，采用科学的管理手段和调控策略，促进森林生态系统的修复和重建，维护森林系统健康，实现林业生物灾害的可持续控制。要把林业生物入侵与生物灾害纳入到森林大系统中，将致灾因子、受灾体、环境因子作为一个系统开展综合研究，探索有害生物发生机理及生物灾害发生与环境变化的关系，应用生态和生物工程手段对生物灾害进行调控，增强森林对生物灾害的抵御能力和自身恢复能力。在防治方法的选择上，对重大、危险性有害生物，应该开展严格检疫，集中力量进行除治；对一般有害生物则主要是加强监测，采取预防性措施，防止引发严重的灾害；在林分结构复杂、有害生物发生不严重的区域，应充分利用生态系统自组织能力和调节功能来实现生态系统自身的健康与稳定；在林分结构单一、灾害发生猖獗的区域，应积极实施林分改造，并选用科学合理、经济适用、环境友好的方式进行管理。

战略措施：

①加强组织领导，明确防治责任。林业生物入侵与生物灾害防治是一项重要的社会公益事业，也是各级政府的一项重要职责，必须按照属地管理的原则，切实加强对林业生物入侵与生物灾害防治工作的领导，实行防治目标管理责任制，将林业生物入侵与生物灾害防治工作纳入议事日程，列为各级政府工作考核的重要内容，在财力、人力、物力等方面给予支持和保证。要广泛动员和积极引导社会各界关心和支持防治工作，提高防治工作的社会化水平。按照《森林病虫害防治条例》要求，林业生物入侵与生物灾害防治实行“谁经营，谁防治”的责任制度，地方各级人民政府是林业生物入侵与生物灾害防治的责任主体。要加强防治资金和项目的管理，完善相应的管理办法和制度，提高资金使用效益，确保安全运行。

②健全法规体系，推进依法防治。一是要以林业生物入侵与生物灾害防治法律法规和与之相配套的规范性文件、技术规程、技术标准为框架，从不同层面加快各项法律、法规和规范性文件的制订和修订工作，完善技术规程和相关标准，建立健全法律法规体系。二是应尽快制定防控生物入侵的专项法律法规。涉及入侵生物防控工作的农业、林业、环保、进出境、水利、海洋等部门应联合开展防控生物入侵的专项法律法规制定工作，通过专项性立法加强生物入侵的防控工作。三是针对新法律法规立法时间长、程序复杂的问题，林业部门应加快对《植物检疫条例》和《植物检疫条例实施细则（林业部分）》、《森林病虫害防治条例》等现有法规的修订，以适应当前防控林业生物入侵与生物灾害工作的需要。四是各省级人民政府也要积极开展地方法律法规的制订和修订，做好地方防控林业生物入侵与生物灾害立法工作，最终形成以国家法律法规为主体，地方法律法规为补充的防控林业生物入侵与生物灾害的法律法规体系。五是各级林业主管部门要强化执法能力建设，加大执法力度，严格依照相关法律法规的规定，全面履行职能，确保法规的有效实施。要积极开展林业生物入侵与生物灾害防治法律法规的宣传，开展普法培训和教育，强化执法监督，逐步构建以法律手段为主体，法律、行政、经济手段相结合的依法防治新格局。

③理顺防治体制，严格入侵生物管理。一是针对生物入侵防控工作涉及部门多、范围广、工作内容复杂等特点，尽快建立一个由国务院牵头，各相关部门参与的生物入侵防控委员会，统一协调管理生物入侵工作，解决在生物入侵防控工作中由于管理体制导致的防控管理范围交叉和职责不清、引种工作多头审批和标准不一，以及防控工作衔接不及时和信

息沟通不畅等问题，以确保防控工作协调有序开展。二是加强防控生物入侵制度建设。要以“风险预防”为基本原则，制定科学的、符合林业特点的风险评估指标，并积极与农业、进出境等部门沟通，统一风险评估标准，建立科学的风险评估制度，以提高防控的科学性和决策的前瞻性，实现入侵风险前移。同时要建立责任追究制度和经济赔偿机制，追究那些因林木引种造成危害的引进者、经营者、使用者的责任，赔偿生态和经济损失，承担根除有害生物、恢复生态健康的费用。三是要严格防控生物入侵管理。要严格林木引种的审批管理，严格按照相关规定和程序开展林木引种的审批管理；要完善林木引种隔离试种制度，对首次引入的物种应延长隔离试种时间，确保无害后方可用于生产；要建立引种档案制度，明确引种的监管职能和任务，实行跟踪式监管。

④适应集体林权制度改革，强化防治机制创新。集体林权制度改革使山林管护权发生了改变，农民成为林地主人，林业有害生物防治工作也随之发生了变化。因此，要积极适应集体林权制度改革，做好新时期新形势下的林业有害生物防治工作。一是针对集体林权制度改革中林业有害生物防治工作出现的新情况和新问题，提出切实可行的对策和措施，转变原有的防治思路，全面做好改革后的防治工作。二是结合集体林权制度改革，切实抓好基层防治服务网络建设，发挥县级防治机构和乡镇林业站的作用，形成集监测、预防、除治功能于一体的县、乡、村三级防控服务网络。三是全面开展防治机制创新，积极引导、鼓励和支持不同所有制形式的经济组织（专业公司、专业队、专业户、森林医院、树木医生）开展有偿服务和业务咨询，实行社会化有偿服务，建立起社会参与、政府监管、市场运作相结合的防治新机制，降低防治成本，提高防治成效。要积极支持和引导林农建立“三防”(防火、防盗、防生物灾害)协会等防治联合体，实行联防联治、群防群治，提高林农自我保护、自我救助的能力。同时要进一步规范管理，积极推行防治组织资质认证制度，建立健全施工监理制。四是要针对集体林权制度改革后所有权主体分散的新形势，认真做好信息、技术服务工作，努力提高服务水平。要采取进村入户、上山下乡等形式，针对性地为农民提供防治技术指导和服务。要建立专家咨询服务系统，及时准确地为广大林农和其他森林经营者提供技术指导和帮助，全面提升防治的服务水平。五是要积极解决集体林权制度改革后如何减轻林农购置防治设备、器械负担的问题，争取将林业生物入侵与生物灾害防治设备、器械纳入《全国通用类农业机械购置补贴产品目录》，参照农机补贴标准，对各类林业有害生物防治专业组织

和林农大户、个人给予一定的购置补贴。

⑤加强队伍建设，稳定防治机构。各级林业生物入侵与生物灾害防治机构要进一步增强工作的责任感和使命感，加强林业生物入侵与生物灾害防治关键岗位培训和技术培训，全面实行从业人员资格证和持证上岗制度，全面提高全国林业生物入侵与生物灾害防治队伍的整体素质，适应林业生物入侵与生物灾害防治工作发展的需要。各级林业主管部门要高度重视森防机构建设，已有专门森防机构的要进一步加强工作力量，没有专门森防机构的要争取尽快建立。在机构改革过程中，应重视保持森防机构、队伍和人员的稳定，保持稳定的经费来源。要进一步理顺和强化森防机构的行政管理和行业执法职能，使机构设置、人员配备和经费投入等同防治工作任务相适应。

⑥加大科技攻关，强化合作与宣传培训。一是在对现有科技成果进行总结、整理和筛选、组装配套后开展科学防治，在此基础上加大关键技术的研究和攻关，着力解决监测预报、快速检疫检验、天敌繁育、有害生物风险评估、森林健康的标准和无公害防治制剂等方面的技术研究，提高防治水平和防治能力。二是要进一步加大科技成果转化力度，应用于生产实践，并在实践中进一步完善，提高防治工作科技含量。同时要抓好科技项目储备，积极引进国际先进技术，增强对各类技术难题的持续攻关能力。三是加强与农业、质检、气象、环保等部门的合作，建立协调机制，实现信息交流和信息共享，积极引进国际先进技术，促进防治技术的进一步提高。四是要充分利用广播、电视、报纸和其他各种媒体，广泛深入地宣传林业生物入侵与生物灾害防治工作的必要性、重要性和紧迫性，增强全民森防意识，全面提高林业生物入侵与生物灾害防治工作的社会地位，使林业生物入侵与生物灾害防治工作进一步得到全社会的关心、支持和帮助。五是要加大基层林业生物入侵与生物灾害防治队伍的培训工作，特别是要加强村级防治人员的培训。要将林业生物入侵与生物灾害村级防治人员培训积极纳入《2003 ~ 2010 年全国新型农民科技培训规划》，建立以政府投入为主导的多元化培训投入体制，解决培训经费不足的问题，全面提高基层防治队伍的整体素质。

(2) 林业遗传资源战略问题

基本现状　林业遗传资源是指具有实用价值或潜在实用价值的森林遗传多样性，并以动物、植物或微生物等森林资源为载体，属于生物资源的组成部分，是构成物种多样性和生态系统多样性的基础，更是关系到国家安全和可持续发展的重要战略资源之一。

中国是林业遗传资源最为丰富的国家之一，并以物种高度丰富、特有属种多、区系起源古老、野生亲缘种质资源丰富等在全球占据独特地位，成为林业遗传资源保护的热点区域。据统计，中国约有脊椎动物 6 266 种，其中兽类约 500 种，鸟类约 1 258 种，爬行类约 412 种，两栖类约 295 种，鱼类约 3 862 种，约占世界脊椎动物种类的 10%。中国植物约有 30 000 多种，仅次于世界植物最丰富的马来西亚和巴西，居世界第 3 位。其中，苔藓植物 106 科，占世界科数的 70%；蕨类植物 52 科 2 600 种，分别占世界科数的 80%、种数的 26%；木本植物 8 000 种，其中乔木约 2 000 种。全世界裸子植物共 12 科 71 属 750 种，中国就有 11 科 34 属 240 多种。针叶树的总种数占世界同类植物的 37.8%。被子植物占世界总科、属的 54% 和 24%。此外，中国已定名的昆虫有 40 000 多种。由于中国大部分地区未受到第三纪和第四纪大陆冰川的影响，因而保存有大量的特有物种。据统计，约有 476 种陆栖脊椎动物为中国所特有，占中国陆栖脊椎动物种类数的 19.42%，其中约有 2/3 的两栖类为特有种；在 30 000 多种高等植物中，约 50%~60% 为中国所特有。大熊猫、金丝猴、朱鹮、华南虎、羚牛、藏羚羊、褐马鸡、绿尾虹雉、白鳍豚、扬子鳄和水杉、银杉、珙桐、台湾杉、银杏、百山祖冷杉、香果树等数百种动植物均为中国特有的珍稀濒危野生动植物遗传资源。

由于近几十年来中国人口的快速增长及经济的高速发展，对野生动植物资源和生态环境的需求不断增大，对野生动植物栖息地的破坏、掠夺式的开发利用和环境污染等原因，加之一些地方政府和社会公众对林业遗传资源作为人类生存和社会可持续发展的重要物质基础以及维护国家安全重要战略资源的重要性认识不足，保护意识淡薄，中国的遗传资源遭到破坏和流失的现象仍十分严重。根据中国自然资源科学调查所积累的大量资料初步统计，中国现有 300 多种陆栖脊椎动物、410 余种野生植物处于濒危状态。极度濒危的脊椎动物有大熊猫、朱鹮、虎、金丝猴、藏羚羊、亚洲象、长臂猿、麝、普氏原羚、白鹤、丹顶鹤等；大量的兰科植物和苏铁等植物，在野外已处于非常濒危状态。如何保护、维持并发展现有的林业遗传资源，合理持续地开发、利用现有的遗传资源，达到人类与自然的和谐统一，是当前林业遗传资源保护工作的首要任务。

战略目标　新时期林业遗传资源保护的战略目标是：以就地保护为主、迁地保护为辅的原则，保护、维持并发展林业遗传资源，实现濒危重要遗传资源保存与保护，维护和丰富遗传资源的多样性，显著提高中国林业遗传资源保护的规模、水平和成效。按照物种濒危程度和资源保护、合理利用的原则，集中、优先保护珍稀、濒危、特有物种、生态关键种及种质基因，建设一批以保护林业遗传资源为主的自然保护区，建立和完善中国林业遗传资源保护网络。

战略重点 根据目前中国林业遗传资源保护工作的需要，在现有以保护林业遗传资源为主的自然保护区基础上，重点扩建和新建一批以保护林业遗传资源为主的自然保护区；划定禁猎区，加强就地保护；收集、保存和研究一批濒危珍稀野生动植物遗传资源；完善现有珍稀植物培育基地和新建一批培育基地，加大培育研究与保护；建立林业遗传资源保护与管理监测体系，强化保护管理能力，防止遗传资源遭受破坏和流失。

战略措施：

① 加强法制建设，完善相关法律制度。作为发展中国家，必须充分认识到资源全球化对国家遗传资源安全的巨大威胁，尽快加强国内法制建设，建立遗传资源安全法律保障体系，确保中国遗传资源的安全；应立足本国实际，确立安全为重和可持续发展的法律原则，切实建立和完善各项政策和管理制度，进一步扩大野生动植物物种及其生境的保护范围，并加强对有关林业遗传资源行政许可的审批管理。

②切实加强遗传资源获取与成果惠益共享制度。中国是世界上生物多样性与遗传资源最为丰富的国家之一，同时也是对遗传资源价值认识和研发利用技术相对落后的发展中国家，在遗传资源的交易中总体上处于遗传材料提供国的地位。在此发展阶段下，为有效保护中国的林业遗传资源，维护国家权益，必须特别强调遗传资源获取和对外合作成果的惠益分享制度的履行。

③加强基础工作建设，加大科技支撑力度。加强对林业遗传资源本底调查等基础性工作，做好资源的收集保存和档案管理；建立资源的评价体系和技术标准，加强科学利用与开发技术的研究，建立和完善遗传资源知识产权保护和专利制度。

④加强部门合作，加大执法监管力度。加强林业、商务、环保、质检、工商、海关等多部门的协同合作，建立相关遗传资源保护管理预测预警信息交流机制，加强对遗传资源利用和贸易的执法监管。深入开展面向社会公众的宣传教育和知识普及。

(3) 林业转基因生物战略问题

基本现状 自20世纪70年代以来，植物基因工程技术飞速发展，1983年首批转基因植物烟草和马铃薯问世，1986年首批转基因作物（棉花）获准进行田间试验，1994年第一例转基因西红柿在美国上市，1996

年抗草甘膦除草剂的转基因大豆在阿根廷批准商业化生产。随着大量转基因植物被批准商业化生产，由此衍生的转基因产品的数量也在迅速增加。截至目前，全球共批准各种转基因植物200多个品系（种）。

利用转基因技术对树木进行遗传修饰，改良目的性状，为树木遗传改良育种开辟了新的途径。虽然树木基因工程研究起步较晚，但已经取得了很大进展。据不完全统计，全球范围内现已对近百个树种进行了遗传转化研究。其中杨树 *Populus* spp.、番木瓜 *Carica papaya*、松树 *Pinus* spp.、柳 *Salix* spp.、核桃 *Juglus regia*、苹果 Malus domestica、樱桃 *Prunus* spp.、香樟 *Cinnamomum camphora*、悬铃木 *Plantnus acerifolia*、桉树 *Eucalyptus* spp.、云杉 *Picea* spp. 等转基因植株已经进入田间试验阶段或已经批准商品化。

中国是开展树木转基因研究较早的国家之一，早在1987年就对杨树的遗传转化做了探索与尝试，1989年开始研究将苏云金杆菌（Bt）杀虫蛋白基因转入欧洲黑杨，并于1993年获得了一批高表达抗虫性的转Bt阳性植株。这些转基因杨树于1994年进入田间试验，2002年推向商品化，成为世界上第一批商品化生产的转基因树木。到目前为止，中国已经成功地对杨树、核桃、苹果、悬铃木、枫香 *Liquidambar formosana*、白桦 *Betulas platyphylla*、枸杞 *Lycium barbarum*、泡桐 *Paulownia elongata*、枣树 *Zizyphus Jujuba*、佛手 *Citrus medica* 等近50种树种进行了遗传转化研究，涉及的基因有抗虫、抗病、抗逆境、耐贮存、材性及生长特性的改良、生殖发育调控等方面。植物转基因技术的不断发展和进步为全世界的农林业生产开创了新的局面。

转基因生物作为转基因植物的一种，环境释放后同样也存在风险。由于林木群体存在栽培环境复杂、驯化程度较低、遗传背景尚不十分清楚等问题，加之其具有树体巨大、生长周期长、天然群体分布广泛、主要为风媒传粉等特点，转基因生物环境释放后的稳定性和潜在的安全性风险更加突出。研究表明，外源基因的插入往往会导致基因组的不稳定，从而引起转基因植物发生各种遗传变异，通常这些变异为劣性变异会导致林木的经济价值下降，甚至出现对人类产生危害的性状。另外，外源基因本身也存在不稳定性的问题，容易引起新性状的丢失。此外，转基因生物的单一性种植程度比普通人工林更高，事实证明单一性种植具有许多弊端，如引起毁灭性的有害生物的发生以及导致林分结构简单和生物多样性贫乏等。而且转基因生物对非靶标昆虫和动物（包括一些益虫和害虫的天敌）具有直接或间接的不利影响，如不育性转基因生物不能产生花粉、花或果实。这就影响一大批以花粉、花或果实为生的昆虫、鸟类和哺乳类动物的生存，而昆虫的减少又直接影响食虫鸟类的数量，继而影响哺乳类动物的数量，这些地区森林生态系统的生物链被拆毁，最终走向消亡。

随着越来越多的转基因树木的问世，在中国转基因树木研究取得显著发展的同时，其生物安全问题日益引起广泛关注，转基因树木的风险评估与安全管理已成为转基因树木研究的重要内容。有必要对近年来中国转基因树木的研究、应用及生物安全评价、监测与林业生物安全法律法规和管理政策进行总结，分析目前存在的问题，并对中国林业转基因生物的发展和安全风险管理提出建议。

战略目标　中国是一个森林资源严重匮乏的发展中大国，随着国民经济的迅速发展，对木材及其他森林资源的需求与日俱增，森林资源的供需矛盾日益加剧。大力发展人工林，扩大森林资源，增加森林覆盖率是中国林业发展的重要战略。要实现这一战略目的，提高林木生长速度、增强树种的抗病虫害能力起着关键作用，而采用转基因方法直接对林木的遗传物质进行修改，提高林木生长和增强抗性，具有非常重要的作用。因此，中国林业转基因生物政策应以发展和促进森林资源的培育、提高森林质量为宗旨，鼓励和支持转基因技术的开发应用，严格转基因生物的安全管理，对转基因生物进行严格的风险评估和安全管理，强化转基因生物的跟踪监测和评估，并严格按照转基因生物安全管理相关法律法规，加强安全管理和防控。

除了政府大力支持转基因生物技术的研究开发，还要制定优惠政策和激励措施，吸引企业积极参与，加速转基因技术的开发和产品的应用。林业转基因生物政策可概括为鼓励开发和应用转基因产品，制定科学合理的风险评估体系和严格的安全管理制度，加大监测和执法力度，确保转基因生物的安全应用。

战略重点：

① 对人类健康的影响评价。抗虫、抗逆等基因是目前转入植物体内的主要转化基因类型。这些转化基因可能通过转基因作物花粉传播直接或间接对人类健康造成影响。目前人们对转基因植物的安全性心存顾虑，身心健康也受到影响。

② 对生物多样性的影响评价。转基因个体进入野生种群将“污染”野生种群的基因库，并导致遗传多样性丧失。这是转基因作物释放后可能带来风险的重要方面。转基因植物逃逸到环境中会改变物种间的竞争

关系，破坏生态平衡。例如，与同种的非转基因种群发生竞争，可能会导致正常自然种群的数量发生很大变化，甚至消失，从而造成种内遗传多样性降低。对转基因生物与生物多样性的关系进行评价，掌握影响程度，是作出相关决策的基础。

③ 对生态环境的影响评价。转基因作物收获的残留物是转基因生物转化基因进入土壤的最重要途径。此外，转化基因也可能通过作物根系分泌物进入土壤生物圈。转化基因进入土壤环境后，转化基因可能通过微生物的捕食、竞争、对抗或共生关系对土壤生物环境产生影响，并进一步影响整个土壤生态系统。

④ 害虫对转基因抗虫植物的抗性进化评价。转基因作物能够持续地高水平表达单一的杀虫毒蛋白，因此对害虫造成比杀虫剂效果更高的选择性胁迫，最终导致害虫抗性加速进化。很多实验证明，田间或实验室条件下对 Bt 杀虫剂产生抗性的 17 种害虫中，有很大一部分是目前转基因作物的目标害虫。

战略措施　随着转基因技术研究及其产业化的不断发展，转基因生物安全知识和管理经验的不断积累，林业转基因生物的安全问题将会得到有效解决。目前，转基因生物安全管理措施应突出以下几个方面：

① 加快修订法律法规。为更好地适应现阶段中国科技、经济和社会发展的新需求，维护国家利益，促进中国林业转基因生物产业的健康发展，迫切需要对中国现有的转基因生物安全管理法规进行调整、修订和完善，以更加积极的态度、采取更得力的措施加快转基因生物技术的研究和应用，确保中国生物技术产业在日趋激烈的国际高技术竞争和转基因产品国际贸易中占据主动。

转基因生物安全管理法规主要包括转基因生物有意环境释放、转基因微生物封闭使用、转基因相关产品的法规以及转基因食品标识制度等。在这些法律之下，农、林、环保、食品药物管理等部门要按照各自的职能分工，制定有关转基因植物、动物、微生物和食品、饲料、添加剂的管理程序和管理办法。

② 完善行政监管体系。行政监管是林业转基因生物安全管理的重要手段。建议从三个方面加强监管：一是技术上的监测与管理，包括实验室研究期间的安全、田间试验和批准生产应用后的安全，做到安评、管理和交流三位一体。建议将目前评价办法中有关监管方面的内容扩充，单列成监管办法并增至附录中。二是加强部门间的职责分工与合作。农业、卫生、质检和环境保护等部门要进一步明确职责，加强协作。三是分类

管理，要根据用途而定，或复杂或简化。根据林业转基因生物安全管理依法行政的需要，当前应建立和健全各级林业转基因生物安全监管机构。加强法规培训，提高执法人员素质，做到执法机构具备国家法定资质，执法人员具备法定资格。要完善行政监管制度，加强执法检查，加大执法力度。

③ 提升技术支撑能力。技术支撑是转基因生物安全管理的基本条件。要根据《中华人民共和国植物新品种保护条例》及其配套规章的规定，围绕依法行政的需要和规划布局，建立和健全安全评价、检测与监测和标准化三大技术体系，加快中国转基因生物安全专家队伍建设，培养具有国际水平的生物安全专家和技术人才。要加强科学研究、优化林木组培、再生体系及转化方法，建立主要造林树种（如杨树、桉树等）、草坪草、花卉、竹藤等的转基因技术体系；分离鉴定一批新调控材性、花色花期、生长性状、抗寒、抗旱、耐盐碱、脂肪酸调控等改良目标性状的功能基因；构建多基因表达载体，建立和完善一整套成熟的基因高效转化和安全的转基因技术体系；获得一大批高效表达、性状理想的林果花草转基因株系并进行田间试验和环境释放。对现有的转基因杨树和部分新的转基因林果花草应推向环境释放及产业化生产。要建立起一套实用、快捷的转基因生态安全评价的技术和标准体系，为转基因生物应用提供依据。

④ 加强科普宣传与舆论引导。要高度重视转基因生物管理过程中的科学性和透明度，本着公开透明、尊重民意、以人为本的思想，采取多种有效形式方便公众参与，要建立公众参与和信息交流渠道，规范转基因生物安全的宣传，形成信息对称的社会舆论；要加强宣传和培训，提高公众的科学认知能力，维护公众的知情权和选择权，引导公众正确对待转基因生物及其产品。

（4）野生动物疫病战略问题

基本现状　中国野生动物资源十分丰富，仅脊椎动物就有 6 266 种。其中，鸟类有 1 258 种。这些鸟类由于各自的生活习性不同，生存环境多样，所携带的病原体极其复杂，形成一个庞大的天然病原体库，如病毒、细菌、立克次氏体、衣原体、寄生虫等。资料表明，许多畜禽和人类的疫病，如艾滋病、禽流感、新城疫、鼠疫、口蹄疫、狂犬病、尼帕病、猴天花病、西尼罗河热、登革热等都是来源于野生动物，或者其主要宿主和传播媒介就是野生动物。在已知的 1 415 种人类病原体中，62% 是人兽共患的，而至今尚未发现的人兽共患病病原体种类更是难以估测。

根据国内有关研究结果，人兽共患病在中国存在着广泛的自然疫源地，在条件适合时，就会有多种疫病暴发。中国学者对此做了大量工作，现已基本掌握了鼠疫、炭疽、肾综合症出血热、布鲁氏菌病、鼠型斑疹伤寒、莱姆病、狂犬病、土拉弗氏菌病、新疆出血热、流行性乙型脑炎、恙虫病北亚蜱传斑点热、钩端螺旋体、黑热病、Q 热、包虫病等人兽共患病在中国的自然疫源地分布。上述疫病的自然疫源地分布涉及全国绝大部分地区，其生存的生态类型涉及森林、湖泊、湿地、河流和荒漠等，其宿主或媒介涉及兽类、鸟类和昆虫。

野生动物疫病的危害主要表现在公共卫生和野生动物本身安全两个方面。在公共卫生方面的事例很多，据世界卫生组织统计，2002 年底开始发生的 SARS 疫情冲击了包括中国在内的全球 32 个国家和地区，发病总数 8 422 例，死亡 916 人，全球因此损失了 590 亿美元，其动物传播来源尚未彻底查清。在对野生动物的危害方面，如 2005 年、2006 年和 2009 年中国青藏高原先后暴发高致病性禽流感疫情，造成了 10 000 多只斑头雁、棕头鸥、鱼鸥等多种野生鸟类的死亡。

疫病在种间的传播方式主要有自然传播和人为传播两种。自然传播主要通过直接或间接接触，如撕咬、捕食、饮水以及叮咬等。人为传播渠道是指人类有意或无意的活动如贸易、交往和不安全的携带病料造成疫病的传播扩散。

野生动物疫病的传播渠道主要有野生动物迁徙、媒介动物、水、空气以及人类活动等。其中野生动物迁徙是最重要的，全球有 8 条候鸟迁徙路径，迁徙候鸟活动范围几乎覆盖了除南极洲以外的六大洲所有国家，其中经过中国的主要有 3 条。

由于人类活动的影响，特别是全球生态环境恶化、生态失衡、环境污染加重，加剧了野生动物病原体自身变异，导致各种新的野生动物病原体不断出现，如禽流感病毒基因很容易发生漂移和重组，致病力也可能随着病毒的变异而变化。以往带毒候鸟和水禽很少发病，而近几年候鸟和水禽均出现大批死亡现象，并且喜鹊、麻雀等留鸟也出现死亡。正是由于这样的变化，SARS 的出现、禽流感的大暴发、原有传染病的反复流行也就不足为奇。

上述野生动物疫病给人类带来巨大危害的根本原因在于长期以来人类对源自野生动物的病原体认知较少，没有研究出切实可行的应对措施，一旦疫病暴发则会迅速传播，一些烈性传染病就可能肆虐，待人类认识其特性并掌握其防控措施时，往往已经造成极为严重的危害。因此，针对中国野生动物疫病的现状，提出以下野生动物疫病防控工作的战略目标、战略重点和战略对策。

战略目标　目前情况下，首要任务就是在野生动物聚集分布地，如迁徙停息地、越冬（夏）地、繁殖地等继续加强监测站点建设，以形成完善的全国陆生野生动物疫病监测预警体系，并配套建立监测信息报告管理体系、应急体系和研究体系。同时，完善已有监测站点人员和设备，以提高监测预警能力。

具体目标是完善基础设施建设，组建专家队伍，配备技术力量，调查、监测掌握野生动物携带及其受侵染的疫病种类；确保一些重要的野生动物疫病能及时发现、报告，疫情能够得到有效控制；力争在调查、监测、预警和控制技术等方面取得重大突破，填补野生动物疫病监测预警技术的空白，提高野生动物疫病研究水平和疫病综合控制能力，确保国家公共卫生安全和野生动物保护事业的健康发展。

战略重点

① 日常监测与专项监测。按照《陆生野生动物疫源疫病监测规范》的规定，各监测站要根据当地野生动物资源分布、疫源地等条件，开展定点监测、线路巡查和群众报告等形式的监测工作，及时发现野生动物异常情况，实现“勤监测、早发现、严控制”和“第一时间发现野生动物异常情况，第一现场控制可能的疫情”。同时，在日常监测工作中也要收集野生动物种类、种群数量、动态分布等基础数据。要对重要的野生动物疫病进行定期监测，加强野生动物患病或死亡病例的样本收集，对主要监测物种进行定期的取样监测鉴定，全面、准确、及时地掌握疫病流行动态变化，为预测、预报工作提供基础信息。

② 本底调查与样本采集。在全国范围内开展野生动物疫病本底调查，掌握自然疫源地、人与家禽家畜、野生动物共患疾病的野生动物宿主范围及易感动物种类等基本情况，掌握野生动物疫病的种类、发生、流行及危害状况等基本信息和样本。要有针对性地开展对珍稀濒危野生动物疫病的监测监控，进行重点目标物种样本的采集，随时了解珍贵、濒危野生动物携带和受侵染状况，为尽早发现野生动物疫病，实现动态监测和预警提供第一手资料，做好样本保存工作，满足相关科学研究对分离和检测的需要。

③ 研究分析与预测预报。要针对流行病学调查和经常性疫病监测过程中发现的一些未知情况，开展野生动物疫病病原学、病原生态学、诊断检测技术、综合控制技术的研究，为有效地预防和控制野生动物疫病的发生和流行提供科学的依据。要建立疫病信息数据库，加强数据的横

向、纵向交流，保证研究机构和行政主管部门在第一时间获取各种信息，及时把握疫情动态变化趋势，对疫病可能蔓延的范围和潜在的危害进行综合评估，及时提供预测、预报信息，为制定保护野生动物安全和人民健康的疫病防控措施提供依据。

④ 应急处置。通过建立国家级和省级应急处置专业预备分队，经过严格培训、演练，使其具备处置急难险重的突发重大野生动物疫情的能力。

战略措施　加强野生动物疫病监控工作是保护野生动物种群安全和维护生态平衡、保障人民身心健康、促进经济发展和社会稳定的重要措施，需要在技术、资金、政策和质量等方面制定必要的保障措施。

①技术保障。为确保野生动物疫病监测预警的技术手段和研究能力能够满足实际工作的需求，一是要总结现有野生动物保护、鸟类环志及其疫病研究理论和成果，为工作的逐步深入提供技术指导，并提出统一的技术标准；二是要对实际工作中急需的技术和面临的技术难题，组织野生动物病原学、病原生态学、诊断检测技术等跨领域、多学科的联合攻关；三是要加强人才培养和技术培训，提高全行业的业务素质和技术能力，使有关先进技术得到尽快推行；四是要通过开拓国际交流与合作渠道，扩大国际交流与合作的领域，借鉴发达国家在这方面取得的成功经验并引进先进技术，服务于中国野生动物疫病监测预警工作。

②资金保障。建设野生动物疫病监测预警体系需要纳入国民经济和社会发展计划，以国家投入为主，地方适当配套。同时，要积极争取社会各方面的投资、捐赠和国际资金的援助，将体系开展工作所需事业经费纳入中央和地方财政预算，专项工作根据需要按项目安排，并积极加强国际合作，引进国际资金和先进技术。

③政策保障。在《中华人共和国野生动物保护法》、《中华人共和国突发事件应对法》和《重大动物疫情应急条例》的基础上，完善现有的法律法规体系和政策，在法律法规和国家政策层面上，进一步明确和细化野生动物疫病监测预警体系工作职责和管理制度，对野生动物的猎捕、饲养、繁殖、观赏、食用要抓紧制订相应的疫病监测、防控管理办法，建立野生动物及其制品的市场准入机制。

3.4.3.2 战略对策与建议

（1）提高认识，确定地位，提升林业生物安全保护的整体效能　林业生物安全保护是实现中国林业可持续发展的重要保证，在维护国土生态安全、公共安全、保障国民经济与社会可持续发展中发挥着不可替代的作用，是全社会的一项公益事业。因此，做好林业生物安全保护工作，必须确立政府的主导责任，将贯彻执行林业生物安全保护纳入各级政府职能，加强领导，建立各部门的分工协作机制，动员全社会力量参与到保护工作中来，保障林业建设及社会、经济的健康、安全、可持续发展。

提高认识，确定林业生物安全保护工作的地位　全面认识开展林业生物安全保护工作在维护国土生态安全、公共安全、保障国民经济与社会可持续发展中的重大意义。确立林业生物安全保护工作的地位，是做好林业生物安全保护工作的基础。要从人类发展历史中的重大生物入侵、生物灾害、物种灭绝、疫病蔓延的事实中总结教训，防止“先发展后保护”和“边发展边保护”的情况发生。要在生态建设及国民经济和社会发展中确定林业生物安全保护的重要地位，并将林业生物安全保护工作贯穿到经济建设和社会发展的主线之中，统筹兼顾、协调并举，走可持续保护道路。同时要准确把握和正确处理好保护、利用和发展的关系，树立“以保护为基础，以发展为核心，以科学利用促发展”的思路，坚持“依法管理、防控结合、合理利用、保障有力”的方针，全面加强林业生物安全保护工作。

加强领导，加强部门间的协调配合　林业生物安全保护工作涉及部门多、学科杂、范围广。近年来，林业生物安全工作虽然取得了一定的成绩，但部门之间各自为阵、各自为战，相互配合流于形式的现象较为严重。因此，必须加强林业生物安全工作的领导，做好协调配合工作，充分发挥各职能部门的作用，形成保护的合力，提高林业生物安全保护的整体效益。应尽快成立由国务院领导任组长，有关部委、局参加的全国生物安全保护工作领导小组，负责组织、协调、研究和开展生物安全保护各个领域的工作。国家林业主管部门也应成立相应的领导机构，由林业主管部门一把手负责，涉及林业生物安全的各部门参加，做到保护工作的领导有方、协调一致、配合得力，全面有效地开展林业生物安全保护工作。

(2) 完善政策，保障林业生物安全保护工作有效开展

制订和完善林业生物安全保护政策　林业生物安全保护是一项保障国土生态安全和公共安全的社会公益事业，又是一项促进社会、经济可持续发展的社会系统工程，涉及面广，工作难度大。要做好此项工作，必须通过政策引导，充分调动广大人民群众和社会各界、各行各业的积极性，让全民都参与到生物安全保护中来。一是要建立以国家投入为主体的多元化投入机制。林业生物安全保护作为公益性事业，决定了其投资必须以国家投入为主体，中央和各级地方财政每年应安排相应的资金，重点用于生物安全的保护工作及基础设施建设等。二是针对林业生物安全涉及多个行业和多个机构、存在着多部门、跨领域的合作与协调的问题，

国家应制订相关指导性政策,研究和建立由一个部门牵头、相关部门参加,共同开展生物安全保护工作的长效机制。三是针对林业生物安全涉及领域多、差异性和复杂性强的特点，要根据林业生物安全各领域的实际情况和发展状况等制定出针对性强、易于操作的政策，切实保证政策的可行性。如林业生物入侵与生物灾害领域应突出预防为主的政策，林业遗传资源领域应将保护和利用政策作为重点，林业转基因生物领域要以风险管理作为其根本政策，野生动物疫病领域要将监测预警作为中心政策，气候变化等环境因子领域应将森林健康政策、监测预警政策等作为目前的首要政策。四是建立对林业生物安全基础研究、保护技术研究和推广等的激励政策，鼓励研究部门、大专院校、生产部门开展相关研究，提高中国林业生物安全保护的水平。

研究和制定林业生物安全保护发展实施方案　林业生物安全保护工作必须立足当前，着眼长远，要对一些事关林业生物安全发展全局的的重大战略问题开展深入研究，制定林业生物安全保护发展实施方案，确保林业生物安全工作的持续、有效地开展。林业生物安全保护发展实施方案的研究制定要坚持“依法保护，防控结合、持续利用、科学管理、安保有力”的林业生物安全战略方针，要将国土生态安全和公共安全的保护、生物资源的科学和依法持续利用、国民经济与社会的可持续发展作为战略重点，要将法制建设、政策创新、机制创新、科技创新、公众参与作为主要措施。要从宏观和战略的角度研究和解决诸如保护和利用、应急管理与常规防控、风险预防、灾害治理、环境因子影响等林业生物安全保护发展中遇到的问题，组织有关专家、管理者、实施者，结合实际情况对以上问题进行认真研究和论证，提出切实可行的对策并付诸实践。

(3) 明确责任，加强和规范林业生物安全管理

明确责任，落实任务　从当前生物安全保护工作的总体形势看，由于种种原因，保护工作还没有引起各级政府和林业主管部门的足够重视，没有把林业生物安全工作摆上重要议事日程，保护工作中职责不清，管理粗放，缺乏有力的管理措施和办法。因此，在实际工作中，一是要明确保护工作的责任主体,即由各级政府负责,实行林业生物安全保护的“属地管理”；二是要明确林业生物安全各个领域和保护工作各个环节的责任，要将责任落实到具体部门和责任人，并实行责任追究制度，切实做到林业生物安全保护工作各负其责，有序开展；三是要将林业生物安全保护任务和目标分解到职能部门，分解到市、县，具体任务分解到人，并进

行量化，同时要实行目标管理，定期考核，严明奖惩。

健全机构，强化管理 做好林业生物安全的管理工作，首先要健全生物安全管理体系。目前，在林业生物入侵与生物灾害、转基因生物、林业遗传资源、野生动物疫病等涉及林业生物安全的领域中，其管理机构薄弱，长期制约着林业生物安全工作的有效开展。因此，要积极争取各级政府及有关部门的支持，健全各领域的各级管理体系，同时要结合各领域现有机构状况，研究提出管理体系建设的工作方案，制定适合本领域管理体系建设的中长期发展规划。

加强制度建设，加大行业培训力度 制度是管理的基础，是规范开展工作的关键。要做好林业生物安全管理工作，提高林业生物安全管理水平，必须加强制度建设。因此，要积极制定和完善林业生物安全保护工作的各项管理办法、工作制度、技术规范等，做到林业生物安全的规范化、制度化、标准化管理。要建立林业生物安全保护工作的指导、监督、检查制度，林业生物安全保护的主管部门应定期开展安全保护工作指导，对保护工作进行监督检查，对领导有方、管理规范、措施有力、工作成效显著的单位和个人予以奖励；反之，应进行批评、整改、通报等。要加强从事林业生物安全保护工作的人员培训，提高各级管理部门工作人员的责任感和事业心，充实业务知识，改进工作作风，在组织机构和人员力量上为林业生物安全保护工作的全面、有效、长期开展打好基础。

建立和完善林业生物安全风险评估制度 开展林业生物安全风险评估是防范和化解林业生物安全风险最为有效的手段。要全面加大林业生物安全风险评估指标体系的研究力度，建立起科学、有效、合理、可靠的林业生物安全风险评估体系，并在实践中不断地进行完善。要在林业生物安全涉及的生物入侵与生物灾害、转基因生物、林业遗传资源、野生动物疫病、环境影响因子等领域内研究和构建科学、实用且符合中国国情的风险评估指标体系，全面做好外来物种的入侵风险评估、转基因生物安全评价与风险评估、遗传资源跨境转移和贸易后果的风险评估、野生动物疫病风险评估等方面的工作，有效地前移林业生物安全风险。

建立林业生物安全预警和监测网络，严格监测预警和跟踪监管制度 一是建立林业生物安全预警和监测网络。借鉴美国、日本、澳大利亚等国家生物安全监测预警工作的经验和做法，在全国范围内建立健全林业生物安全涉及的生物入侵与生物灾害、转基因生物、林业遗传资源、野生动物疫病、气候变化、生物实验室和检疫实验室等领域的安全监测预警网络体系。二是加强商业化生产转基因生物的监测和跟踪监管工作。

目前，中国是唯一批准进行转基因生物商业化生产的国家，且已有 10 多种转基因生物进入了中试阶段，在不久的将来极有可能进入商业化生产，而转基因生物对中国野生林木资源的影响目前尚不清楚。因此，必须加强商业化生产转基因生物监测和跟踪监管，一旦发现问题即可及时采取措施加以补救。三是建立健全科学长效的监测预警和跟踪监管机制。应建立起监测预警技术研究、推广、应用三位一体的机制，完善和强化生物入侵与生物灾害、转基因生物、林业遗传资源、野生动物疫病、气候变化、生物实验室和检疫实验室等的监测预警和跟踪监管制度，确保林业生物安全监测预警和跟踪监管工作的科学化、规范化，实现林业生物安全的风险前移。

(4) *加大资金投入，建立以公共财政支撑为主的多元化投入机制*

建立公共财政支撑制度　林业生物安全保护的社会公益性、经济外部性决定了林业生物安全投入必须以政策投入为主。林业生物安全保护工作符合公共财政支出的基本原则，即以满足社会公共需要为目的来界定财政支出的范围。一是要逐步加大公共财政对具有公益性、社会性和长期性特征的林业生物安全保护工作的支持力度。根据林业生物安全涉及的领域和特性，林业生物安全保护应根据“分类、分级、突出重点、按需扶持”的投入原则以及“谁受益，谁投入”的投入机制，建立以公共财政投入为主的林业生物安全保护公共财政支撑制度，把林业生物安全保护的投入纳入中央和地方各级政策的财政预算，统筹安排。

构筑多元化的社会投入机制　林业生物安全保护涉及社会生活和经济建设各个方面，不仅需要全社会参与决策和监督，更需要全社会参与预防和治理，以体现林业生物安全保护的公共性和社会性。因此，在林业生物安全保护的资金投入方面既要体现政府的主导作用，又要广泛动员、吸引全社会参与，鼓励和引导企业、民间团体、个人等社会力量投资林业生物安全保护工作。

(5) *加强科学技术研究，构建科技支撑体系*　林业生物安全各个领域还有大量的科技问题没有得到解决，极大地制约了林业生物安全保护工作有效开展。急需通过有计划、有组织地开展科技攻关、依靠科技创新和科技推广，解决林业生物安全各个领域的科技问题，提供科技支撑，提升林业生物安全保护的科技水平。

制定林业生物安全科技发展中长期规划和林业生物安全研究科技计划　对相关的科学与技术问题进行系统的研究，重点解决林业生物入侵，转基因生物安全风险分析和评估技术、评估标准和评估方法，野生动物

生境破碎的预防，物种最小可生存种群的确定，减缓生态系统中旗舰种灭绝速度，维持和丰富生物多样性，野生动物疫源疫病动态监测，气候变化等环境因子对生物安全影响的应对等关键技术和重要问题，形成一套完整的政策、理论、技术研究体系及预防与预警、检测与监测、诊断与控制、利用与管理相协调的技术体系，为保障国家林业生物安全提供可靠的科技支撑。

建立"林业生物安全学"学科　当前，全球林业生物安全相关理论与技术发展极为迅速，在管理、研究等方面都在整体快速地向前推进。但在中国，林业生物安全整体发展缓慢，存在着林业生物安全研究工作不系统，从事林业生物安全保护和研究的人员少，专家型、精英型的人才更少等问题，但问题的关键在于中国没有"林业生物安全学"这一专门学科，没有开展林业生物安全方面的专门教学，缺少输送林业生物安全研究和管理人才的渠道。因此，当前应尽快建立林业生物安全学科，并将其纳入生态学领域中，在大专院校、科研院所广泛普及林业生物安全的教育，为林业生物安全研究储备人才，以加快生物安全领域的纵向和横向研究。

多层次多角度地加强林业生物安全科研能力　重点应从以下几个方面开展工作：一是针对林业生物安全涉及部门多、领域多、学科杂的特点，建立跨学科、跨部门、跨领域的协作研究机制，组织科研院所、大专院校、生产部门联合开展技术难题的研究和攻关。二是加强林业生物安全科研基础设施和示范基地的建设。有计划、有重点地建立高标准、高安全性和管理规范的林业基因工程实验室、植物检疫实验室、动物检疫实验室、应用微生物实验室，并分区域建立不同安全级别的实验室，以满足林业生物安全领域研究的需要。三是加强生物、生态控制技术在林业生物安全保护工作中的应用研究，加大已有科研成果的转化和推广力度，提高科技贡献率。四是要积极开展国际交流和合作，引进和应用国外现有高新技术和科研成果，提高林业生物安全保护的科技含量。五是加大林业生物安全研究方面的资金扶持，不拘一格地引进人才，提升现有科研机构的科研能力，增强林业生物安全保护的技术水平。

(6) 加强交流和合作，强化宣传和培训，营造良好的林业生物安全保护氛围　根据中国林业生物安全发展的现状，积极开展灵活多样的生物安全保护技术、方法、管理等方面的培训及普及工作，提高各级林业生物安全保护部门工作人员的责任感和事业心及业务能力，为全面、长期开展林业生物安全保护工作打好基础。

扩大国际交流和合作，拓展林业生物安全保护的国际发展空间　中国是《生物多样性公约》、《卡塔赫纳生物安全议定书》、《国际植物保护公约》、《濒危野生动植物种国际贸易公约》、《联合国气候变化框架公约》等与生物安全相关国际公约的缔约国和签署国，在生物安全保护工作中，我们应以积极的姿态在更深程度上参与国际合作，切实履行好国际公约，承担起国际公约中规定的责任和义务，提高中国在国际生物安全保护方面的形象和地位。要通过扩大对外交流和合作，充分借鉴国际上林业生物安全保护的各种有效方式，积极促进先进技术、先进管理经验和专门人才的引进，带动林业生物安全保护整体水平的提高。要提高林业生物安全国际交流与合作的质量和水平，夯实国内林业生物安全保护的能力建设，在更大范围、更广领域、更高层次上扩大国际交流与合作，丰富形式，拓宽渠道，努力拓展中国林业生物安全保护的国际发展空间。

加强国内各部门间的信息交流与共享　针对中国林业生物安全保护工作涉及部门多、相关信息分散在不同部门的特点，应加强部门间的交流与合作，建立信息交流机制，共享生物安全方面的信息。林业主管部门应主动与农业、科技、出入境等部门开展协作，建立联席会议制度，定期通报生物安全信息，制定协作办法，构建林业生物安全保护合作和信息交流平台，避免出现林业部门孤军奋战的局面。

加强宣传和培训，提高公众保护林业生物安全的意识　林业生物安全保护不仅是集行政手段、技术手段、法律手段为一体的工作，而且也是一项社会系统保护工程。要做好林业生物安全保护工作，就必须取得社会各界和人民群众的支持，得到社会公众的广泛关注。因此，针对当前人们对林业生物安全保护意识比较淡薄的现状，要通过广播、电视、报纸、网络等多种媒体，采取形式多样的宣传活动，同时对与林业生物安全保护相关的人员进行培训，不断提高全民的保护意识，为林业生物安全保护管理工作营造良好的社会环境，形成全社会共同支持和参与林业生物安全保护的局面。

3.4.4 新时期加强林业生物安全法律法规建设的建议

目前，中国生物安全方面已有的法律法规无法满足林业生物安全保护工作的需要，存在着立法工作相对滞后、现有法律法规效力不高、执法力度不足等诸多问题，急需开展开林业生物安全立法方面探索性研究和实践，全面加快林业生物安全法律法规的建设和林业生物安全依法保护的进程。新时期林业生物安全法律法规的建设应重点从林业生物安全法律法规体系建设入手，做好管理性法律法规和技术性法规建设工作，同时加大林业生物安全法律法规的执行力度，切实做到林业生物安全保护有法可依、有法必依、违法必究、执法必严，全面加强林业生物安全依法保护工作。

3.4.4.1 建立健全林业生物安全法律法规体系

林业生物安全法律法规体系的建设应重点从以下几个方面开展：一是在国家层面上，针对目前中国还没有制订生物安全方面的专门性法律法规，林业部门应在国务院的统一协调下，积极与农业、环保等部门沟通合作，共同推进生物安全立法工作的开展，构建生物安全的综合性法律法规体系。二是鉴于现有的相关法律法规，如《中华人民共和国森林法》、《植物检疫条例》、《森林病虫害防治条例》等，已无法适应当前林业生物安全保护工作的需要，应加快修订工作。同时，林业部门可在全面调研、分析等工作的基础上，探索性地开展林业生物安全综合性法规制定工作。三是针对生物入侵、转基因生物、林业遗传资源、野生动物疫病等生物安全领域中没有专门性法规的现状，积极研究并加快立法进程，尽早制定和出台林业生物安全相应领域的法规。四是积极开展地方法律法规的制修订，做好地方生物安全的立法工作，最终形成以国家法律法规为主体，地方法律法规和行业规章为补充的林业生物安全法律法规体系。此外，在林业生物安全法律法规体系的构建过程中，还应充分考虑林业生产周期长等特点，具体法律法规的制定要有长期性和超前性的考虑，并要在制定后不断进行修改和完善。

3.4.4.2 加强林业生物安全技术性法规建设

标准作为技术性法规，对社会、经济发展具有极为重要的作用。林业生物安全标准是提升林业生物安全工作管理水平，加快林业生物安全保护技术的推广，促进保护技术创新，提高保护工作质量和效率的重要手段，是保证林业生物安全保护工作发展的基础性活动，对实现中国林业生物安全保护工作的规范化、制度化、科学化、标准化目标，全面提升林业生物安全工作水平具有重要的作用和意义。因此，要尽快研究构建林业生物安全标准体系，加快涉及林业生物安全的有害生物入侵与生物灾害、林业转基因、森林遗传资源、野生动物疫病等领域急需标准的制订和修订工作，充分发挥技术法规在林业生物安全保护工作中的作用。

3.4.4.3 加大保护林业生物安全的执法力度

林业生物安全保护必须做到有法可依、有法必依、违法必究、执法必严，要充分利用现有的相关法律法规，开展林业生物安全保护的执法行动。一是要积极开展林业植物检疫执法工作，强化林木引种、产地检疫、调运检疫、有害生物防治等防止生物入侵及防控生物灾害的执法工作。二是根据《农业转基因生物安全管理条例》等转基因方面的法规，加强转基因生物安全的管理工作，对违规开展转基因生物研究、开发和利用的，要坚决打击，严厉查处，决不手软。三是要加强对林业遗传资源利用和贸易的执法监管，严防破坏遗传资源，保护现有野生动植物资源。四是要充分依据《中华人民共和国动物防疫法》和《重大动物疫情应急条例》等相关的法律法规开展野生动物疫病的防控工作，严格执行现有法律法规中有关的动物疫病预防，疫情的报告、通报和公布以及动物疫病的控制和扑灭等规定，确保野生动物疫病及时发现，有效控制。

4 中国林业生物安全法规、政策与管理研究各论

4.1 林业生物入侵与生物灾害法律、法规、政策与管理现状

中国是林业生物入侵和生物灾害发生最为严重的国家。据统计，目前中国有林业有害生物 8 000 余种，其中，能造成严重危害的近 300 种，年均发生面积逾 1 000 万 hm^2，直接经济损失和生态服务价值损失达 880 亿元。特别是近年来，随着全球经济一体化进程的加快，林业外来有害生物入侵中国的种类不断增多，危害日益加剧。截至目前，入侵中国大陆并造成危害的林业有害生物种类已达 37 种，年均发生面积约 280 万 hm^2，造成的直接经济损失 560 多亿元，约占全国林业有害生物造成损失的 64%。其中 1980 年以后入侵的生物种类多达 19 种，特别是 2000 年以后入侵的达 9 种，占入侵总数的 1/4，且明显呈现出传播扩散速度加快、危害日益加剧的趋势。林业生物入侵直接造成了中国林地生物多样性的丧失、林木资源的损失、生态环境的破坏，并威胁着中国民众的身心健康，影响着中国社会经济的发展。

针对上述状况，中国政府及相关部门通过制订相关法律法规、出台应对措施、加强林业有害生物的防控工作，减轻了有害生物造成的损失，减缓了有害生物入侵的速度，在一定程度上消减了生物安全的隐患，取得了一定的防控成效。但由于中国相关法律法规不完善、政策措施不到位、防控经费投入不足、公众防范意识薄弱等因素的存在，多年来入侵生物数量增多，生物灾害发生危害严重，形势一直十分严峻。为此，本部分针对中国林业生物入侵与生物灾害方面的法律法规、政策措施、管理等

方面进行总结和阐述，分析林业生物入侵与生物灾害在法律法规、政策措施、管理等方面存在的不足和问题，提出防范林业生物入侵、防控生物灾害的法律法规、政策措施及管理等方面的对策。

4.1.1 相关法律法规及规章制度

（1）*法律* 目前在中国的法律体系中，针对防控林业生物入侵方面还没有专门的法律，但与此相关的法律有《森林法》（1984 年制定，1998 年修改）、《进出境动植物检疫法》（1992 年）、《环境保护法》（1989 年）、《国境卫生检疫法》（2007 年）、《种子法》（2000 年）、《进出口商品检疫法》（1989 年）、《国境卫生检疫法》（1986 年）、《突发事件应对法》（2007 年）、《野生动物保护法》（1989 年）、《动物防疫法》（1997 年）、《渔业法》（1986 年制定，2000 年修改）、《草原法》（1985 年制定，2002 年修改）、《水土保持法》（1991 年）、《环境影响评价法》（2003 年）、《食品卫生法》（1995 年）、《海洋环境保护法》（1982 年制定，1999 年修改）等。

（2）*法规* 中国已颁布的防控林业生物入侵的相关法规有《植物检疫条例》（1983 年制订，1992 年修改）、《植物检疫条例实施细则（林业部分）》（1984 年制订，1994 年修改）、《森林病虫害防治条例》（1989 年）、《重大动物疫情应急条例》（2005 年）、《自然保护区条例》（1994 年）、《野生植物保护条例》（1996 年）、《农药管理条例》（2001 年）等。

（3）*地方性法规* 在国家一级立法的基础上，各省（自治区、直辖市）也制订和出台了一些相关法规，如河南、江西、四川、辽宁、黑龙江、广东、浙江、重庆、山西、湖南等二十多个省（自治区、直辖市）分别出台省级森林病虫害防治、检疫条例（办法），辽宁省沈阳市于 2004 年还制定颁布了《沈阳市外来物种防治管理暂行办法》，山东省制订了《实施野生药材资源保护管理条例细则》等。

（4）*规章制度* 针对林业生物入侵和生物灾害的严峻形势，国家林业主管部门积极采取应对措施，出台了一系列的规章制度，包括《重大外来林业有害生物灾害应急预案》（2005 年）、《突发林业有害生物事件应急处置办法》（2005 年）、《引进林木种子苗木及其他繁殖材料检疫审批和监管规定》（2003 年）、《普及型国外引种试种苗圃资格认定管理办法》（2005 年）、《国家林业局普及型国外引种试种苗圃资格认定行政许可被许可人监督管理办法》（2005 年）等。其中，《重大外来林业有害生物灾害应急预案》已纳入《国家突发公共事件总体应急预案》体系。各省（自治区、直辖市）也相应制定了省级应急预案。为防止入侵生物在国内的传播危害，国家林业局还将现已入侵并造成危害的有害生物分别列入《全国林业检疫性有害生物名单》、《补充检疫性有害生物名单》、《危险性有害生物名单》中加以检疫管理，同时，确认了“普及型国外引种试种苗圃资格认定”、“国务院有关部门所属在京单位从国外引进林木种子、苗木检疫审批”、“松材线虫病疫木加工板材定点加工企业审批”等3项有关检疫的行政审批许可。此外，各省（自治区、直辖市）也相继制定了一些旨在防止外来有害生物入侵及防控生物灾害的规章制度。

4.1.2 政策

新中国成立以来，中国的林业生物入侵与生物灾害防控政策经历了三个阶段的转变，包括20世纪80年代前的灾害防控阶段，即防控重点是针对林业生物入侵和生物灾害发生后进行的被动防控；20世纪80～90年代的损害预防阶段，即防控重点是针对减少林业生物入侵和生物灾害发生而进行的预防和除治；21世纪以来逐渐转向风险预防阶段，即以风险评估为基础，逐步将风险管理作为林业生物入侵和生物灾害防控重点的管理原则。

目前，中国林业生物入侵与生物灾害的防控政策主要有6种类型：一是强制性政策。包括对引进林木种子苗木及其他繁殖材料的检疫审批和隔离试种政策、防止入侵有害生物传播危害的检疫管理政策、生物灾害发生后的除治政策等。二是预警政策。通过发布《林业有害生物警示通报》、开展普查、监测等工作，提醒各地各有关部门关注入侵生物，对入侵生物主动采取防控措施，减少损失。三是促进森林健康政策。实施科学合理的措施，将预防林业生物入侵和生物灾害发生纳入到营造林的各个环节，并通过营造、保护、恢复和经营健康森林，提高森林生态系统的稳定性和生物的多样性，增强森林对有害生物的自控能力和抵抗能力，降低生物入侵后定殖和灾害发生的可能性。四是系统管理政策。在防止林业生物入侵和生物灾害治理中涉及的明确防控责任、制订防控措施、防控规划等政策。目前主要包括“属地管理”政策、防止有害生物入侵和传播的分级管理政策、重要入侵有害生物的治理政策、确定防控方针和目标以及制订《全国林业有害生物防控中长期发展和建设规划》等旨在加强防控基础设施建设和防控能力的规划和方案等。五是防控经费的分担政策。林业生物入侵与生物灾害的防控经费采取以地方投入为主、国家补助为辅的经费投入政策。六是指导性政策，包括向研究机构建议开展防控林业生物入侵和生物灾害发生工作中急需技术的研究、向社会发布有害生物发生趋势等。

4.1.3 管理体制

林业生物入侵与生物灾害的管理由国家林业局统一负责，各省、市、县级林业主管部门负责本辖区的林业生物入侵与生物灾害的管理工作。

(1) *管理机构设置方面* 2003 年国家林业局成立了防止外来有害生物入侵管理办公室，负责全国林业生物入侵管理工作。大部分省级林业主管部门也相应成立了省级防止外来有害生物入侵危害的管理机构，负责本辖区的林业生物入侵的管理工作。在林业生物灾害防控方面，目前中国已基本建成了国家、省、市、县四级林业生物灾害防控体系。

(2) *引进林木种子苗木及其他繁殖材料方面* 中国对引进林木种子苗木及其他繁殖材料实施检疫审批制度，检疫审批的管理方式包括以下 3 个方面：一是实行国家林业局和各省级林业主管部门两级审批制度。各省级林业主管部门超限量审批和首次从某国引进林木种子苗木及其他繁殖材料的需报国家林业局审批。二是实行风险评估制度。对首次引种国内或种植地所在省没有的林木种子、苗木及其他繁殖材料，或已有引种但一次进口量特别巨大的，均需在审批前进行风险评估。三是对引进林木种子、苗木和其他繁殖材料实施隔离试种和监管制度。各级林业主管部门是引进林木种子、苗木和其他繁殖材料的监管部门。原则上实行“审批机关和引种种植地是相同省级区域，由审批机关负责监管”和“审批机关和引种种植地是不同省级区域，由引种植地所在省的林业主管部门负责监管”的原则。

(3) *入侵生物及生物灾害管理方面* 对新发现的重大入侵林业有害生物，启动国家级《重大外来林业有害生物灾害应急预案》，并按照预案的相关程序和要求，开展入侵有害生物的监测、检疫、除治工作；对新发现的一般入侵生物，启动省级外来林业有害生物灾害应急预案，开展入侵有害生物的监测、检疫、除治工作；对已入侵并已传播扩散的入侵有害生物，实行属地管理政策，由所在地的人民政府和林业主管部门组织开展有害生物的监测、检疫、除治工作。

(4) *技术支撑方面* 国家林业局于 2003 年和 2007 年分别成立了国家林业局林业有害生物检验鉴定中心和全国危险性林业有害生物防治技术培训中心，承担和开展入侵生物的检验鉴定、风险评估、信息交流、技术培训等工作。此外，中国还建立了相当数量的国家和省级林业生物灾害防控技术科研机构，为防止林业生物入侵和防控生物灾害发生提供了技术保障和科技支撑。

4.1.4 存在的问题

(1) 法律法规体系不健全，内容不完善，制订和修订工作滞后　目前，针对中国林业生物入侵与生物灾害，现有的法律法规无论从法律法规体系，还是相关法律法规的立法目的、级别、涉及内容和范围以及与当前防控生物入侵工作的适宜程度等多个方面均存在着一定的问题和不足。主要体现在：一是中国还没有出台针对生物入侵方面的专门法律法规，林业生物入侵方面的专门法律法规更无从谈起。而且相关的法律法规比较分散，立法的角度也不同，没有形成系统的防控生物入侵的法律法规体系。二是在立法目的和内容方面。中国现有相关法律法规的立法目的和内容方面大都是针对生产安全、人体健康和经济贸易方面，对生物多样性、生态安全和促进森林健康等方面涉及内容少，关注度低。立法的原则也仅局限在“灾害预防”方面，“风险预防”的原则没有真正体现。三是在防控范围方面。中国现有法律法规主要是针对现有已知的有害生物进行的防控，林业方面也主要是针对引进林木种子苗木及其他繁殖材料时防止生物入侵进行了立法，防控的对象也仅限于现有的和目前已知的危险性有害生物。四是在法律法规级别和制修订时间方面。目前，防控林业生物入侵与生物灾害的相关法律法规主要是《植物检疫条例》(包括《植物检疫条例实施细则（林业部分)》）和《森林病虫害防治条例》。这两个法规均是条例，级别较低，且均是在20世纪80年代制订的，其修订也是在20世纪90年代初，目前已缺乏应有的可操作性和现实针对性，无法适应新时期防控生物入侵工作的需要。

(2) 体制存在缺陷，职责分工存在交叉，部门衔接沟通不畅　目前，中国涉及防控林业生物入侵与生物灾害的部门有农业、林业、进出境、水利、环保、海洋等多个部门，存在管理分散、职责不清等问题，实际工作中极大地影响了防控工作整体效能的发挥。体制上的弊端也直接导致林业部门与其他部门以及其他部门间在防控工作上产生了多种问题。如有害生物的疫情信息不畅、工作协调配合不力、部门间相互争权限、共有有害生物管理存在漏洞等，制约了防控工作的有效开展。主要体现在：一是在体制的适应性方面中国目前的林业生物入侵与生物灾害防控体制是在计划经济条件下形成的，已不能适应市场经济的防控工作要求。如防控林业生物入侵与生物灾害的多部门管理，各部门基本上是“各立各的法、各管各的事”，有时甚至相互矛盾，缺乏统一性和协调性，在当前全球经济一体化的背景下很难保证及时、统一、有效地开展入侵生物的防控工作。二是在引种检疫审批管理范围方面。目前，中国林业部门开展是引进林木种子苗木及其他繁殖材料检疫审批，但农业部门也有相关权限，存在多头审批的现象，且执行的审批标准也不一致，加之部门间缺少沟通和衔接，为有害生物的入侵提供了条件。三是在防控入侵生物的管理环节方面。防范有害生物入境的第一环节由进出境部门负责，第二环节由农业和林业部门负责，但二个环节在工作中存在衔接不及时和信息沟通不畅的问题，极易出现管理上的疏漏。

(3) *防控观念落后，管理存在漏洞，入侵成灾隐患较大*　一是防控观念落后，已无法适应当前防控工作的新的要求。如“损害预防”的观念受到“风险预防”观念的融合，“把关”的观念受到了“防控工作服务于经济贸易”观念的冲击，“零疫情”的观念受到了“可接受的风险控制水平”的观念的挑战。二是引种检疫管理存在漏洞，主要表现在审批环节没有明确对引种必要性和可行性及生态安全性进行调查、论证，风险分析制度不健全，在内容未统一规范，在执行上有时流于形式；在引入后的检疫监管环节中缺少跟踪管理的环节，致使部分引入物种大面积种植后成灾，或是生产种植后一些隐性病虫发生，或是导致引种地区本土有害生物的成灾。三是部分林业植物检疫机构在开展产地检疫、调运检疫时，存在只开证不检疫的现象。现场检疫、复检、行政处罚、检疫监管等环节的工作滞后，极易造成入侵生物在国内的传播危害。四是缺少责任追究和经济制约制度。入侵生物具有潜伏期，一旦大发生之后，缺少对引入者、审批人、检疫把关人的责任追究制度，造成的损失基本上是由国家、受害者承担。

4.1.5 对策

(1) *调整立法原则和明确立法目的，完善相关法律法规*　要适应当前国际社会对生物入侵和生物灾害发生立法采用的先进理念，拓展过去在防控生物入侵与生物灾害立法中采用的“损害预防”的原则，将“风险预防”原则贯穿到防控生物入侵与生物灾害的相关立法中，并将其作为立法的核心原则。同时要确立正确的立法目的，即在防控生物入侵与生物灾害立法时应立足于生态系统，以保护生物多样性、维护生态平衡、保障生态安全和促进经济和社会的可持续发展为目的开展立法工作。

(2) *建立健全法律法规体系*　一是制订防控生物入侵的专项法律法规。涉及入侵生物防控工作的农业、林业、环保、进出境、水利、海洋等部门应联合开展防控生物入侵的专项法律法规制订工作，通过专门性立法加强生物入侵的防控工作。二是针对新法律法规立法时间长、程序复杂的问题，当前林业部门应加快《植物检疫条例》、《植物检疫条例实施细则（林业部分）》和《森林病虫害防治条例》等现有法规的修订，以适应当前防控林业生物入侵与生物灾害工作的需要。三是各省级人民政府也要积极开展地方法律法规的制修订，做好地方防控林业生物入侵与生物灾害立法工作，最终形成以国家法律法规为主体、地方法律法规为补充的防控林业生物入侵与生物灾害的法律法规体系。

(3) *理顺防控生物入侵的现有体制* 针对生物入侵防控工作涉及部门多、范围广、工作内容复杂等特点，应尽快建立一个由国务院牵头、各相关部门参与的生物入侵防控委员会，统一协调管理生物入侵工作，解决在生物入侵防控工作中由于管理体制导致的防控管理范围交叉和职责不清、引种工作多头审批和标准不一，以及防控工作衔接不及时和信息沟通不畅等问题，确保防控工作协调有序开展。

(4) *加强防控生物入侵制度建设* 一是完善风险评估制度。要以“风险预防”为基本原则，制订科学的、符合林业特点的风险评估指标，并积极与农业、进出境等部门沟通，在保持林业特点的基础上统一风险评估标准，建立科学的风险评估制度，以提高防控的科学性和决策的前瞻性，实现入侵风险前移。二是建立责任追究制度和经济赔偿机制。当因林木引种造成危害时，应追究引进者、经营者、使用者责任，并赔偿生态和经济损失，承担根除有害生物、恢复生态健康费用，同时对审批工作中的相关人员和做出不科学的风险分析评估的专家也应进行责任追究。三是建立部门间的协调与合作制度。林业部门应积极与其他部门沟通，并通过建立联席会议制度、联防联治机制等，加强部门间的协调与合作，畅通入侵信息，共享信息资源，起到有效防控林业生物入侵的作用。

(5) *严格防控生物入侵管理* 做好林业入侵生物的防控工作，首先要严格林木引种的审批管理，包括在引种检疫审批环节中，要严格按照相关规定和程序开展审批工作，要科学、客观地对引种的必要性、可行性、风险性分析结果进行把关，必要时可请专家论证或进行一定的实际调查后再决策，以确保检疫审批的正确性。同时，在引种工作中要坚持积极利用本国现有资源，降低有害生物入侵的几率；在入境检疫环节，要提高检疫方法的多样性、先进性和检疫的准确性，对不符合要求的，应作除害、销毁处理，或作退货或禁止进口的处理；在检疫监管环节，要完善林木引种隔离试种制度，对首次引入的物种应延长隔离试种时间，确保无害后方可用于生产。要建立引种档案，明确引种的监管职能和任务，实行跟踪式监管。此外，要严格和加强入侵生物的产地检疫、调运检疫和复检工作，强化现场检疫和检疫信息的即时性，加大已入侵有害生物的除治力度，严防入侵生物的传播扩散，减少灾害损失。

4.2 中国林业转基因生物法规、政策与管理现状

4.2.1 相关法律法规

转基因植物的生物安全性管理一般指转基因植物对人、畜、动植物和生态环境安全性的管理，其核心是实施生物技术的风险评估、管理和生物安全能力建设，尽可能减少因使用生物技术或释放生物技术改变的生物体而产生的环境灾害或事故。近年来，生物安全问题引起全球各国广泛关注，生物安全关注的重要领域之一就是转基因物种及其产品的安全问题。随着生物技术的飞速发展，转基因植物的研究范围越来越广泛，越来越多的转基因植物被研制出来，种植面积也在迅猛增加，为社会经济发展发挥了很大作用。与此同时，转基因植物的安全性问题也越来越受到人们的关注和重视，各国及国际机构均在制订相应的条例，以便在生物技术发展的同时，保障生态安全、生物多样性和人类健康。

联合国环境署（UNEP）作为主管生物技术的国际组织，在 1995 年 12 月正式发布了《国际生物技术安全技术指南》。美国从 20 世纪 70 年代就开始关注生物安全问题，1976 年 7 月 7 日发布了《重组 DNA 分子研究准则》，是世界上第一部有关生物技术的安全管理规定。1986 年 6 月 26 日美国政府颁布了《生物技术管理协调大纲》，这是美国生物安全管理政策的开端。欧盟从 20 世纪 80 年代起开始了对转基因生物安全管理的立法，90 年代初形成了比较完善的法规体系。随着欧盟加入《卡塔赫纳生物安全议定书》，其立法工作得到进一步加强和完善。2003 年 9 月 23 日，欧洲议会和欧洲理事会通过了《关于转基因食品和饲料产品的可追踪性的 1830/2003 条例》，完成了对转基因食品和饲料的严格标识制度。2003 年 7 月 15 日，欧洲议会和理事会还通过了《关于转基因生物越境转移的 1946/2003 号条例》，对转基因生物进出口管理提出了若干政策和规定。这些条例为欧盟在新形势下完善转基因生物安全管理法规体系奠定了基础。加拿大从 1985 年开始制定有关法规，采用现代农业法令和专家的意见来进行管理。参与管理的有农业部、卫生部以及环境部，但没有一个统一的管理部门。就其法规而言，加拿大强调对“具有新性状的生物”进行评估，

不管是通过转基因技术修饰的，还是通过传统育种方法育成的农作物新品种，只要是具有“新”性状，就对其进行安全评估。

虽然中国转基因林木研究与应用起步较早、发展迅速，但中国林业转基因生物立法却相对滞后。从20世纪80年代后期开始，生物技术得到了中国政府的高度重视和资助。1990年，中国制定了《基因工程产品质量控制标准》。1993年12月，原国家科学技术委员会颁布了《基因工程安全管理办法》，为中国转基因生物安全管理提供了基本框架。1996年，农业部发布《农业生物基因工程安全管理实施办法》，将1993年的《基因工程安全管理办法》加以具体化，并开始受理有关申请。1997年又发布了《关于贯彻执行〈农业生物基因工程安全管理实施办法〉的通知》，并于同年成立了农业生物基因工程安全委员会和农业生物基因工程安全管理办公室。2000年8月，中国政府签署了《卡塔赫纳生物安全议定书》，成为签署该议定书的第70个国家。2000年国家环保总局牵头编制了《中国国家生物安全框架》，提出了中国生物安全管理体制、法规建设和能力建设方案。目前正在进行国家生物安全法的制定，其他相应法律法规也在准备之中。

2001年5月，国务院第304号令颁布了《农业转基因生物安全管理条例》，使得中国对转基因生物的安全管理更加完善具体。2002年农业部同时发布了3个配套管理办法，即《农业转基因生物安全评价管理办法》、《农业转基因生物进口安全管理办法》和《农业转基因生物标识管理办法》。在《农业转基因生物安全评价管理办法》中提出，转基因生物在大田释放前需经过中间试验、环境释放和生产应用三个阶段，每个阶段必须经过专家评审。

随着林业转基因生物的研究开发迅速增加，特别是近年来转基因杨树的不断面世，对林业行业的转基因法律法规的需求也随之日渐增加。国务院、农业部制定了大量转基因农作物研制工作的管理方法的同时，2006年5月，国家林业局颁布了国家林业局第20号令《开展树木转基因工程活动审批管理办法》，于2006年7月1日起实施，规范了树木转基因工程活动审批行为。2007年6月4日，国家林业局又发布了《转基因森林植物及其产品安全性评价技术规程》。这些办法与规程的颁布和实施为中国转基因树木的管理和安全评估奠定了良好基础。

4.2.2 政策

中国是一个森林资源严重匮乏的发展中大国，随着国民经济的迅速发展，中国对木材及其他森林资源的需求与日俱增，森林资源的供需矛盾日益加剧。大力发展人工林，扩大森林资源，增加森林覆盖率是中国林业发展的重要战略。要实现这一战略目标，提高林木生长速度，增强树种的抗逆性、抗不良环境能力非常关键，而采用转基因方法直接对林木的遗传物质进行修改，是提高林木生长和增强抗性的主要手段。因此，中国林业转基因生物政策应以发展和促进森林资源的培育，提高森林质量为宗旨，鼓励和支持基因工程技术的开发应用，严格转基因生物的安全管理，对转基因林木进行严格的风险评估和安全管理，强化转基因林木的跟踪监测和评估，并严格按照转基因生物安全管理相关法律法规，加强安全管理和防控。

中国政府除了大力支持转基因生物技术的研究开发，还制定了多项优惠政策和激励措施吸引企业的积极参与，加速转基因技术的开发和产品的应用。林业转基因生物政策可概括为鼓励开发和应用转基因产品、制定科学合理的风险评估体系和严格的安全管理制度、加大监测和执法力度以及确保转基因生物的安全应用。

4.2.3 管理制度

中国的林业生物技术发展迅速，特别是在转基因林木研究方面处于国际前列。随着转基因林木种类的增加和栽培面积的加大，迫切需要对转基因林木的生物安全进行科学管理，对转基因林木及其产品的生物安全风险和环境影响进行准确评估，避免发生各种转基因林木的生物安全事故。转基因林木生物安全问题是全新的领域，中国在转基因林木生物安全测试、评价与管理方面的工作起步较晚，缺乏技术与经验。而另一方面中国的转基因林木品种的研究发展非常迅速，为了加快转基因林木生物安全测试、评价与管理技术的发展，借鉴和引进国外比较成熟的技术和经验显得十分必要。

2007 年 10 月，经国务院同意，建立农业转基因生物安全管理部际联席会议制度，并在农业部设立联席会议办公室，以便根据《农业转基因生物安全管理条例》加强农业转基因生物安全管理，强化各有关部门的协调配合。其主要职能是贯彻落实国务院关于农业转基因生物安全管理的决策和部署研究农业转基因生物安全管理工作的重大政策并提出有关政策建议，修订和完善《农业转基因生物安全管理条例》及配套规章，研究协调部门间联合执法与行政监管等重大事项，研究协调农业转基因生物安全管理能力建设事项，研究协调应对农业转基因生物安全重大突发事件，制定、调整农业转基因生物标识目录，完成国务院交办的其他事项。联席会议成员分别为农业部、发展改革委、教育部、科技部、财政部、商务部、卫生部、工商总局、质检总局、环保部、林业局等部委的部长/副部长。

为了加强林业转基因生物安全管理，2001年，国家林业局在科技发展中心设立基因安全管理处，负责全国林业系统的生物安全管理与协调。同时成立国家林业局林业转基因生物安全委员会，并在基因安全管理处设林业生物安全管理办公室，承担林业转基因生物安全管理工作，专门负责提出针对林业转基因生物安全管理法规建议，参与制定林业转基因生物安全管理办法并监督执行。

按照《开展树木转基因工程活动审批管理办法》的规定，国家林业局对中国境内开展的所有林木转基因工程活动，包括转基因林木的研究、试验、生产、经营和进出口活动实施行政许可，并由科技发展中心基因安全管理处具体执行，本办法的实施切实规范了林木转基因工程活动并有效地加强了林业转基因生物的安全管理。

4.2.4 存在的问题

虽然中国林木转基因工程研究成绩显著，但在法律法规的建立健全及能力建设等方面还有待完善。

（1）国家层面上缺乏生物安全法。虽然已经酝酿了多年，但一直还没有真正进入立法程序，这可能与相关部委之间的跨部门协调与配合难度较大有关。

（2）林业转基因生物安全管理目前只有部门规章，尚无法律法规。国家林业局多年来一直在起草林业转基因生物安全管理的法规，但一直不能进入立法程序，急待出台这一法规。

（3）跨行业协调与管理比较薄弱。由于转基因生物安全涉及多个行业和多个机构，需要多部门跨领域的紧密合作与协调。

（4）政策层面一方面需要制定激励措施促进和推动中国林业转基因生物研究开发及其在造林上的应用，同时又要加大对转基因生物的安全管理力度，包括风险评估、生态环境影响监测与评估、转基因产品的标签制度等。

（5）林业转基因生物安全管理的基本设施目前尚属空白，主要体现在没有“转基因林木检测评估机构”，限制了转基因林木检测这一主要安全管理内容的开展，同时转基因林木监测评估技术的研究开发等也难以开展。

4.2.5 对策

由于生物安全是一门新兴的学科，许多概念以及相关理论还在不断发展之中。中国目前已经成为世界上转基因农作物田间试验和商品化生产面积的第四大国，越来越多的转基因产品走入我们的生活。中国的转基因林木研究也发展很快，转基因林木在中国林业经济建设和生态建设领域将发挥越来越大的作用。当然，转基因林木带来的潜在风险更不能忽视。随着林木转基因研究进一步发展，其生物安全问题也会日趋严峻。加强转基因林木生物安全风险评估监测技术的研究开发，加强转基因林木品种的生物安全管理，保障中国的转基因林木研究不会导致任何生物安全问题的威胁。另一方面，也能促进和推动林业生物技术的不断发展，为社会经济发展服务。建议采取以下对策：

(1) 尽快设立国家转基因林木监测专项，加强对转基因林木的安全性监测。这不仅能确保转基因林木的安全、又能促进转基因林木为经济社会创造更大的贡献。

(2) 尽快制定明确的林业转基因生物发展战略。虽然中国的转基因林木研究发展很快，但目前缺乏明确的林业转基因生物发展战略以指导林业转基因生物的研究开发及其安全管理。

(3) 加强转基因林木的研究与开发，充分利用林业上这一高技术为经济社会服务。同时，林木自身形态、生理、生化性状的改变也是研究的重要内容之一。

(4) 对转基因林木及其产品标签制度开展可行性研究和技术准备，以便能够对转基因林产品进行准确的转基因成分检测、确定其含量和种类。检测方法要求具有快速、简便、灵敏、可靠、适应广等特点。鉴于转基因林木产品具有巨大的社会经济效益，转基因林木产品的检测鉴定目前已成为各主要贸易国的一项重要工作，因此应大力研发针对转基因林木的快速检测技术和新方法。

(5) 加强管理机构及其能力建设。建议尽早立项建立国家林业局林业转基因生物安全监测分析中心，开展转基因生物检测、生态环境影响监测评估以及安全管理等方面的技术研究和技术储备，为中国生物安全管理的决策和行政执法提供科学依据和技术支撑。

(6) 积极推动国家层面的生物安全立法并将其作为中国转基因生物安全管理的基本法。

4.3 中国森林遗传资源法规、政策与管理现状

森林遗传资源是指具有实用价值或潜在实用价值的森林遗传多样性，并以动物、植物或微生物等森林资源为载体，属于生物资源的组成部分，是构成物种多样性和生态系统多样性的基础，更是关系到国家安全和可持续发展的重要战略资源之一。

4.3.1 相关法律法规

迄今为止，中国还没有出台一部针对遗传资源保护的专门法律。考虑到遗传资源是生物资源的组成部分，我们可以从有关生物资源的立法中找到遗传资源保护的法律依据。

1982 年中国的《宪法》就做出了“国家保障自然资源的合理利用，保护珍贵的植物和动物，禁止任何组织或个人用任何手段侵占或者破坏自然资源”等明确规定。在《宪法》的这一根本原则下，中国自 20 世纪 80 年代以来陆续制定了一系列与森林遗传资源有关的法律法规，主要包括 1998 年《森林法》（修订）、1989 年《野生动物保护法》、2000 年《种子法》、2000 年《森林法实施条例》、1992 年《陆生野生动植物保护实施条例》、1997 年《野生植物保护条例》、1994 年《自然保护区条例》、2006 年《濒危野生动植物进出口管理条例》、1985 年《森林和野生动物类型自然保护区管理办法》、1988 年《国家重点保护野生动物名录》以及 1998 年《国家重点保护野生植物名录（第一批）》等。为确保上述法律法规得以贯彻实施，各有关部门还制定了大量配套规章和规范性文件，如《林木种质资源管理办法》（2007 年）等。这些法律文件对于加强森林遗传资源的保护管理与开发利用提供了较强有力的法律保障。

各省、自治区、直辖市结合本省资源状况和保护管理工作实际，也分别制定了地方性法规和规章。据初步统计，全国已有超过半数以上的省份颁布了本省野生动物资源和野生植物资源保护条例或管理办法及其配套名录，如《湖南省野生动植物资源保护条例》（1997 年）、《广东省野生动物保护管理办法》（2001 年）等，进一步加强了对区域性森林遗传资源的保护与管理。

此外，中国于 1982 年和 1993 年先后加入了《濒危野生动植物物种国际贸易公约》和《生物多样性公约》等与森林遗传资源关系密切的国际条约，成为中国森林遗传资源保护又一强有力的法律武器。

综上所述，尽管中国尚无针对遗传资源保护的专门立法，但已基本

形成了以宪法为指导、以各项生物资源法为主干、以行政法规与部门规章相配套、以国际条约为补充的与遗传资源紧密相关的生物资源的法律体系，并在很大程度上成为遗传资源保护的法律保障。迄今为止，根据对物种及其遗传资源价值的认识，已将 1 590 种（类）野生动植物种纳入法律保护范围。

4.3.2 政策

森林遗传资源是维持人类生存、维护国家生态安全和可持续发展的重要物质基础，在中国有关的法律法规中均明确体现出了“加强保护、积极发展、合理利用”的森林遗传资源保护管理的方针政策。为贯彻这一方针政策，国家制定了一系列与森林遗传资源有关的保护与发展规划、纲要，并启动实施了一系列保护工程，如全国野生动植物保护及自然保护区建设工程（2001 年）、全国天然林资源保护工程（2001 年）、《全国生物物种资源保护与利用规划纲要》(2007 年)、《中国野生植物保护战略》(2007 年）等。同时，加强了森林遗传资源保护管理的组织领导与技术、政策及安全研究，强化知识产权保护工作，尤其是 2004 年国务院办公厅专门发出了关于加强生物物种资源保护和管理的通知，提出加强生物物种资源管理立法、加强资源调查、出入境管理、知识产权保护以及资源材料与研究成果惠益共享等重大政策和措施。

4.3.3 管理制度

4.3.3.1 管理体制

目前，中国生物资源的管理采取分部门分级分类的管理体制。在这一管理体制下，国务院林业行政主管部门分工负责对包括森林遗传资源在内的森林资源、林区内野生植物及林区外珍贵野生树木、陆生野生动物及林业自然保护区的管理。2003 年，为加强对全国生物资源的保护管理，国务院建立了由环保部牵头，包括国家林业局在内的 17 个部门组成的生物物种资源保护部际联席会议制度，以进一步强化在分部门管理体制下的工作协调机制。

4.3.3.2 管理制度

如前所述，基于中国现行的森林遗传资源相关的立法体系构成，仍需要从有关野生动物、野生植物等各类森林资源的法律规定中寻求森林遗传资源的管理制度。需要特别指出的是，作为以下管理制度所遵循的两大主要法律依据的《野生动物保护法》和《野生植物保护条例》在调整范围上存在着本质的不同。《野生动物保护法》按照物种进行管理，即不论野生来源的还是驯养繁殖来源的野生动物均在其调整范围之内；而《野生植物保护条例》则是按照种群来管理，即该《条例》只调整原生地天然生长的野生植物。

（1）*权属管理* 中国现行的立法体系中尚无专门针对遗传资源权属的明确规定。《物权法》规定："法律规定属于国家所有的野生动植物资源，属于国家所有。"在各有关实体法中的具体规定主要有《森林法》及《森林法实施条例》。其中规定："森林资源属于国家所有，由法律规定属于集体所有的除外。"《野生动物保护法》规定："野生动物资源属于国家所有。"《野生植物条例》中没有对野生植物的权属加以明确。同时，依据《立法法》关于解释权的有关规定，《森林法实施条例》对于"森林资源"的解释又存在着法律效力问题，目前实践中多倾向于依其所在土地的权属关系来确定野生植物的所有权。随着土地利用制度改革的深化，尤其是林权制度改革工作的进一步推进，森林遗传资源的权属关系以及管理模式将是亟待解决的重要问题。

（2）*采猎管理* 中国对陆生野生动物、野生植物等森林资源的采伐、采集及猎捕大多实行的是分级分类管理和许可证制度，并分别设立了行政许可事项。

野生动物猎捕。《野生动物保护法》规定，禁止猎捕、杀害国家重点保护野生动物；因科学研究、驯养繁殖、展览或者其他特殊情况，需要捕捉、捕捞国家一级保护野生动物的，必须向国务院野生动物行政主管部门申请特许猎捕证；猎捕国家二级保护野生动物的，必须向省级人民政府野生动物行政主管部门申请特许猎捕证；猎捕非国家重点保护野生动物的，必须取得狩猎证，并且服从猎捕量限额管理。

野生植物采集（采伐）。《森林法》规定，采伐林木必须申请采伐许可证，按许可证的规定进行采伐；农村居民采伐自留地和房前屋后个人所有的零星林木除外。同时，须纳入相关采伐限额及年度木材生产计划。

《野生植物保护条例》规定，禁止采集国家一级保护野生植物；因科学研究、人工培育、文化交流等特殊需要，采集国家一级保护野生植物的，须向国务院野生植物行政主管部门或者其授权的机构申请采集证；采集国家二级保护野生植物的，须向省级人民政府野生植物行政主管部门或者其授权的机构申请采集证；采集城市园林或者风景名胜区的国家重点保护野生植物的，须先征得城市园林或者风景名胜区管理机构同意后分别按规定申请采集证。

此外，《自然保护区条例》也做出规定，原则上禁止在自然保护区内进行砍伐、狩猎、捕捞、采药等采猎野生动植物的活动。

(3) *利用与贸易管理* 同样地，根据野生动植物的保护级别，中国对陆生野生动物、野生植物等森林资源的经营利用与进出口管理实行审批制度，并相应设立了行政许可事项。

野生动物：

①国家重点保护野生动物。《野生动物保护法》和《野生动物保护实施条例》规定，禁止出售、收购国家重点保护野生动物或者其产品；因科学研究、驯养繁殖、展览等特殊情况，需要出售、收购、利用国家一级保护野生动物或者其产品的，必须经国务院野生动物行政主管部门或者其授权的单位批准；需要出售、收购、利用国家二级保护野生动物或者其产品的，必须经省级人民政府野生动物行政主管部门或者其授权的单位批准。

驯养繁殖国家重点保护野生动物的单位和个人可以凭驯养繁殖许可证向政府指定的收购单位，按照规定出售国家重点保护野生动物或者其产品。收购驯养繁殖的国家重点保护野生动物或者其产品的单位，由省级人民政府林业行政主管部门商有关部门提出，经同级人民政府或者其授权的单位批准，凭批准文件向工商行政管理部门申请登记注册。

出口国家重点保护野生动物或者其产品的，或进出口中国参加的国际公约所限制进出口的野生动物或者其产品的，必须经国务院野生动物行政主管部门或者国务院批准，并取得国家濒危物种进出口管理机构核发的允许进出口证明书。

②非国家重点保护野生动物。《野生动物保护实施条例》规定，经营利用非国家重点保护野生动物或者其产品的，应当向工商行政管理部门申请登记注册。经核准登记经营利用非国家重点保护野生动物或者其产品的单位和个人，必须在省级人民政府林业行政主管部门或者其授权单位核定的年度经营利用限额指标内从事经营利用活动。

持有狩猎证的单位和个人需要出售依法获得的非国家重点保护野生动物或者其产品的，应当按照狩猎证规定的种类、数量向经核准登记的单位出售，或者在当地人民政府有关部门指定的集贸市场出售。

国家对非国家重点保护野生动物或者其产品的出口管理尚无明确规定。

野生植物：

①《野生植物保护条例》对国家重点保护野生植物的利用与出口做

出了如下规定：禁止出售、收购国家一级保护野生植物；出售、收购国家二级保护野生植物的，必须经省级人民政府野生植物行政主管部门或者其授权的机构批准；出口国家重点保护野生植物或者进出口中国参加的国际公约所限制进出口的野生植物的，必须经进出口者所在地的省级人民政府野生植物行政主管部门审核，报国务院野生植物行政主管部门批准，并取得国家濒危物种进出口管理机构核发的允许进出口证明书或者标签；禁止出口未定名的或新发现并有重要价值的野生植物。

②《森林法》规定，出口国家禁止、限制出口的珍贵树木及其制品、衍生物，必须经出口人所在地省级人民政府林业主管部门审核，报国务院林业主管部门批准。

(4) 外国人在中国境内采猎与贸易管理　从森林遗传资源保护与安全的角度考虑，中国对外国人在境内采猎和贸易野生动植物实行了限制管理制度。

野生动物。外国人在中国境内对国家重点保护野生动物进行野外考察、标本采集或者在野外拍摄电影、录像的，必须获得国务院行政主管部门或者其授权的单位批准。外国人在中国境内狩猎，也必须在国务院林业行政主管部门批准的对外国人开放的狩猎场内进行。经国务院或省级野生动物行政主管部门批准，因科学研究、驯养繁殖、展览或者其他特殊需要，外国人可以在中国境内收购和利用国家重点保护野生动物，但当出口其所获取的国家重点保护野生动物以及中国参加的国际公约所限制进出口的野生动物或者其产品的，必须经国务院野生动物行政主管部门或者国务院批准，并取得国家濒危物种进出口管理机构核发的允许进出口证明书。

野生植物。外国人不得在中国境内采集或者收购国家重点保护野生植物；外国人在中国境内对国家重点保护野生植物进行野外考察的，须获得国家重点保护野生植物所在地的省级野生植物行政主管部门批准。

4.3.4 存在的问题

在森林遗传资源方面，中国已初步建立起以《森林法》、《野生动物保护法》和《野生植物保护条例》为主体的法律法规体系。随着地球上物种资源的不断减少和生物技术迅猛发展，对生物遗传资源需求的不断增加，发达国家加紧对生物遗传资源的控制和掠夺。相比之下，中国在有关森林遗传资源的保护立法、政策管理以及研发利用技术水平等诸多方面严重滞后于现实需要，导致生物遗传资源破坏和流失现象严重。

4.3.4.1 法律体系不完备，政策措施不配套

世界自然资源分布的不均衡以及经济的全球化导致资源的全球化。西方各发达国家都已制定了相应的遗传资源安全法律保障制度。在中国，虽然现行的与森林遗传资源有关的法律框架规定了野生动植物及其生境保护、采猎利用与贸易等管理制度，但这些相关的法律规定仍然停留在低层次的追求单一价值和目标的层面，对于遗传资源安全等方面的理论研究相对落后，法律制度很不完备。同时，受物种潜在价值研究技术和开发利用水平的限制，一些具有重要潜在遗传价值的物种还未被及时认识和纳入到保护范围。

4.3.4.2 保护基础薄弱，研发水平低下

中国森林遗传资源的本底不清，对遗传资源的调查、收集、保存和评价技术标准以及信息库建立等不很系统，对大量物种的价值和潜在价值的认识还远远不够，森林遗传资源保护和研发的科技储备不足，严重制约了中国对森林遗传资源的有效保护和开发利用以及对信息的共享。

4.3.4.3 保护意识淡薄，资源破坏和流失严重

森林遗传资源作为人类生存和社会可持续发展的重要物质基础以及维护国家安全的重要战略资源，其重要性还未能被社会公众广泛认识，全社会对森林遗传资源的保护意识还很淡薄，野生动植物及其生境破坏和资源流失现象仍十分严重。此外，科研人员在涉及森林遗传资源的对外合作中，也常常缺乏对中国珍贵遗传材料的保护意识和合作研发成果共享的维权意识，已成为近年来森林遗传资源流失的主要途径之一。

4.3.4.4 资金投入严重不足

森林遗传资源保护是一项基础性、公益性的工作，更是一项长期性、系统性的工程，需要长期稳定的资金投入加以维持。现阶段中国对森林遗传资源保护方面的资金严重不足，大大制约了对森林遗传资源的本底调查、收集保存、科研开发等工作的开展。

4.3.5 对策

(1) *加强法制建设，完善相关法律制度* 作为发展中国家，必须充分认识到资源全球化对国家遗传资源安全的巨大威胁，应尽快加强国内法制建设，建立遗传资源安全法律保障体系，确保中国遗传资源的安全。应立足本国实际，确立安全为重和可持续发展的法律原则，切实建立和完善各项政策和管理制度，进一步扩大野生动植物物种及其生境的保护范围，并加强对有关森林遗传资源行政许可的审批管理。

(2) *切实加强遗传资源获取与成果惠益共享制度* 中国是世界上生物多样性与遗传资源最为丰富的国家之一，同时也是对遗传资源价值认识和研发利用技术相对落后的发展中国家，在遗传资源的交易中主要处于遗传材料提供国的地位。在这一发展阶段，为有效保护中国的森林遗传资源，维护国家权益，必须特别强调遗传资源获取和与对外合作成果的惠益分享制度的履行。

(3) *加强基础工作建设，加大科技支撑力度* 加强对森林遗传资源本底调查等基础性工作，做好资源的收集保存和档案管理；建立资源的评价体系和技术标准，加强科学利用与开发技术的研究，建立和完善遗传资源知识产权保护和专利制度。

(4) *加强部门合作，加大执法监管力度* 加强林业、商务、环保、质检、工商、海关等多部门的协同合作，建立相关遗传资源保护管理预测预警信息交流机制，强化对遗传资源利用和贸易的执法监管。

(5) *深入开展面向社会公众的宣传教育和知识普及。*

4.4 中国野生动物疫病防控的相关法律、法规、政策与管理现状

野生动物疫病是指野生动物物种内或物种间传播、流行，对野生动物种群构成威胁或可能传染给人类和饲养动物的传染性疾病。这其中能够与人类之间自然传播或相互感染的疾病又称为人兽共患病（zoonoses）。

野生动物是病原体的巨大天然储藏库，许多重大的新发疫病来源于野生动物。中国野生动物资源十分丰富，脊椎动物有 6 482 种，其中鸟类有 1 332 种。这些野生动物由于各自的生活习性不同，生存环境多样，所携带的病原体极其复杂，形成一个庞大的天然病原体库。据世界动物卫生组织（OIE）的报告，60% 的人类传染病病原体来自动物，75% 的人类新发传染病病原体来自动物，特别是野生动物。目前世界上已证实的人兽共患病在 200 种以上，其中对人类有严重危害的约有 90 种。中国已发现的人兽共患病达 130 余种。例如，2003 年在中国一些地区发生的 SARS 病毒来源于野生动物，2004 年以来各地频繁发生的禽流感与野生鸟类的活动相关联，生活在人群周围的鼠类可传染 50 多种人兽共患病。因此，野生动物与人类健康具有非常密切的关系，严密监测和防控野生动物疫病对于维护公共卫生安全和生物安全，保障人类健康和野生动物资源具有重要意义。

2003年以来，中国部分地区先后出现SARS、高致病性禽流感、口蹄疫和炭疽等人兽共患病疫情，尤其是一些新发疫情多来自于境外，对中国的生物安全和公共卫生安全构成巨大威胁。当前，一些流行已久的动物疫病尚未根除，一些新的疫病又不断出现。由重大突发动物疫病引发的公共卫生事件不断发生，让人们感到动物疫病危机四伏，不仅对野生动物资源造成危害，更关系到人类健康与安全，关系到社会的和谐与稳定。针对这一情况，国家林业局严格按照党中央、国务院的要求，针对野生动物特别是鸟类可能传播疫情这一隐患，相关部门应及时部署，采取保护珍贵、濒危鸟类，密切关注各地鸟类疫情信息，严厉打击乱捕乱猎违法行为，加强鸟类保护管理和协助开展科学研究等一系列积极措施，加强野生动物的保护管理，有利地配合了防治高致病性禽流感工作，并为逐步开展野生动物疫病监测工作积累了一定的经验。

2004年，国家林业局与中国科学院共同研究提出整合现有资源，在全国开展陆生野生动物疫源疫病监测体系建设，联合向国务院呈报了《关于建立全国陆生野生动物疫源疫病监测预警体系的请示》，组织专家编制了《全国陆生野生动物疫源疫病监测预警体系建设总体规划》。国务院将野生动物疫病监测体系建设纳入了《全国动物防疫体系建设规划》，并于2006年批复实施。

2005年3月15日，国家林业局召开全国野生动物疫源疫病监测工作视频电话会议，正式启动了全国陆生野生动物疫病监测体系建设，野生动物疫病监测工作以此为标志逐步开展起来。

4.4.1 相关法律、法规

由于中国野生动物疫病防控工作刚刚起步，尚未专门制定野生动物疫病防控方面的法律，目前主要依据《中华人民共和国野生动物保护法》、《中华人民共和国动物防疫法》、《中华人民共和国传染病防治法》、《中华人民共和国突发事件应对法》和《重大动物疫情应急条例》等相关的法律法规开展工作。

《中华人民共和国野生动物保护法》是各级林业主管部门开展野生动物保护的重要法律依据。该法对受保护的野生动物的含义进行了阐述："保护的野生动物，是指珍贵、濒危的陆生、水生动物和有益的或者有重要经济、科学研究价值的陆生野生动物。"同时要求："各级野生动物行政主管部门应当监视、监测环境对野生动物的影响。由于环境影响对野生动物造成危害时，野生动物行政主管部门应当会同有关部门进行调查处理。”

国务院颁布的《陆生野生动物保护实施条例》是《中华人民共和国野生动物保护法》的重要配套法规，对其有关规定做了进一步细化，增强了可操作性。《保护实施条例》的第九条规定，任何单位和个人发现受伤、病弱、饥饿、受困、迷途的国家和地方重点保护野生动物时，应当及时报告当地野生动物行政主管部门，由其采取救护措施；也可以就近送具备救护条件的单位救护。救护单位应当立即报告野生动物行政主管部门，并按照国务院林业行政主管部门的规定办理。

《中华人民共和国动物防疫法》中对动物的含义，疫病分类，动物疫病预防，动物疫情的报告、通报和公布，动物疫病的控制和扑灭以及保障措施等进行了详细的规定。该法根据动物疫病对养殖业生产和人体健康的危害程度，将动物疫病分为三类：一类疫病是指对人与动物危害严重，需要采取紧急、严厉的强制预防、控制、扑灭等措施的；二类疫病是指可能造成重大经济损失，需要采取严格控制、扑灭等措施，防止扩散的；三类疫病是指常见多发、可能造成重大经济损失，需要控制和净化的。

《中华人民共和国传染病防治法》将传染病分为甲类、乙类和丙类。甲类传染病是指鼠疫、霍乱。乙类传染病是指传染性非典型肺炎、艾滋病、病毒性肝炎、脊髓灰质炎、人感染高致病性禽流感、麻疹、流行性出血热、狂犬病、流行性乙型脑炎、登革热、炭疽、细菌性和阿米巴性痢疾、肺结核、伤寒和副伤寒、流行性脑脊髓膜炎、百日咳、白喉、新生儿破伤风、猩红热、布鲁氏菌病、淋病、梅毒、钩端螺旋体病、血吸虫病、疟疾。丙类传染病是指流行性感冒、流行性腮腺炎、风疹、急性出血性结膜炎、麻风病、流行性和地方性斑疹伤寒、黑热病、包虫病、丝虫病以及除霍乱、细菌性和阿米巴性痢疾、伤寒和副伤寒以外的感染性腹泻病。

《中华人民共和国突发事件应对法》所指的突发事件包括自然灾害、事故灾难、公共卫生事件和社会安全事件。该法规定了“国家建立统一领导、综合协调、分类管理、分级负责、属地管理为主的应急管理体制”和“预防为主、预防与应急相结合的原则”，提出建立健全突发事件应急预案体系和安全管理制度。在安全管理制度中包括了应急管理培训制度、应急物资储备保障制度、突发事件监测制度、突发事件预警制度和信息管理制度等内容。

2005 年 11 月 18 日，国务院颁布的《重大动物疫情应急条例》，确立了林业部门开展陆生野生动物疫病监测的法律地位。《重大动物疫情应急条例》第四条第三款中规定：“县级以上人民政府林业主管部门、兽医主管部门按照职责分工，加强对陆生野生动物疫源疫病的监测。”这一条款明确了：一是县级以上人民政府林业主管部门开展野生动物疫源疫病监测工作的合法性，确立了其法律地位；二是县级以上人民政府林业主管部门可以根据此款规定，协调有关部门在监测机构、人员编制和经费投入等方面予以支持；三是在赋予权力的同时，也明确了相应的义务和职责。

关于林业主管部门和兽医主管部门的职责分工，《中华人民共和国动物防疫法》第三条规定：“本法所称动物，是指家畜家禽和人工饲养、合法捕获的其他动物。”从该规定可以看出，兽医主管部门的法定职责是负责家畜家禽和人工饲养、合法捕获的其他动物的疫病预防和控制。把两个规定结合起来，林业主管部门的职责应是负责野生动物野外种群的疫病监测、检验，并积极参与相关疫情的应急处置。

4.4.2 政策

中国的野生动物疫病监测工作是在没有专门机构和专项经费、缺少科技支撑的情况下，从满足应急需要而迅速开展起来的。经过短短几年的探索，形成了“加强领导、密切配合，依靠科学、依法防治，群防群控、果断处置”的方针，初步建立了“统一领导、综合协调、分类管理、分级负责、属地管理为主”的应急管理体制，坚持了“预防为主、预防与应急相结合”的工作原则。国家在体系建设和经费投入等方面给予了许多扶持政策。

在野生动物疫病监测体系建设方面，充分利用林业系统内现有的自然保护区体系、鸟类环志网络、野生动物救护繁育体系和生态定位观测体系、林业有害生物防治体系，通过增加工作内容和职责的办法，在没有增加机构和人员编制的情况下，使其承担起野生动物疫病的野外监测工作。这些机构初步覆盖了中国野生动物主要分布的森林、草原、湿地和荒漠等栖息地，为迅速开展野生动物疫病监测工作提供了组织基础。

这些机构分两批纳入国家级野生动物疫病监测体系。国家林业局2005年公布第一批150个国家级野生动物疫病监测站点，2006年公布第二批200个国家级野生动物疫病监测站点，共计350个。与此同时，各省、自治区、直辖市也先后公布了一批省级野生动物疫病监测站点，部分省（自治区、直辖市）编办正式批准了监测机构和人员。目前一个由350个国家级、768个省级监测站构成的中国陆生野生动物疫病监测体系主体框架已基本形成。

在野生动物疫病监测基础设施建设方面，国务院将野生动物疫病监测体系纳入了《全国动物防疫体系建设规划》。在一期的建设中，已为250个国家级野生动物疫病监测站投入1亿元基础设施建设资金，每个国家级站40万元，主要用于配备必备的监测、取样、消毒、防护和信息报告设施设备，提高了监测人员野外监测的工作能力和防护水平。部分也为监测站点提供了一定数量的配套经费，促进了基础设施建设。

在野生动物疫病监测工作运行和应急方面，国家财政每年提供数百万元的工作补助经费，用于各地监测工作的补助和监测人员的培训，以及开展相关的社会宣传，每年根据情况提供一定数量的应急防控经费，用于突发事件的应急处置。

4.4.3 管理制度

中国野生动物疫病监测工作开展以来，按照“及时发现、快速反应、严格处理、减少损失”的要求，坚持以人为本的理念，在疫情应急准备、疫情监测、疫情信息报告和重大动物疫情的应急处理等方面制定了一系列制度，以保证野生动物疫病防控工作的顺利开展。这些制度集中体现在《重大动物疫情应急条例》、《陆生野生动物疫源疫病监测规范（试行）》之中。

4.4.3.1 重大动物疫情的应急准备制度

重大动物疫情是指高致病性禽流感等发病率或死亡率高的动物疫病突然发生，迅速传播，给野生动物种群或养殖业生产安全造成严重威胁、危害，以及可能对公众身体健康与生命安全造成危害的情形。重大动物疫情出现具有发生的突然性、发展的迅猛性和危害的严重性等特点，这就要求各级人民政府居安思危，在平时就必须做好充分的资金、物资储备以及人员和技术等方面的应急准备。这种应急准备是预防、控制、扑灭突发的重大动物疫情的前提、基础和保障。

《重大动物疫情应急条例》对应急准备主要规定3项制度：

（1）*应急预案制定制度*　国务院有关部门应根据各自的职责和国务院相关应急预案制定部门应急预案，地方各级人民政府及其有关部门制定相应的应急预案。

（2）*建立物资储备制度*　根据高致病性禽流感等重大动物疫情防治工作的实践经验，国务院有关部门和县级以上人民政府及其有关部门，应当按照应急预案的要求，做好疫苗、药品、设施设备和防护用品等物资储备。

(3) *建立应急预备队制度* 应急预备队是控制和扑灭重大动物疫情的重要力量。《重大动物疫情应急条例》对应急预备队的建立、任务、人员组成等做了明确的规定。

4.4.3.2 重大动物疫情的监测、报告和公布制度

建立和完善疫情监测、报告制度，是发现和迅速控制重大动物疫情的重要途径和手段。疫情的监测、报告和公布对于启动应急机制，迅速控制和扑灭突发重大动物疫情具有重要意义。为此，《重大动物疫情应急条例》确立 5 项制度。

(1) *监测网络和预防控制体系制度* 县级以上地方人民政府应当建立和完善重大动物疫情监测网络和预防控制体系，并保证其正常运行，提高对重大动物疫情的应急处置能力。

(2) *重大动物疫情监测制度* 《重大动物疫情应急条例》规定动物防疫机构负责重大动物疫情的监测，林业主管部门负责开展野生动物疫源疫病的监测工作。

(3) *重大动物疫情报告制度* 有关单位和个人发现动物出现群体发病或者死亡的，应当立即向所在地的县（市）动物防疫机构报告。同时对各级动物防疫机构向本级人民政府和上级主管部门报告重大动物疫情的内容、程序和时限做了明确的规定。

(4) *重大动物疫情的确认程序权限和公布制度* 重大动物疫情由省级人民政府兽医主管部门认定；必要时，由国务院兽医主管部门认定。重大动物疫情由国务院兽医主管部门按照国家规定的程序，及时准确公布；其他任何单位和个人不得公布。

(5) *重大动物疫情通报制度* 国务院兽医主管部门应当向国务院有关部门和军队有关部门以及省、自治区、直辖市人民政府兽医主管部门通报重大动物疫情的发生和处理情况；尤其是发生重大动物疫情可能感染人群时，卫生主管部门和兽医主管部门应当及时相互通报情况。同时规定，疫情发生地人民政府与毗邻地区的人民政府应通力合作，相互配合。

4.4.3.3 重大动物疫情的应急处理制度

重大动物疫情应急处理是一项复杂、艰巨的工作，关系到控制、扑灭重大动物疫情目标能否实现。《重大动物疫情应急条例》对此规定了以下 4 项制度。

(1) *建立应急指挥系统制度* 突发重大动物疫情应急工作是一项系统工程，必须在各级政府的统一领导、指挥下才能顺利完成。因此，《重大动物疫情应急条例》规定，重大动物疫情发生后，国务院和有关地方

人民政府应当建立应急指挥系统。

（2）*应急预案的启动制度* 重大动物疫情发生后，由兽医主管部门提出建议，本级人民政府决定启动应急预案，疫点、疫区、受威胁区应当分别采取应急措施。

（3）*基层组织的群防群治制度* 重大动物疫情的控制和扑灭离不开基层政府和群众性自治组织的协调和配合。乡镇人民政府、村民委员会、居民委员会应当组织力量，向村民、居民宣传相关知识，协助做好疫情信息的收集、报告和各项应急处理措施的落实工作。

（4）*有关单位和个人的配合制度* 对重大动物疫情采取控制和扑灭措施，既需要政府的全力投入，统一指挥，也需要有关单位和个人的积极配合。因此，重大动物疫情应急处理中采取的隔离、捕杀、销毁、消毒、紧急免疫接种等控制、扑灭措施，有关单位和个人必须服从；拒不服从的，由公安机关协助执行。

4.4.3.4 监测信息报告制度

监测信息报告包括定期（日报、月报、年报）报告和突发（紧急）事件快报。

（1）*日报告制度* 在规定的重点区域、重点时段实行的每日定时报告制度。各监测点将当日巡查和定点观察所获得的监测信息，按野生动物监测规范中信息日报表的要求，于当日定时向所在地的省级监测管理机构报告。省级监测管理机构统计汇总分析各监测站点的监测信息后，按规定时间向监测总站报告。监测总站对各省级管理机构的日报信息统计分析后，在规定时限内向国家林业局报告。

（2）*月报告制度* 各级监测站点将上个月巡查和定点观察中获得的野生动物异常情况的监测结果、疫情发生发展情况、应急处置情况进行汇总，在规定时间内，按照监测规范中监测信息月报告表的要求，向省级监测管理机构报告。省级管理机构汇总后，在规定的时间内上报监测总站。监测总站将全国情况汇总分析结果在规定的时间内上报国家林业局。

（3）*年报告制度* 各级监测站点将全年工作总结、野生动物疫病监测汇总年报告表，在规定的时间内向省级监测管理机构报告。省级管理机构在规定的时间内将全年工作总结、野生动物疫病监测汇总年报表、野生动物疫病分析上报监测总站。监测总站将各单位的监测总结和分析报告汇总后形成全国的监测工作总结和分析报告，在规定的时间内上报国家林业局。

(4) 突发事件快报制度　各级监测站点在日常监测中只要发现野生动物大量行为异常或异常死亡时，必须立即组织2名或2名以上专业技术人员赶赴现场，进行流行病学现场调查和野外初步诊断。初步确认为疑似传染病疫情后立即向动物防疫部门报告，并在2小时内，将监测信息快报报送监测总站。同时抄报省级监测管理机构和当地林业主管部门，并按要求进行现场处理。监测总站接到监测信息快报后，在2小时内向国家林业报告。

4.4.4 存在的问题

中国野生动物疫病防控工作刚刚起步，相关法律、法规、政策与管理等方面尚存在很多问题，还难以满足维护国家公共卫生安全和生物安全的需要，也不能适应当前有效防控野生动物疫病和保护野生动物资源的要求，主要表现在以下几个方面。

4.4.4.1 相关的法律法规不健全

中国的生物安全问题很多，相对比较严重，急需制定一部符合中国实际并与国际接轨的综合性的法律——《中华人民共和国生物安全法》。通过制定这样的法律，确定中国负责生物安全的具有会商决策功能的综合协调部门，建立起处理生物安全事件的协调机制。

动物疫病防控工作分散在农业、林业等多个部门，特别是野生动物在以利用为目的的饲养种群和野外自然种群的管理上存在很大的差异，在工作中存在很多的交叉和重叠，已有的法律本身有较强的独立性，部门管理的色彩比较浓，导致对重大动物疫情难以适应，部门之间的协调不利，紧急状态下的指挥权难以有效行使。因此需要制定相关的法规加以规范，做到既分工明确，又能密切配合。

野生动物远离人类，生活在复杂的自然环境中，体内很可能含有大量神秘、未知、甚至连正规检疫也检测不出的特殊细菌、病毒。这些特殊细菌、病毒和野生动物可以和平相处，而一旦进入人体则可能成为致命的杀手。因此，在野生动物疫病防控工作上，需要在法律层面上做出规定，在一些具体职能上还要进一步细化和明确。

4.4.4.2 相关政策不配套

相对农业上的动物防疫工作，野生动物疫病防控工作体系建设滞后，基础条件较差，投入严重不足，加之野生动物分布区大多偏远落后、人烟稀少、交通不便，通讯不畅，相对贫困。因此，国家应给予野生动物疫病防控工作更多的扶持政策，加大投入，加快基础设施等能力建设，在较短的时间内建立起适应当前维护生物安全和保障公共卫生安全的监测预警防控体系。

中国已将口蹄疫、禽流感、吸血虫病等一些动物疫病防控工作经费列入财政预算，并对因捕杀动物给养殖者造成的损失给予适当的补偿。但对于野生动物疫病防控的经费投入尚未列入财政预算，只有在出现疫情时给予一定量的补助，这在一定程度上制约了野生动物疫病监测防控工作的开展和发展。

4.4.4.3 相关管理制度不完善

目前，欧美等一些发达国家已建立了较为完善的野生动物疫病监测预警管理体系和相关制度，一旦野生动物野外种群出现异常情况，可在较短时间内确定疫病的病原体种类并提出其传播特点、途径和趋势，能够及时向受威胁范围内公众发出预警信息，并迅速开展防控工作，将疫情消除在最小范围内。而中国目前仅能开展事后被动监测，尚不能做到主动预警和常规监测，无法达到监测工作的目的。此外，中国部门之间信息交流与共享机制不完善，也缺乏统一的监管机构与监管机制。

《重大动物疫情应急条例》对监测工作进行了分工，《陆生野生动物疫源疫病监测规范（试行)》重点对监测技术进行了规范，但各级监测机构的职能、监测人员的职责、监测工作的组织管理等还缺乏具体规定，需要出台《野生动物疫源疫病监测工作管理办法》。

4.4.4.4 相关研究工作滞后

一是对野生动物疫病没有组织开展过全面系统的调查，重要的疫源地、主要疫病的分布区等本底情况不清，动物的活动规律与疫病发生的关系不清，影响着防控体系的建设布局和监测的重要区位和重点时段的确定。二是林业部门开展的疫病研究仅局限于大熊猫、朱鹮、扬子鳄、梅花鹿等部分重点保护野生动物物种；农业动物防疫、卫生等部门的研究同样局限于某些特定的疫病，且这些研究与野生动物生物学、生态学研究缺乏有机结合，对野生动物疫病防控工作支持力度有限。三是具体工作中技术含量不足，监测技术、检测技术、处理技术以及个人防护技术等都存在较大差距。

中国专家参与政府决策的机制不健全，专家的参与带有很大的随意性，易受人为因素的影响。

4.4.5 对策

对于一个国家而言，健全的动物疫病监测防控体系是维护国家生态安全和生物安全的需要，是及时、快速、有效地防控动物疫病的重要手段。针对中国目前的现状和存在的问题，从法律、法规、政策与管理等方面提出以下对策，使监测工作法制化、规范化和制度化。

4.4.5.1 尽快完善相关法律法规体系

中国生物安全管理的法律法规体系应包括：综合性的国家层面的生物安全管理法，如《中华人民共和国生物安全法》；有关部门制定的各自领域内的生物安全管理专项部门规章，如《陆生野生动物疫源疫病监测工作管理办法》等；生物安全标准，从实际出发制定相关的标准、操作细则和技术规范等；其他法律法规中与生物安全管理有关的规定。

完善相关的法律法规应做到：一是要以科学的原则指导生物安全立法。风险防范原则应成为生物安全立法的首要原则，同时，还要密切注意全程序控制原则、适度控制原则和国际合作原则。二是完善中国生物安全的法规体系。针对生物安全问题的不同特征，制定针对性强的、专门的生物安全条例。三是建立生物安全风险评估制度。评估中不仅要考虑直接后果，还要考虑间接后果，如危害因素、监测和控制费用、补偿费用、潜在的损失以及对环境的不利影响等。

4.4.5.2 尽快完善动物疫情监测防控体系

动物疫情监测防控体系一个能准确及时监测重大动物疫病的适时业务服务体系。通过动物疫情监测、检测与管理，及其对预先掌握动物携带的病原种类、特点和传播途径，以及掌握病原对人类生存环境的污染程度和对区域环境、其他生物的持续危害程度，进行风险分析与评估，对阻断动物疫情向人类传播、消灭疫源，特别是将动物疫病对人类生命健康造成的损害和威胁控制在最低程度，以及对提高动物疫病防治的整体水平都极其重要。

加强野生动物疫病监测防控体系建设的重点是：以监测总站、国家级和省级监测站点以及县级以上林业主管部门为主体，以现有的自然保护区、野生动物救护繁育、鸟类环志和林业有害生物防治工作机构为基础，以现代科学理论和技术手段为依托，建设野生动物疫病监测防控体系，尽快完善监测体系建设，不断扩大监测覆盖面，消灭监测盲区；稳定监测机构，提高监测人员素质；加强区域间和部门间的合作，实现群监群测和联防联控；加强基础设施建设，提高监测能力。

4.4.5.3 尽快完善相关管理办法

依据《中华人民共和国野生动物保护法》、《中华人民共和国陆生野生动物保护实施条例》、《重大动物疫情应急条例》等相关法律，尽快制定《陆生野生动物疫源疫病监测工作管理办法》。《管理办法》应遵循预防为主、防治结合的方针和按照突出重点、着眼长远、注重实效、填补空白、强化保护、服务社会的总体要求，以切实保障人身健康、人民生命财产安全和保护珍稀、濒危动物资源为根本目的，明确各级监测机构和各类监测人员的职责，规范各类监测站点的建设标准和工作管理，统一监测方法和要求，及时、有效地控制突发重大野生动物疫情的传播和流行，维护国家公共卫生安全、饲养动物卫生安全，保护野生动物资源，维护生态平衡，最大限度地减轻疫情危害。

同时，各级监测机构还要完善领导责任制度和责任追究制度，制定岗位责任制度和突发重大动物疫情应急预案。

4.4.5.4 加强相关的科学研究

在国家层面上应成立野生动物疫病防控工作专家委员会，开展技术咨询工作；积极争取科研经费，开展重大动物疫病的流行学、传播规律、暴发机理、防控技术等科学研究，开展野生动物疫病的本底调查，全面掌握基础情况；组织开展不同层次的技术培训，提供监测队伍的业务素质。各地也要针对本地实际情况开展相关的科研工作，不断加大科技支撑水平。

4.4.5.5 加大防控经费投入

控制和扑灭重大动物疫病需要大量的人力、物力和财力，充足的经费支持是控制动物疫病的重要保障。防控动物疫病，维护生物安全和公共卫生安全是一项公益性事业，应由政府给予财政支持。处置突发重大动物疫病所需要的财政经费应按《财政应急保障预算》执行，加大基础设施建设和日常监测预警运行经费的投入。

4.5 中国森林火灾防控的相关法律、法规、政策和管理制度

中国是一个森林火灾多发的国家。森林火灾不仅对宝贵的森林资源造成严重破坏，使生态环境恶化，还直接威胁到林区国家财产和人民生命的安全。为了做好森林防火工作，中国采取了一系列措施，制定了一系列法律法规，主要有《森林法》、《森林防火条例》等，并且要求严格按照“预防为主、积极消灭”的工作方针，不断加强森林防火工作。

4.5.1 实行森林防火责任制

森林防火是一项群众性、社会性很强的工作，涉及面广。《森林法》

规定："地方各级人民政府应当切实做好森林火灾的预防和扑救工作。"因此，森林防火工作是地方各级人民政府的一项法定职责。《森林防火条例》进一步规定，"森林防火工作实行各级人民政府行政领导责任制"，林区各单位都要在当地政府领导下，实行部门和单位领导负责制。《森林防火条例》实施以来，省、地、县、乡都建立了森林防火四级行政领导责任制，层层签订责任状，各地政府主要负责人对森林防火工作亲自部署、亲自检查、亲自到火场指挥扑火，使中国森林防火工作取得了突破性的进展。

4.5.2 依法建立健全森林防火组织

防治森林火灾是关系林业建设和发展的重要工作。必须建立健全组织保障。为了加强森林防火工作，《森林防火条例》规定，国家设立国家森林防火总指挥部，其职责是：一是检查、监督各地区、各部门贯彻执行国家森林防火工作的方针、政策、法规和重大行政措施的实施，指导各地方的森林防火工作；二是组织有关地区和部门进行重大森林火灾的扑救工作；三是协调解决省、自治区、直辖市之间、部门之间有关森林防火的重大问题；四是决定有关森林防火的其他重大事项。中央森林防火总指挥部办公室设在国务院林业主管部门。地方各级人民政府要根据实际需要，组织有关部门和当地驻军设立森林防火指挥部，负责本地区的森林防火工作。县级以上森林防火指挥部要设立办公室，配备专职干部，负责日常工作。扑火工作实行发动群众与专业队伍相结合的原则，林区所有单位都要建立群众扑火队，并注意加强训练，提高素质；国有林业企业事业单位必须组织专业扑火队。地方各级人民政府和国有林业企业事业单位，根据实际需要，可以在林区建立森林防火工作站、检查站等防火组织，配备专职人员。国务院和省、自治区人民政府，应当根据实际需要，在大面积国有林区开展航空护林，加强武装森林警察部队的建设，逐步提高森林防火的专业化、现代化水平。有林地和林区的基层单位，应当配备兼职或者专职护林员。

4.5.3 森林火灾的预防管理

根据《森林法》和《森林防火条例》的有关规定，预防工作主要应抓好以下几个方面：

(1) 进行森林防火宣传教育　森林防火宣传教育是搞好森林防火的重要基础工作，也是做好预防工作的重要措施。《森林防火条例》规定：

“地方各级人民政府要组织经常性的森林防火宣传教育，做好森林防火预防工作。”宣传教育的内容主要是森林防火的法规、党中央和国务院关于森林防火工作的指示、森林防火工作的经验和教训，以及森林防火科学知识等。宣传教育要做到广泛深入、经常化、制度化，特别是对新进入林区的单位和人员、林区分散的居住户更要重点宣传教育，以增强广大群众的防火意识和法制观念。

(2) *规定森林防火期和森林防火戒严期* 为了严格控制和管理用火，《森林防火条例》规定，县级以上地方人民政府，应当根据本地区的自然条件和火灾发生规律，规定森林防火期；在森林防火期内出现高温、干旱、大风等高风险天气时，可以划定森林防火戒严区，规定森林防火戒严期。森林防火期、森林防火戒严区和森林防火戒严期，应当由当地县级以上人民政府公布，使林区内的所有居民和外来人员都能按有关规定执行。

(3) *建立森林防火的各项具体制度* 根据《森林法》和《森林防火条例》的规定，这些具体制度主要包括入山人员管理制度、机动车辆防火制度和使用枪械等防火制度。入山人员管理制度是指，为了防止群众无组织入山随便用火引起森林火灾，在森林防火期内要实行封山搜山制度，进入林区的人员必须持有当地县级以上林业主管部门或者其授权单位核发的进入林区的证明。森林防火期内是指，在林区作业和通过林区的各种机动车辆，必须安装防火装置，并采取其他有效措施，严防漏火、喷火和机动车闸瓦脱引起火灾。使用枪械等防火制度是指，在森林防火期内，禁止在林区使用枪械狩猎；进行实弹演习、爆破、勘察和施工等活动，必须由省级林业主管部门授权的森林经营单位批准，并采取防火措施，做好灭火准备工作。

(4) *建设森林防火设施* 在林区建设森林防火设施主要是设置火情瞭望台，开设防火隔离带或者营造防火林带，配备防火交通运输工具、探火灭火器械等，在重点林区修筑防火道路，建立防火物资储备仓库，建立森林火险监测和预报站（点)。开展航空护林，建立机降扑火队和设置防火通信设施，是预防和扑灭森林火灾的有效办法，各地要根据实际情况，在设施建设规划中将其纳入，不断加强。

4.5.4 森林火灾的扑救制度

保护森林，预防和扑救森林火灾是《森林法》和《森林防火条例》规定的中国每个公民应尽的义务。任何单位和个人一旦发现森林火灾，必须立即扑救，并及时向当地人民政府或者森林防火指挥部报告。在发生森林火灾时，当地人民政府或者森林防火指挥部都要按照《森林法》的规定，立即组织当地军民尽力扑救，力争“扑早、扑小、扑了”，将损失减少到最低限度，同时要将火情逐级上报到省级防火指挥部或者林业主管部门。

省级森林防火指挥部或者林业主管部门对于发生《森林防火条例》规定的重大、特大和需要中央支援扑救等 8 种森林火灾，应当立即报告国家森林防火总指挥部。8 种森林火灾是：①国界附近的森林火灾；②重大、特大森林火灾；③造成一人以上死亡或者三人以上重伤的森林火灾；④威胁居民区和重要设施的森林火灾；⑤ 24 小时尚未扑灭明火的森林火灾；⑥未开发原始林区的森林火灾；⑦省、自治区、直辖市交界地区危险性大的森林火灾；⑧需要中央支援扑救的森林火灾。森林火灾分为 4 类：森林火警指受害森林面积在 1 hm^2 或者其他林地起火的，一般森林火灾是指受害森林面积在 1 hm^2 以上不足 100 hm^2 的，重大森林火灾是指受害森林面积在 100 hm^2 以上不足 1 000 hm^2 的，特大森林火灾是指受害森林面积在 1 000 hm^2 以上的。

4.5.5 其他防火工作制度

（1）*表彰奖励制度* 对于在森林防火工作中表现突出，贡献大的单位和个人，应当按照规定由县级以上人民政府给予精神或者物质奖励。按照《森林防火条例》的规定，有下列事迹的单位和个人，由县级以上人民政府给予奖励：①严格执行森林防火法规，预防和扑救措施得力，在本行政区或者森林防火责任区，连续 3 年以上未发生森林火灾的；②发生森林火灾及时采取有力措施，积极组织扑救的，或者在扑救森林火灾中起模范带头作用，有显著成绩的；③发现森林火灾及时报告，并尽力扑救，避免造成重大损失的；④发现纵火行为，及时制止或者检举报告的；⑤在查处森林火灾案件中做出贡献的；⑥在森林防火科学研究中有发明创造的；⑦连续从事森林防火工作 15 年以上，工作有成绩的。

（2）*违法行为处罚制度* 对违反《条例》的规定，在森林防火期内，野外吸烟、随意用火但未造成损失的；或者违反条例规定擅自进入林区的；或者违反条例规定使用机动车辆和机械设备的；或者有森林火灾隐患，经森林防火指挥部或者林业主管部门通知不加消除的，处 10 元至 50 元的罚款警告。不服从扑火指挥机构的指挥或者延误扑火时机，影响扑火救灾的，处 50 元至 100 元的罚款或者警告；过失引起森林火灾，尚未造成重大损失的，责令限期更新造林，赔偿损失，可以并处 50 元至 500 元的罚款。违反森林防火管理，依照《中华人民共和国治安管理处罚条例》的规定应当处以拘留的，由公安机关决定，情节和危害后果严重，构成犯罪的，由司法机关依法追究刑事责任。

4.6 中国自然保护区相关法律、法规、政策和管理制度

截至 2007 年底，中国已建立各级、各类自然保护区 2 531 个，总面积达 152 km²，约占国土面积的 15.19%。其中在数量方面，以森林生态系统和野生动物类型占主导地位；在面积方面，野生动物类型则占首位，荒漠生态系统类型、森林生态系统类型、内陆湿地和水域生态系统类型分列 2 ～ 4 位。这些自然保护区对保护中国的自然资源、生态安全起到了至关重要的作用。

目前，中国出台的自然保护区相关法律法规有 1994 年《自然保护区条例》、1998 年《森林法》(修订)、1989 年《野生动物保护法》、2000 年《森林法实施条例》、1992 年《陆生野生动植物保护实施条例》、1997 年《野生植物保护条例》、2006 年《濒危野生动植物进出口管理条例》、1985 年《森林和野生动物类型自然保护区管理办法》、1988 年《国家重点保护野生动物名录》以及 1998 年《国家重点保护野生植物名录》（第一批）等。此外，中国于 1982 年和 1993 年先后加入了《濒危野生动植物种国际贸易公约》和《生物多样性公约》等与自然保护区相关的国际条约。中国超过半数以上的省级行政区结合本省的实际情况也相继制订了与自然保护区有关的法律法规，如《湖南省野生动植物资源保护条例》（1997 年）、《广东省野生动物保护管理办法》（2001 年）等，加强了地方性法律法规的建设。

中国现有的自然保护区因建立时间、建立地点、经费等因素的影响，存在着较大的差异。如一些地方虽建立了自然保护区，但因没有管理经费，一般都没有管理机构；有部分管理经费的自然保护区，较难做到科学有效的保护。此外，自然保护区经费还存在由自身或相关业务部门筹措的情况，但这往往只能解一时燃眉之急。由于自然保护区起源复杂和多样化，其管理意识和理念难以摆脱自身的局限和超出行业的圈子，不能从可持续发展的目标出发，特别是一些与所在地联系不紧密的自然保护区，在解决冲突与矛盾时就显得软弱无力。因此，要搞好中国的自然保护区建设，首先要解决管理和建设经费问题；其次要建立协调统一的自然保护区主管部门；要从全局出发，制定统一的自然保护区管理的法律法规和政策

体系以及统一的自然保护区的管理目标和标准。

4.7 其他保护林业生物安全的相关法律、法规、政策及管理制度

在林业方面，除生物入侵、转基因生物、森林遗传资源和野生动物疫病等引起生物安全的问题外，气候变化、生物实验室和检疫实验室等同样存在生物安全问题。在生物实验室和检疫实验室方面，到目前为止，中国林业部门没有一家P3实验室，动物学试验、病毒学试验和转基因实验也均在普通实验室中进行，也没有出台与生物实验室和检疫实验室使用和管理相关的法律法规及管理制度。在气候变化对生物安全的影响方面，近年来，中国政府和林业主管部门出台了一些相关措施，如2007年国务院印发了《中国应对气候变化国家方案》(国发〔2007〕17号)，明确将加强森林病虫害控制、研究与开发森林病虫害防治技术、提高预警和应急能力作为应对气候变化政策和措施的重点领域；同时，国家林业局积极与气象等部门合作开展联合应对策略，共同预防和应对全球气候变暖对林业有害生物灾害的影响，并于2007年国家林业局与中国气象局签订了《林业有害生物监测预报合作协议》，2008年初联合下发了《关于做好林业有害生物气象监测预报服务工作的通知》。

4.8 林业生物安全案例介绍

4.8.1 林业生物入侵与生物灾害案例

松材线虫的入侵、危害及防控管理

松材线虫 *Bursaphelenchus xylophilus* (Steiner & Bubrer) Nickle 病是松树的一种毁灭性传染病害，具有致病力强、寄主死亡速度快，传播迅速、防治难度大等特点。该病是当前全球的重大植物疫病，目前已在墨西哥、葡萄牙、美国、加拿大、日本、韩国、中国等国家造成不同程度的危害，其中以日本、韩国、中国受害最严重。

松材线虫是中国林业的头号入侵生物，于1982年在南京市中山陵首次发现，目前已扩散蔓延至江苏、浙江、安徽、福建、江西、山东、湖北、湖南、广东、广西、重庆、贵州、云南等省(自治区、直辖市)的192个县级行政区，674个乡镇，累计致死松树5亿多株，毁灭松林500多万亩，造成经济损失数千亿元，并严重威胁着中国现有松林和一批世界著名风

景名胜区、自然文化遗产以及重点生态区的安全，直接影响着中国的外贸出口和社会经济的发展。当前，该病害在中国的扩散蔓延形势仍然十分严峻，并明显呈现出由东南沿海向内陆地区、一般林区向重点林区蔓延的势头。

在中国，松材线虫病危害具体体现在：一是破坏生态环境，引发生态灾难。松材线虫的寄主松树一般都是造林绿化先锋树种，也是荒山造林和长江、珠江和淮河流域防护林、沿海防护林等森林生态屏障的主体树种。这些松材线虫寄主松树种植地区一般立地条件较差，松树染病枯死后，更新恢复极为困难，并极易导致水土流失、山洪暴发、泥石流、大洪灾等一系列生态灾难。二是破坏旅游资源。目前，松材线虫已造成南京中山陵、牛首山、宝华山、苏州虎丘园林等处的松林大幅度减少，使部分山头重现荒山秃岭，良好的自然景观惨遭破坏。同时，其传播危害直接威胁着黄山、杭州西湖、千岛湖、太湖、张家界、九寨沟、普陀山等以自然生态景观为主的风景名胜区，若这一些地方一旦遭受危害，将严重影响中国旅游产业的发展。三是影响中国的对外贸易。松材线虫病是全球的重大疫病，松材线虫是世界各国重点防范的有害生物，并均采取了严格的检疫措施。在当前全球经济迅猛发展，中国对外贸易日趋频繁的形势下，中国发生松材线虫病的情况受到了进口国的高度关注，并对松木包装材料及其制品提出和实施了严格的检疫要求和措施，极大了影响了中国的出口贸易。

在松材线虫病的防控管理方面，中国政府和林业主管部门针对该病的入侵给予了高度重视，在积极开展松材线虫病防控工作的同时，出台了一系列的法规、政策，总结了大量切实可行的管理经验：

(1) **制订相关法规、政策、标准**　2002年国务院办公厅下发了《关于进一步加强松材线虫病预防和除治工作通知》(国办发明电[2002]5号)，对疫情预防和除治工作提出了具体要求、目标和措施，强化了责任。同时，国家林业局自20世纪80年代至今，先后出台了《松材线虫病防治技术方案》、《松材线虫病疫区和疫木管理办法》、《松材线虫病普查抽样检测办法》、《全国松材线虫病预防和除治工作实施方案》等政策和办法，下发了《林业部、农业部关于加强松材线虫病检疫防治工作的通知》(林护字[1989]48号)、《国家林业局关于进一步做好松材线虫病监测、普查、检疫工作的紧急通知》(林造发[2001]380号)、《国家林业局关于进一步加强松材线虫病防治工作的意见》(林造发[2009]97号)等防控松材线虫病的重要文件30多份。及时制订和颁布了林业行业标准《松材线虫病检疫技术》（LY/T1123-1993），国家标准《松材线虫病发生区松木包装材料 处理和管理》（GB/T20476-2006）等技术和管理方面的标准。此外，各地方政府和林业主管部门也根据本辖区的实际情况，出台制订了多项防控方面的法规、政策，如浙江省出台了《浙江省松材线虫病防治办法》（省政府令 [2005] 第 183 号）等。以上法规、政策和文件的出台，较好地规范和指导了松材线虫病的防控工作，确保了防控的系统性和科学性。

（2）加强防控管理　一是定期公布疫区，规范疫区管理，提高防止松材线虫传播扩散的针对性。二是实施加工、使用和经营松木及其制品的单位和个人登记制度，加强各地涉木企业的监管，严防违法违规采伐、加工、利用、运输、经营疫木。三是实施《松材线虫病疫木加工板材定点加工企业审批》的行政审批许可项目，制订疫木安全利用标准，积极开展疫木安全利用，减少灾害损失。四是在开展常年监测的同时，建立了年度普查制度，每年秋季在全国范围内集中开展松材线虫病普查工作，及时准确地掌握疫情的发生发展情况，做到疫情早发现，早除治。五是建立年度松材线虫病除治计划制度和防控成效检查制度，落实防控责任和目标，提高防治成效。六是按照《重大外来林业有害生物灾害应急预案》和《突发林业有害生物事件应急处置办法》，建立和完善防控松材线虫病的应急管理，提高应对疫情的能力。

（3）创新防控机制　一是引入系统工程的运作方式和工程项目的管理方法，实施工程治理机制。1999 年国家林业局在财政部的支持下，分别在广东、浙江等省相继实施松材线虫病的工程治理项目，在松材线虫病除治工作方面取得了很好成效，实现了全国松材线虫病发生面积与病死树数量连续八年持续下降的目标。二是建立地区间的联防联治机制。通过地区间的联防联治形式，建立松材线虫病治理过程中的轮流值班制度、定期会议制度、信息通报制度和边界插花地带属地防治和联合检查制度，提高防治的整体水平。三是建立部门间联席会议制。即以林业部门为主，电力、电信、交通等多部门参加，通过定期召开会议，通报疫情信息，共同开展松材线虫病的防控工作。四是引入市场机制，推行绩效承包制、招投标制和施工监理制等机制，提高疫情除治的成效。

4.8.2 林业转基因生物安全案例

转双抗虫基因 741 杨

转双抗虫基因 741 杨（简称转基因 741 杨）是河北农业大学用部分改造 Bt CryIAc 基因与慈菇蛋白酶抑制剂基因构建的双抗虫基因表达

载体，通过农杆菌介导法转化了优良白杨杂种741杨，并获得了一批对多种鳞翅目害虫具有高抗虫性的无性系。经过分子生物学检测及抗虫性试验证明，其中3个高抗无性系对舞毒蛾和杨扇舟蛾等幼虫的致死率达85%以上，特别是对国家重点检疫对象美国白蛾幼虫具有几乎100%的致死率；其他中抗系号幼虫死亡率也在50%以上，并且还能抑制存活下来的昆虫幼虫的发育，使其发育龄期的历期延长，发育速率减缓，不能正常结茧。转基因741杨经过中间试验、环境释放，已于2002年获得林业生物基因工程安全委员会批准的商品化许可证书，可进行商品化生产。2004年2月转基因741杨通过国家林业局林木新品种审定，获得林木良种证书。2004年获得国家技术发明二等奖。该项成果可在毛白杨适生区推广，可为森林培育和国土绿化提供优质、抗虫、环保型新品种。

主要特点如下：

（1）为了提高Bt基因在高等植物中的表达水平，对BtCrylAc基因两端部分片段进行了改造，在转基因烟草中表达后高抗棉铃虫。

（2）为了解决昆虫可能对表达Bt杀虫蛋白的转基因植物产生耐受性的问题，同时为了提高转基因植物的抗虫性及扩大抗虫谱，在一个植物表达载体上构建了两种不同杀虫机制的BtCry1Ac基因和慈菇蛋白酶抑制剂基因（API）。这是用Bt基因与API基因构建双抗虫基因表达载体的首次报道。已报道的抗虫转基因植物多是转单一基因的，虽然这些植物对特定目标昆虫具有有效的毒杀或抑制生长发育作用，但长期使用这种植物必将使目的昆虫产生抗性。将两个或两个以上的不同抗虫基因转入植物，可获得同时表达多种抗虫基因的工程植株。由于不同抗虫蛋白在昆虫肠内的受体不同，或抗虫机制不同，这类抗虫植物可以达到提高杀虫效力、延缓害虫抗性产生的目的。

（3）应用农杆菌介导法对741杨进行转化，通过抗卡那霉素（Ka）选择进行饲虫试验，筛选出对杨扇舟蛾、舞毒蛾和美国白蛾具有高抗虫性的无性系。其中3个高抗无性系对舞毒蛾和杨扇舟蛾等幼虫的致死率达85%以上，特别是对国家重点检疫对象美国白蛾具有几乎100%的致死率，其他中抗系号幼虫死亡率也在50%以上，并且还能抑制存活下来的昆虫幼虫的发育，使其发育历期延长，发育速率减缓，不能正常化蛹。经分子生物学检测证明，BtCry1Ac基因和API基因已导入毛白杨基因组中且为单拷贝插入，苗木形态和生长发育正常。

（4）本项目转入基因的杂种毛白杨741杨，是河北农业大学于20世纪70年代开始进行有性杂交选出的白杨优良杂交品种，杂交组合为银白杨×（山杨＋小叶杨）×毛白杨 *P. alba* ×（*P. davipiana*+*P. simonii*）× *P. Tomentosa*。在河北、北京、山东、河南、陕西、甘肃等地进行的为期10年的区域栽培试验证明，杂种741毛白杨具有生长快、材质优良、树干通直、树形美观等更加优良的特性，10年生材积生长量超出一般毛白杨30%~50%，木材密度、抗压强度、抗拉强度、硬度等木材物理力学性质超过一般毛白杨10%以上。该品种已在1994年通过鉴定，并在毛白杨适生区内广泛推广应用。将741杨转入双抗虫基因后，其抗虫性得到了大幅度提升，为华北、西北等地造林提供了一个在生长速度、材性及抗虫性上均优于传统树种的优良新品种。

（5）对人畜没有危害。Bt基因产物为杀虫蛋白，对人畜是安全的（因为苏云金杆菌作为生物防治剂已在世界各地应用近30年，对人、畜、禽、鱼都未发现严重问题）。741杨为败育雌性，没有花粉，因而不会造成基因漂移问题。该树种花量很小，仅见于树尖上有少量花序，花量约为毛白杨的1/20，花序短，长度为毛白杨的1/2~1/3，果实成熟前95%以上脱落，保留的果序、种子干瘪，高度不育，没有飞絮现象。到目前为止，针对转基因741杨树所做的生物安全性研究都没有得出转基因杨树可能对根际微生物、非目标昆虫等产生显著影响的结论。转基因通过种子在干旱、半干旱地区传播的可能性极低。中国杨树栽培区多处于干旱、半干旱地区，远离天然林，生态安全性很高，加上产业的旺盛需求，有利于转基因杨树的推广应用。经国家农业部农业基因工程安全评价，转双抗虫基因741杨的安全等级为一级。

（6）在转双抗虫基因741杨培育成功的基础上，开展了转双抗虫基因741杨繁育与栽培综合配套技术研究，建立了高效育苗体系，发明了"嫩枝扦插移棚不移苗"技术，有效解决了转基因741杨育苗困难的问题。"转双抗虫基因741杨繁育与栽培综合配套技术"获得2005年河北省科技进步三等奖。

（7）以转基因741杨和转双抗虫基因三倍体毛白杨为试验材料，对转基因抗虫杨的抗虫持续效应及生态安全性进行了系统研究，探讨了在自然状态下转基因抗虫杨不同抗性株系对土壤生物和林分节肢动物群落结构及多样性产生的影响，为转抗虫基因杨树的推广应用提供理论依据。"转基因杨树生态抗虫效应及安全性评价"获得2008年河北省自然科学三等奖。

由于转双抗虫基因741杨对美国白蛾等具有高抗虫性，在河北省毛白杨适生区作为行道树、农田防护林、庭院绿化栽种转双抗虫基因741杨，可有效阻挡美国白蛾的蔓延。

4.8.3 森林遗传资源安全案例介绍

大熊猫遗传资源保护

大熊猫 *Ailuropoda melanoleuca* 是仅分布于中国的珍贵孑遗物种，既是中国的国宝，也是世界自然遗产的重要组成部分。1870~1949 年的近 80 年间，大熊猫一直被西方各国当作多种多样的对象，惨遭猎杀和盗捕。据不完全统计 1936~1946 年间，从中国运出的活体大熊猫共计 16 只，另有至少 70 具大熊猫标本存放在西方国家的博物馆里。中国漫长而迅猛发展的经济开发建设过程又导致了大熊猫栖息地的过度破坏，破碎化和片断化十分严重，因遗传漂变和近亲繁殖使得种群遗传多样性降低，更加剧了大熊猫的濒危态势。

为拯救这一举世瞩目的珍稀物种，自 20 世纪中叶始，中国政府下大力气，切实加强对大熊猫及其栖息地的保护，并将其列为《全国野生动植物保护和自然保护区建设工程》的第一大物种，加以重点保护和建设，取得了显著成效，大熊猫的分布范围有所扩大，种群数量有所增加，栖息地质量有所改善。截至 2008 年底，全国已建立大熊猫自然保护区 62 处，其中国家级自然保护区 17 处，保护总面积约 320 万 hm^2，同时，开展大熊猫栖息地生物廊道的建设，使大熊猫的野外种群数量达到了 1 590 多只。加强对野外种群拯救保护的同时，积极开展人工圈养，目前圈养大熊猫数量已达 268 只。在此基础上，建立了“中国保护大熊猫研究中心”和“成都大熊猫繁育研究基地”，加强对大熊猫的拯救与繁育研究，取得了众多研究成果，大大提高了大熊猫的繁殖率和成活率；建立了“大熊猫细胞库”，使大熊猫种质资源得到妥善保存；世界首张大熊猫基因组序列图谱于 2008 年在深圳华大基因研究院绘制完成，有助于从基因角度破解有关大熊猫保护的诸多难题。

4.8.4 野生动物疫病防控案例

青海湖国家级自然保护区候鸟高致病性禽流感疫情防控

2005 年 5 月，青海湖国家级自然保护区内暴发了候鸟高致病性禽流感疫情。面对突发的野生动物疫情，在没有防控经验和现成模式可借鉴的情况下，林业主管部门采取果断措施，在政府的统一领导和部门的相互配合下，在较短时间内扑灭了疫情，将疫情对野生动物资源的破坏控制在最低水平，有力地维护了生物安全和公共卫生安全。同时，为今后处置突发野生动物疫情，防范疫病向家禽家畜和人类的传播进行了有益探索，积累了经验。

【案例背景】

中国是世界上鸟类资源最为丰富的国家之一，有鸟类 1 332 种，其中 600 多种具有迁徙习性。全球有 8 条候鸟迁徙路线，其中东亚—澳大利亚、中亚—印度、西亚—非洲 3 条通过中国。青海湖国家级自然保护区是全球重要的候鸟繁殖地、越冬地和迁徙通道，每年 3~9 月多种候鸟在鸟岛、鸬鹚岛、海心山、三块石等岛屿繁殖，且种群数量极大。据统计，在青海湖栖息的各种鸟类数量达 30 万只以上。在面积仅 12 800 m^2 的蛋岛就约有 7 000 只斑头雁，其中在 2 800 m^2 的区域内约有 5 000 只棕头鸥集中繁殖。青海湖不仅因鸟类多而闻名海内外，也是中国著名的风景旅游区，每年约有 30 多万游客到此观光，仅 2005 年 5 月 2 日一天就有 8 000 多人进入鸟岛。青海湖作为重要生态区位，被国家林业局列为首批建立的国家级野生动物疫病监测站。

【事件经过】

5 月 4 日，青海湖鸟岛监测点工作人员发现 3 只斑头雁非正常死亡，头歪向一边，羽毛零乱，流涎，肛门周围可见少量白色和绿色混杂水样粪便，外观无伤害，与被猛禽、猛兽猎杀或其他外伤致死区别明显，当即向保护区管理局报告。管理局立即将有关情况上报，并与省农牧厅兽医处联系，当晚连夜将斑头雁样品送省兽医总站检测。

5 月 5 日，根据省林业局领导指示和省假日办意见，保护区管理局暂时关停鸟岛，谢绝游客参观。

5 月 6 日，分管副省长赴现场检查指导，召开专题会议安排部署监测防控工作，成立了以省林业局分管副局长为总指挥，环湖海北、海南二州林业局长为副总指挥的现场指挥部，要求加大巡查监测力度，按规定做好死鸟清理、记录、送检和无害化处理；严格日报制度，落实值班人员，确保信息畅通。同日，经省内专家剖检和野外调查，得出“初步排除禽流感，为应激反应综合症”的结论。据此，鸟岛自 6 日重新开放，采取了关闭露天观鸟台，将游客引导至观鸟室观鸟。根据连日野鸟大量死亡的情况，加强鸟类种群动态监测、尸体清理和无害化处理，定期对相关区域进行消毒等。

5 月 10 日，国家林业局专家组赴青海湖检查指导防控工作。经专家现场调查和临床诊断，初步认定不能排除禽流感，应进一步加强监测，采取严格的无害化处理、封锁隔离等措施，防范可能的疫情传播和扩散。

同日，省兽医总站在初检样品后将样品送国家禽流感参考实验室进行复检。

5月14日，经国家禽流感参考实验室检测，确诊为H5N1高致病性禽流感。

5月14日，病因查明后，分管副省长立刻主持召开了省防治重大动物疫病指挥部成员紧急会议，决定成立青海湖高致病性禽流感疫情防控现场指挥领导小组，负责指挥、协调疫情控制工作。当日，国家林业局向青海省林业局下发了《国家林业局关于配合做好疫情防治工作的通知》密码电报。

5月15日，管理局根据紧急会议精神，向省领导小组提出：关闭鸟岛景区；邀请禽流感专家对现场防控工作进行专业指导；请求指挥部统一配发防护器具，提高防范等级，保证工作人员的生命健康安全；给予资金支持。

省领导小组迅速做出批复，并要求管理局和相关部门按照省政府、国家林业局等有关部门的要求，在省领导小组的统一领导下，做好以下监测应急防控工作：

(1) 自15日下午起封闭鸟岛景区，设立检查哨卡，禁止无关人员进入；对因工作需要进入的人员及车辆进行登记、消毒，严密封锁；开展定期清理尸体、现场消毒和无害化处理等工作。

(2) 按照国家有关疫情信息管理的规定，实行24小时值班制度，进一步落实监测人员和交通工具，调整了巡查线路、密度和频度，实现重点区位全方位、全角度、全天候监测，确保及时掌握和报告疫情发生情况。

(3) 对近3年鸟岛区域斑头雁等鸟类栖息相关数据进行整理汇总，分析对其他栖息鸟类的影响，研究斑头雁等鸟类迁徙路线、活动规律，提早考虑疫情对其他迁徙区域的影响。

(4) 在疫情防控工作中，切实做到既有利于疫情防控，又有利于野生动物资源的保护。

(5) 严格按照有关规定做好疫病的控制和防范工作。为一线工作人员配备必要的防护用具，对接触人员、工作场所、交通工具及时消毒。环湖三县政府要切实做好周边群众预防工作，确保广大农牧民的人身安全，防止疫情蔓延。

(6) 全省暂停信鸽训练、比赛等活动，暂停环湖区域的旅游、拍摄、考察、科研等活动，防止疫情扩散。

5月16日，国家林业局下发了《关于进一步加强野生动物疫源疫病监测工作的通知》，对进一步做好监测防控提出要求。

5月20~22日，国家林业局工作组到青海湖现场督导防控工作，要求管理局按照国家林业局近期下发的紧急通知精神，在省政府统一领导下，密切协作、配合，做好监测和防控工作，并就进一步做好今后防控工作，提出如下意见和建议：一是疫情涉及范围大，清理和监测的任务重，务必做好一线工作人员安全防护，保障人员安全；二是改进无害化处理方式，由集中焚烧死鸟转为就近深埋并覆盖生石灰，但需远离湖区和水源地，消除隐患；三是建议省政府要求环湖地区牧民提前转场，避免接触病死鸟，防止人和家禽家畜感染；四是在做好应急处置和监测的同时，记录相关数据，研究共性问题，为今后防控工作积累经验；五是根据青海省候鸟分布实际情况，加强对其他候鸟栖息地的巡查和监控，做到第一时间发现、第一现场处置；六是改进鸟岛现有观鸟设施，防止游人与候鸟近距离接触，为繁殖鸟类提供一个安静的环境，消除潜在疫病传播隐患；七是加强禽流感病毒对水源污染的监测和现场消毒工作，控制疫区范围，在繁殖季结束候鸟迁飞后，对栖息地进行彻底消毒，防止来年疫情复发。

5月22日至7月底，环青海湖周围的2州3县按照省领导小组的要求，成立了由276名技术人员组成的18个疫情普查队，负责对疫区进行反复巡查，对发现的死鸟进行收集和无害化处理。

卫生部门对一线工作人员和当地居民等高危人群采取了严格的禽流感监测与防范措施，并组成工作小组深入疫区及周边地区宣传预防禽流感的有关知识，要求群众减少外出，不检拾病死鸟。

7月28日，死鸟不再出现。此次疫情，共发现候鸟死体12种6 345只，其中斑头雁、棕头鸥、鱼鸥和鸬鹚的死亡数量约占死亡总数的97%。

8月31日，青海省人民政府宣布青海湖候鸟高致病性禽流感疫情解除。省内其他候鸟活动区域的连续监测，也未发现野鸟异常死亡情况，疫情未向家禽和人群扩散。

【案例分析】

青海湖国家级自然保护区内暴发的候鸟高致病性禽流感疫情是中国正式开展野生动物疫病监测工作以来，首次由监测人员及时发现的记录，也是世界上大规模发生候鸟感染高致病性禽流感疫情的记录。在一定意义上讲，此次突发事件促进了中国野生动物疫病监测体系的建设，推动了监测工作的发展进程。总结这一案例，有以下几点经验：

（1）及时发现，为有效应对突发疫情奠定了基础 3月15日，全国野生动物疫病监测工作刚刚启动，青海湖保护区国家级监测站的监测人员就在日常监测巡护中，第一时间发现了斑头雁异常死亡情况。这一及时发现和及时报告为研究应对策略和组织应对措施奠定了基础。

(2) **及早处置，为有效应对突发疫情赢得了时间**　省政府和相关部门不等不靠，从维护公共卫生安全的大局出发，在未查明具体死因的情况下，及时采取了现场封控、消毒清理和无害化处理等控制措施。如等待确诊后再采取行动，5月4~14日的11天时间内，青海湖及其周边数百只死亡候鸟必将为疫病的进一步传播和扩散埋下极大隐患。

(3) **群策群力，为做好突发疫情防控工作提供了保障**　青海湖候鸟异常死亡事件发生后，地方主管部门及时召开专题会议，在没有经历和经验的情况下，集思广益，研究对策，及时启动应急预案。疫情确诊后，在中央有关部门的重视和支持下，在省政府的统一领导下，相关部门和单位积极响应，相互配合，有效联动，为控制和扑灭突发疫情提供了坚强保障。

(4) **措施得力，是有效应对突发疫情的关键**　在疫情未确诊的情况下是否关闭观鸟台，以及对整个保护区采取封锁隔离等措施，是有效处置此次疫情的关键环节。如采取严格的封控措施，势必给地方经济带来严重损失，处理不当还会引起社会恐慌；如不采取严格措施，一旦确诊为候鸟高致病性禽流感等突发疫情，势必给公共卫生安全带来重大隐患。决策部门从大局出发，果断采取严格控制措施，为疫情防控赢得了先机。

(5) **正确引导，是维护社会稳定的重要保证**　长期以来，群众对突发疫情心存恐慌。青海湖地区主要为牧民群众和游客，面对前所未有的突发疫情，各有关部门坚持正确的舆论引导，深入开展疫病防控知识的宣传，极大地消除了群众盲目恐慌心理，促进了当地群众对疫情防控工作的配合，推进牧场转场、家禽免疫等，维护了社会稳定，为最终控制和扑灭疫情发挥了重要作用。

这次青海湖候鸟高致病性禽流感疫情，是中国林业主管部门首次参与组织应对重大野生动物疫情，在取得防控成效的同时，对进一步做好野生动物疫病防控工作有以下几点启示：

(1) **科技支撑不足制约疫情防控工作的有效开展**　此次防控实践虽成功阻止了疫情向家禽和人群扩散，但候鸟禽流感病毒的来源、发生及流行规律并没有搞清，以至于2006年春季候鸟高致病性禽流感在青藏高原更广范围再次暴发，其原因值得深思。一是基础研究薄弱。野生动物疫病本底不清，候鸟迁徙活动规律掌握不够，快速诊断、疫情防控等基础研究滞后，疫情突发时难以快速确定病毒来源和疫情波及范围，难以对疫情发展进行有效预警。二是监测站缺乏初检能力，不能对候鸟的死亡原因进行快速检测和初步诊断，势必出现误判和贻误战机。

（2）**从大局出发是做出正确决策必须坚持的原则** 在青海湖候鸟高致病性禽流感疫情暴发和逐步得到控制、扑灭过程中，国家林业局高度重视，在没有法律法规依据的情况下（《重大动物疫情应急条例》是2005年11月16日发布实施的），按照党中央、国务院关于防控禽流感疫情的总体部署，服从于国家防控禽流感大局需要，统筹野生动物保护与候鸟禽流感监测防控工作，组织专家研究分析形势，科学决策，确保了防控措施的针对性和可操作性。

（3）**完善相关法规，进一步规范应急处置工作** 在青海湖候鸟高致病性禽流感疫情发生前，青海省林业局业已经制定了《青海省野生动物疫病防控预案》，疫情发生后，根据工作需要先后制定了《鸟岛斑头雁不明原因死亡防控监测紧急工作方案》、《野生动物疫源疫病监测防控环湖巡查实施方案》等一系列规章制度，使早期处置得以规范化和制度化，为后来控制和扑灭疫情打下了基础。此次事件后，国务院颁布了《重大动物疫情应急条例》，全国人大颁布了《中华人民共和国突发事件应对法》等法律法规。但从总体上看，配套规章还缺失，总体预案、专项预案还有待进一步完善和补充，还必须增强协调性、联动性，提高应对突发公共卫生事件的能力和水平。

（4）**有效的防控实践凸显了野生动物疫病监测的前沿哨卡作用** 野生动物疫病监测防控处于源头位置，是维护生物安全的重要组成部分，是公共卫生安全的重要环节，也是第一道防线。野生动物疫病监测体系的建立，弥补了空白，促进了公共卫生安全防控体系的完善，并将重大动物疫病的防控哨卡前移至源头。此次疫情防控实践证明，野生动物疫病监测体系的建立对及时发现和有效处置疫情发挥了不可或缺的重要作用。

（5）**完善体系建设，进一步提高疫情监测覆盖范围** 此次疫情能够及时发现，得益于斑头雁死亡地点正位于青海湖国家级监测站蛋岛监测点上，巡查监测密度较大，交通相对便捷。若异常死亡情况首先发生在海心山、三块石等交通不便且需要借助专门交通工具才能到达的岛屿，发现时间势必延迟，后果不堪设想。因此，应根据野生动物分布情况、迁徙活动规律和监测工作具体需要，科学布设监测站点，尽量减少监测盲区，提高有效监测覆盖面。同时，要完善监测设施设备、通讯设备、交通工具，提高监测防控能力。

(6) **保护野生动物，就是保护人类自己** 野生动物是宝贵的自然资源，关爱野生动物，也需要我们高度重视生物安全问题。野生动物是天然的“病原库”，更需要我们重视公共卫生安全问题。因此，我们要广泛开展讲文明、树新风活动，禁止乱捕滥猎野生动物，不食用来源不明、未经检疫的野生动物及其产品，倡导文明消费，防止病从口入；要进一步弘扬生态道德，妥善处理好人与自然的关系，统筹兼顾野生动物保护与可持续利用，促进生态文明建设与经济社会的协调发展。

附件

附件 I

国内外有代表性的组织和学者对生物安全的定义

提出者	时间（年）	生物安全定义	备注
美国国立卫生院（NIH）	1976	为了使含有重组DNA的病原微生物在实验室受到安全控制而采取的一系列措施。	biosafety
卡塔赫纳生物安全议定书	2000	“任何改性活生物体的研制、处理、运输、使用、转移和释放”活动及“所有改性活生物体的越境转移、过境、处理和使用”时，防止或减少其对生物多样性构成的风险，同时亦应顾及对人类健康所构成的风险。	biosafety
世界卫生组织（WHO）	2004	非故意暴露于病原物和有毒物质或病原物和有毒物质非故意释放的预防政策、技术和措施。	biosafety
经合组织（OECD）	2008	为防范生物体对实验室人员或环境造成的非故意危害而采取（用）的安全措施、程序和设备的合理利用。	biosafety
Wikipidia	2009	防止生物完整性的大范围破坏，对生态和人类健康造成损失。生态学领域涉及生物入侵，农业领域涉及疫源疫病和转基因生物，医学领域包括生物器官、基因治疗及其产品、病毒、生物实验室安全，化学领域包括水污染和土壤污染，外太空生物学包括外来微生物。	biosafety
Wikipidia	2008	为防范有价值的生物材料被偷窃而采取的一系列预防措施。	biosecurity
美国疾病控制中心（CDC）	1999	防止未经允许进入实验室区域和将危险性生物体带出实验室。	biosecurity
Barletta M	2002	采取有效措施预防获得危险性病原和有毒物质的生物恐怖、犯罪和间谍活动。	biosecurity
FAO	2003	控制食品安全、动植物健康及环境领域风险的战略和政策法规体系。它包括动植物病虫害和寄生虫病的引入风险管理、遗传改性生物（GMOs）及其产品的引进和释放、生物入侵种及基因型的风险管理。生物安全是与农业可持续发展、食品安全、环境保护（包括生物多样性）直接相关的一个综合性概念。	biosecurity

（续）

提出者	时间（年）	生物安全定义	备注
新西兰农林部（MAF，NZ）	2003	预防、消灭或有效管理有害生物对经济、环境和人类健康的风险。	
Wikipidia Microb. Dict.	2007	为防止生物伤害而采取的政策和措施，包括防止或减少疫病、有害生物和生物恐怖对经济、环境和公共健康造成的威胁。	biosecurity
经合组织（OECD）	2009	为防范病原体及其器官与衍生毒素滥用，对人类、家畜和作物造成危害而采取的措施。	biosecurity
Encyclopedia of S &T E		防止和减少生物体对人类、作物、家畜、野生动物和生态系统造成的故意伤害。	biosecurity
蒋志刚，等；刘谦，等；范晓虹，等；莫莎	1997 2001 2003	防范由现代生物技术的开发和应用（主要指转基因技术）所产生的负面影响，即对生物多样性、生态环境及人体健康可能构成的危险或潜在风险。	狭义
国务院	2001	农业转基因生物安全，是指防范农业转基因生物对人类、动植物、微生物和生态环境构成的危险或者潜在风险	狭义
柯坚	2003	在转基因生物体的实验研究、中间试验、规模化生产、市场化过程中，因转基因生物体释放、生产、使用和处置不当，可能对人类赖以生存和发展的自然生态环境构成难以估量的风险。	狭义
马丹炜，等	2003	生物安全是指在一个特定的时空范围内，由于自然或人类活动引起的外来物种迁入，并由此对当地其他物种和生态系统造成改变和危害；人为造成环境的剧烈变化而对生物的多样性产生有害的影响；在科学研究、开发、生产和应用中造成对人类健康、生存环境和社会生活有害的影响。凡此种种均属于“生物安全”的范畴。	狭义
卢宝荣，等	2003	转基因技术及遗传修饰体（GMO）可能对植物、动物和人类健康，以及遗传资源和环境造成不利影响甚至危害的安全问题。	狭义
丁晓阳	2003	管理和防范现代生物技术应用引起的，对环境和生物多样性、动植物和人体健康与安全的风险。	狭义
汪其怀	2006	防范农业转基因生物对人类、动植物、微生物和生态环境构成的危险或潜在风险。	狭义

（续）

提出者	时间（年）	生物安全定义	备注
王小军	2006	生物正常的生存和发展不受转基因活生物体的商品化及人类现代生物技术活动侵害和损害的状态。	
张文国	2007	做出各种努力以减轻或消除由于生物技术和其产物所造成的各种潜在风险。	狭义
王灿发	2000	生物的正常生存和发展以及人类生命和健康不受人类生物技术活动和其他开发利用活动侵害和损害的状态。	广义
范晓虹，等	2001	一是指人类的健康安全；二是指人类赖以生存的农业生物安全；三是指与人类生存息息相关的生物多样性，也就是环境生物安全。	广义
蔡守秋	2002	生物种群的生存发展处于不受人类不当活动干扰、侵害、损害、威胁的正常状态。所谓正常状态即该生物种的个体总量处于动态平衡的稳定状态。所谓人类不当活动是指违背自然生态规律的人类活动，包括开发、利用生物资源的生产活动、交易活动和技术活动。	广义
周乃元	2003	人们对于由动物、植物、微生物等生物体给人类健康和赖以生存的自然环境可能造成不安全的防范，目的在于防其弊，用其利。	广义
莫莎	2003	由动物、植物、微生物等生物体给人类的健康安全、人类赖以生存的农业生物安全和与人类生存有关的环境生物安全可能造成威胁的防范。它主要包括外来物种迁入对当地生态系统的不良改变或破坏，人为造成的环境剧烈变化危及生物的多样性，在科学研究、开发生产和应用中，经遗传修饰的生物体和危险的病原体等可能对人类健康、生存环境造成的危害等。	广义
陈放，等	2004	与生物有关的各种因素对国家社会、经济、人民健康及生态环境所产生的危害或潜在风险。	
国家质检总局	2004	避免危险生物因子造成实验室人员暴露、向实验室外扩散并导致危害的综合措施。	
李劲松	2006	生物安全（Biosafety）是研究各种生物因素对人类健康的影响以及对生物危害（Biohazards）进行有效控制（Containment）的理论及技术措施的新兴边缘学科。	

（续）

提出者	时间（年）	生物安全定义	备注
王子灿	2006	防止由生物技术与微生物生物危险物质及相关活动引起的生物危害，也可以说是防治生物技术及微生物生物污染。这里的危害既包括生态环境也包括对人类和对其他生物造成的危害。这种危害既可以是在科学上具有不确定性的危害，也可以是已经科学或实践证明确实存在的危害。引发危害的既可以是意外，也可能是人为故意的，如窃取或滥用等。	广义
汪其怀	2006	在一个特定的时空范围内，由于自然或人类活动引起的新的物种迁入，并由此对当地其他物种和生态系统造成危害和改变，进而对生物的多样性产生不利影响和威胁，形成对人类健康、生态环境和社会生活产生有害的影响。一般包括外来生物入侵、重大生物灾害、转基因生物和生物武器等。	广义
徐靖，等	2007	生态系统能够维持活力（vigor）、组织结构（organization）与恢复力（resilience）三大特征，人类个体保持身心健康，并且社会、经济系统保持正常运转的状态。	
戴小枫	2007	危险性外来入侵有害生物、毁灭性高致害变异性动植物病虫害和转基因生物潜在危险的预防控制及农业生物多样性保护。	广义
张文国	2007	在一定时空尺度上，生物（包括人）的生存和发展不受自然力量和人类活动侵害或损害的状态。	广义
王明远	2008	人们对于由动物、植物、微生物等生物体给人类健康和赖以生存的自然环境可能造成的不安全的防范。	广义
李新凤	2004	所谓生物安全是指生物的生长发育及其与环境协调一致的一个动态安全过程。它包括了生物多样性保护，防范外来物种入侵和转基因生物污染，食品安全等内容。	
朱守一	1999	生物安全是指生物技术从研究、开发、生产到实际应用整个过程中的安全性问题。	

（续）

提出者	时间（年）	生物安全定义	备注
胡隐昌，等	2005	广义的生物安全包括了三个方面的内容，即人类的健康安全、人类赖以生存的农业生物安全以及与人类息息相关的生物多样性（环境生物安全）；而狭义的生物安全则指人为操作或人类活动而导致生物体或其产物对人类健康和生态环境的现实损害或潜在风险，主要包括转基因技术引起的生物安全问题和引进外来物种造成的生物入侵问题两方面。	
曾北危	2004	生物安全是一个相对的、不断发展的动态性概念，它的主要内容是人类健康和生态环境安全。而生态环境安全又是以生物多样性（包括物种、基因和生态）为核心。一般而言，所谓“生物安全”是指在特定的时空范围内，由于自然或人类活动引起对当地物种和生态系统造成的威胁和危害；特别是人类的强烈活动（如对生态环境的破坏、对生物资源的滥用、引进外来物种等）可能造成生态环境的剧烈变化，从而影响、威胁和危害生物多样性。	
祝晓莲	2007	生物安全是指对自然生物和人工生物及其产品对人类健康和生态环境可能产生的潜在风险的防范和现实危害的控制，涉及的内容主要有重大传染病、生物恐怖、转基因生物和有害外来物种入侵。	
国家环保总局生物安全管理办公室	2007	通俗地说，生物安全是指生物的正常生存和发展以及人类生命健康不受生物技术活动和其他开发利用活动侵害和损害的状态，是生态安全的重要组成部分，也是国家安全的重要组成部分。	
王超，等	2006	生物安全是对生物危害的检测、评价、监测、防范和治理的科学技术体系。	

附件II

中国木本植物转基因研究情况

树种	目的基因	目的性状	测试阶段
枳壳 *Poncirus trifoliate*	GUS；柑橘衰退病病毒外壳蛋白基因	选择标记；抗病毒	实验研究
核桃 *Juglans regia*	NPT Ⅱ /GUS；ThEn-42	选择标记；抗菌	实验研究；中试试验
佛手 *Citrus medica*	GUS，TPS	选择标记；抗寒	实验研究
秦美猕猴桃 *Qingmei* kiwifruit	mtlD/gutD	耐盐碱	实验研究
樱桃 *Prunus cerasus × P.canescens*	GUS	选择标记	实验研究
樱桃 *Prunus pseudocerasus*	Cecropin B/Shiva A	抗菌	中试试验
苹果 *Malus domestica*	Bt；cpti；leafy；Ferritin；菜豆铁蛋白基因	抗虫；提早开花；提高果实铁元素含量	实验研究；中试试验
苹果砧木八棱海棠 *Malus robusta*	rolC/DREB/IRT；LeITR2；rolC；菜豆几丁酶基因	耐盐碱、缺铁、植株矮化；抗菌	实验研究
枣树 *Zizyphus jujuba*	ACC 合成酶反义基因	耐贮存	实验研究
杏（金太阳杏，美特杏）	afp	抗寒	实验研究
番木瓜 *Carica papaya*	Rib.（核酶基因）；人工 α - 干扰素 2b 基因	抗病毒	实验研究
柑橘 *Citrus* spp.	Cp-CTV	抗病毒	实验研究
沙田柚 *Citrus grandis*	抗菌肽 shivaA 基因	抗菌	实验研究
葡萄 *Vitis vinifera*	BADH	耐盐碱	实验研究
白桦 *Betula Platyphylla*	蜘蛛杀虫肽基因	抗虫	实验研究

（续）

树种	目的基因	目的性状	测试阶段
枸杞 *Lycium barbarum*	NPT Ⅱ；mMT-IcDNA；GNA；HisE	富集锌离子；抗虫；产生抗肝炎疫苗	实验研究
香樟 *Cinnamomum camphora*	GUS/GFP	选择标记	实验研究
枫香 *Liquidambar formosana*	RNAi leafy	植株不育	实验研究
北海道黄杨 *Euonymus japonicus* ‘Cu Zhi’	雪花莲外源凝集素基因（GNA）	抗虫	实验研究
悬铃木 *Platanus acerifolia*	反义 Dγ 基因	抗旱；耐盐碱	实验研究
美丽胡枝子 *Lespedeza formosa*	SacB；BADH	抗旱；耐盐碱	实验研究
兰考泡桐 *Paulownia elongata*	TCS 基因	抗病毒	实验研究
毛白杨 *Populus tomentosa*	GUS；Bt；cpti；反义 CCoAOMT 基因；NP-1	抗虫；降低木质素含量；抗菌	实验研究；中试试验
741 毛白杨 *Populus tomentosa* ‘741’	Bt；CryIAc/Api；反义 Dγ 基因	抗虫；抗旱；耐盐碱	实验研究；商业化生产
三倍体毛白杨	PLD/AtNHXI；反义 4CL	抗旱；耐盐碱；降低木质素含量	中试试验；实验研究
欧洲黑杨 *Populus nigra*	CryIA（C）；Bt/PI；TA29- BARNASE；抗菌肽 Lcl 基因	抗虫；雄性不育	商业化生产；中试试验；实验研究
银腺杨 *Populus alba × P.glandulosa*	BtCry3A/OC-I；Cry Iac/API；SacB	抗虫；抗旱；耐盐碱	中试试验；实验研究
美洲黑杨 *Populus deltoides*	Bt；Bt/cpti；反义 Dγ 基因；反义 Dγ 基因 / 几丁质酶基因；抗菌肽 Lcl 基因	抗虫；抗旱、耐盐碱；抗旱、耐盐碱 / 抗菌	实验研究；中试试验
杨树 *Populus deltoides × Populus simonii*	AaIT	抗虫	实验研究
杨树 NL-80106（美洲黑杨 × 小叶杨）	Bt	抗虫	中试试验

（续）

树种	目的基因	目的性状	测试阶段
欧美杨杂交的优良无性系 *Populus euramericana*	BG2	抗菌	实验研究
欧美杨	CryIA（c）；AtNHXI 基因；cpti；抗菌肽 Lcl 基因	抗虫；耐盐碱	实验研究；中试试验
G1 黑杨	几丁质酶基因（CH5B）	抗菌	实验研究
欧美杨杂交的优良无性系 *Populus euramericana*	BG2	抗菌	实验研究
新疆杨 *Populus xinjiangensis*	cpti	抗虫	实验研究
小黑杨 *Populus simonii × P. nigra*	蜘蛛杀虫肽基因 /Bt	抗虫	实验研究
八里庄杨	mtlD	耐盐碱	中试试验
欧洲山杨 × 银白杨	反义 CCoAOMT 基因	降低转基因株系的木质素含量	中试试验
杨树 *Populus deltoides × P. Cathayana*	mtlD/gutD	耐盐碱	实验研究
小黑杨 *Populus simonii × P. nigra*	Bet-A；codA	耐盐碱	中试试验；实验研究
库安托杨 *Populus xeuramericana*	SacB/vgb/BtCry3A/OC-I/JERF36/NPT Ⅱ	抗虫、抗旱、耐盐碱	中试试验

资料来源：刘海涛，等，2009.

附件III

与林业生物安全紧密相关的国际公约和协定目录

3–1　与林业生物多样性保护紧密相关的国际公约、协定及其相关规定

公约或协定名称	相关背景	相关规定
《生物多样性公约》	1992年6月1日由联合国环境规划署发起的政府间谈判委员会第七次会议在内罗毕通过，1992年6月5日，由签约国在巴西里约热内卢举行的联合国环境与发展大会上签署。公约于1993年12月29日正式生效。该公约是一项有法律约束力的公约。	•旨在保护濒临灭绝的植物和动物，最大限度地保护地球上的多种多样的生物资源。 •发达国家将以赠送或转让的方式向发展中国家提供新的补充资金以补偿它们为保护生物资源而日益增加的费用，应以更实惠的方式向发展中国家转让技术，从而为保护世界上的生物资源提供便利。 •签约国应为本国境内的植物和野生动物编目造册，制定计划保护濒危的动植物。 •建立金融机构以帮助发展中国家实施保护动植物的计划。 •要求执行秘书与《防治荒漠化公约》协作，提出将气候变化考虑因素纳入缺水和半湿润地区生物多样性工作方案的提议。
《联合国气候变化框架公约》	1992年里约热内卢环境与发展大会通过的《21世纪议程》框架下的三大环境公约之一。公约于1992年5月9日在美国纽约联合国总部通过，1994年3月21日生效。	•在所有有关部门，包括林业管理部门，促进和合作发展、应用和传播（包括转让）各种用来控制、减少或防止《蒙特利尔议定书》未予管制的温室气体的人为排放的技术、做法和过程。 •促进可持续地管理，维护、加强《蒙特利尔议定书》未予管制的所有温室气体的汇和库、包括森林生态系统，从而有利于维护森林生物多样性。 •每一个此类缔约方应制定国家政策和采取相应的措施。
《京都议定书》	《京都议定书》是落实《联合国气候变化框架公约》的重要法律文件。议定书于1997年12月11日在日本京都通过，2005年2月16日生效。	•自1990年以来直接由人引起的土地利用变化和林业活动——限于造林、重新造林和砍伐森林——所产生的温室气体源的排放和汇的清除方面的净变化，作为每个承诺期碳贮存方面可核查的变化来衡量。 •规定了《联合国气候变化框架公约》附件I国家的量化减排指标。

（续）

公约或协定名称	相关背景	相关规定
《京都议定书》		•《议定书》还规定了3种"灵活机制"来帮助附件I所列缔约方以成本有效的方式实现其部分减排目标，分别是排放贸易(ET)、联合履行(JI)和清洁发展机制(CDM)。林业方面的造林再造林项目是有效的CDM项目，不仅有利于碳吸收，而且可以维护生态系统的稳定性。
《联合国防治荒漠化公约》	1994年6月在巴黎通过，并于1996年12月正式生效。	•该公约的核心目标是由各国政府共同制定国家级、次区域级和区域级行动方案，并与捐助方、地方社区和非政府组织合作，以对抗应对荒漠化的挑战。 •2008年1月25日会议原则通过了《防治荒漠化推动可持续发展北京声明》。强调森林在防治荒漠化和防治土地退化以及恢复退化方面发挥着十分重要的作用。《不具有法律约束力的关于所有类型的森林文书》（于2007年联合国大会上通过）将推进可持续森林经营管理及加强其对防治荒漠化、减缓气候变化影响、保持森林生物多样性的贡献提供了框架。
《约翰内斯堡可持续发展承诺》	2002年8月在约翰内斯堡举行的联合国可持续发展世界首脑会议发表该承诺。	•同意保护和恢复地球的生态一体化系统，强调保护生物多样性和地球上所有生命的自然延续，做出至迟在2010年大幅度降低生物多样性消失率的承诺。 •为了落实约翰内斯堡会议议定的目标，2003年5月联合国环境与发展委员会公布了一份针对全球环境问题的具体行动计划和时间表，该行动计划主要目标包括对生物多样性的保护，即在2010年大幅度降低生物多样性消失率。 •2004年2月联合国《生物多样性公约》部长级会议通过《吉隆坡宣言》，决心通过更有效和协调一致的努力来实现到2010年年底前大幅度降低全球生物多样性消失率的目标。 •2005年联合国秘书长安南在《更多的自由》报告中提出"要扭转生物多样性消失的趋势，所有国家的政府都应当各自或集体采取步骤，实施《生物多样性公约》以及约翰内斯堡会议关于至迟在2010年大幅度降低生物多样性消失率的承诺。"

（续）

公约或协定名称	相关背景	相关规定
《国际植物新品种保护公约》	1968年8月10日《国际植物新品种保护公约》（以下简称《公约》）正式生效，并成立了《国际植物新品种保护联盟》（UPOV）（目前有47个成员国，中国于1999年4月成为第39个成员国）。《公约》于1972年、1978年和1991年进行了三次修改，现行的《公约》有两个文本，即1978年和1991年文本，两个文本在许多方面都存有差异。	•促进各国植物新品种保护制度的建立和协调各国之间在植物新品种保护方面的法律和政策，推动世界植物新品种保护的协调发展。
《濒危野生动植物国际贸易公约》	1972年6月在瑞典首都斯德哥尔摩召开的联合国人类与环境大会全面讨论了环境问题，特别是濒危野生动植物保护问题。1973年3月3日，21个国家的全权代表受命在华盛顿签署了《濒危野生动植物种国际贸易公约》，又称《华盛顿公约》。1975年7月1日，该公约正式生效。中国于1981年正式加入公约。该公约在保护野生动植物资源方面取得的成就及享有的权威和影响举世公认，已成为当今世界上最具影响力、最有成效的环境保护公约之一。	•该公约的宗旨是通过各缔约国政府间采取有效措施，加强贸易控制来切实保护濒危野生动植物种，确保野生动植物种的持续利用不会因国际贸易而受到影响。 •该公约制定了一个濒危物种名录，通过许可证制度控制这些物种及其产品的国际贸易，由此而使该公约成为打击非法贸易、限制过度利用的有效手段。 •该公约要求各国对野生动植物进出口活动，实行许可证/允许证明书制度，建立有效的双向控制机制。 •该公约机构还与相关国际组织合作，充分发挥海关和国际刑警组织在野生动植物进出口管理环节上的监管和打击走私犯罪的作用。 •世界海关组织成立了《濒危野生动植物种国际贸易公约》工作组，建立了庞大的野生动植物贸易中心数据库，为各国海关加强野生动植物进出口监管提供信息支持。 •国际刑警组织成立了打击侵害濒危野生动植物犯罪工作组，通过提供全球执法协作，加强对野生动植物走私犯罪分子的打击力度。

（续）

公约或协定名称	相关背景	相关规定
《濒危野生动植物国际贸易公约》		• 目前这三个组织已建立了广泛的联系协作机制，每年召开《濒危野生动植物种国际贸易公约》联席会议，邀请有关国家代表参加。 • 运用经济手段促进该公约的执行，对不遵守该公约条款或大会决议的国家，采取限定、暂停或号召其他国家终止与其贸易，或由缔约国大会、常委会强制执行的措施。
《关于特别是作为水禽栖息地的国际重要湿地公约》	1971 年 2 月 2 日在伊朗的南部海滨小城拉姆萨尔签署，当时有 18 个发起缔约国。《湿地公约》于 1975 年 12 月 21 日正式生效。	• 1996 年 3 月《湿地公约》常务委员会第 19 次会议决定，从 1997 年起，将每年的 2 月 2 日定为“世界湿地日”，开展有关湿地生物多样性保护的宣传和教育。 • 1999 年 5 月，在哥斯达黎加召开的第 7 届缔约方大会上，正式确认世界自然基金会 (WWF)、国际雀鸟联盟（Bird Life Internation）、世界自然保护联盟 (IUCN) 和湿地国际 (WI) 为公约的伙伴组织，共同为湿地生物多样性保护做出贡献。
《国际热带木材协定》	1983 年 11 月 18 日在日内瓦通过，1985 年 4 月 1 日生效。	• 宗旨是为生产和耗用热带木材的各国之间的合作和协商提供一个有效的纲领，促进国际热带木材贸易的扩展和多样化以及热带木材市场结构条件的改善，推广和支持研究与发展工作，以求改善森林管理和木材利用，鼓励制定旨在实现持久利用和养护热带森林及其遗传资源，保持有关区域生态平衡的各种国家政策。 • 目标是促进热带产材森林的可持续管理和生物多样性保护，鼓励成员支持和发展热带木材的再造林以及退化林地的复原和恢复，对依赖森林资源的当地社区的利益给予应有的关注。 • 该协定回顾了 1992 年 6 月联合国环境与发展会议通过的《关于环境与发展的里约宣言》、《关于所有类型森林的管理、养护和可持续开发的无法律约束力的全球协商一致意见的权威性原则声明》和《21 世纪议程》的有关章节，以及《联合国气候变化框架公约》、《联合国生物多样性公约》和《联合国防治荒漠化公约》。

3–2　与林业转基因紧密相关的国际公约、协定及其相关规定

公约或协定名称	相关背景	相关规定
《国际植物保护公约》（IPPC）	1952 年 4 月 3 日，《国际植物保护公约》由 34 个签署国政府批准而立即生效。FAO 于 1979 年和 1997 年先后两次对《国际植物保护公约》进行了修改。新修订的《国际植物保护公约》反映了有关乌拉圭回合协议、特别是《实施卫生和植物卫生措施协定》中对国际植物保护的要求。	•IPPC 的建立旨在加强植物保护领域的国际合作，确保采取有效措施防止植物及植物产品中的有害生物在国际上扩散，特别是防止其向植物物种濒危地区扩散。 •植物并不仅局限于栽培的植物，IPPC 的范围可扩展到栽培植物和野生植物的保护。 •强调建立并认可国际植物检疫措施标准。
《影响植物遗传资源保护和利用的植物生物技术行为守则》	1991 年，联合国粮农组织（FAO）发布。	•对转基因生物处理和释放的安全性准则和法规问题进行广泛讨论。
《生物多样性公约》	该公约于 1992 年在联合国环境与发展会议上通过，1993 年底生效。《生物多样性公约》是目前在全世界影响最大的有关生物技术的国际公约。	•公约第 8 条（g）款规定："每一缔约国应尽可能并酌情制定或采取办法管制、管理或控制由生物技术改变的活生物体在使用及释放时可能产生的危害。" •公约第 19 条第 3 项规定："缔约国应考虑是否需要一项议定书，规定适当程序，特别包括事先知情协议，包括由于使用生物技术方面的生物活体的转让、处理和使用对生物多样性的保护和利用产生负面影响。"
《实施卫生与植物卫生措施协议》(SPS)	《实施卫生与植物卫生措施协议》是"乌拉圭回合"达成的一个新协议，并于 1995 年 1 月 1 日生效。	•宗旨是指导各成员制定、采用和实施卫生与植物卫生措施，将这些措施对贸易的消极影响减少到最低程度。 •内容涉及动植物、动植物产品和食品的进出口规则。 •WTO 支持各成员按照国际组织（国际营养标准委员会、国际兽疫局、国际植物保护公约）的标准、指南和建议来制定各自的 SPS 协议，实施保护人类、植物的生命或健康。

（续）

公约或协定名称	相关背景	相关规定
《卡塔赫纳生物安全议定书》	2000年1月，在加拿大蒙特利尔召开的《联合国生物多样性公约》缔约方大会特别会议续会上，《卡塔赫纳生物安全议定书》得以通过。	•该议定书是关于转基因生物安全的国际条约。 •规定必须对利用转基因技术获得的林业转基因产品进行安全性评价。 •转基因林产品越境转移时必须经进口国同意，并有标识。
《关于转基因植物食物的健康安全问题》	2000年，FAO/WHO在瑞士日内瓦召开了转基因事物联合专家顾问委员会会议，并发布。	•会议对以下问题进行了讨论： ①“实质等同性”概念的评价； ② 转基因事物安全性评估的基本原则和内容； ③ 转基因植物的基因转移； ④ 植物抗菌素抗性标识。
《植物生物风险防范纲要》	2004年6月1日，联合国粮农组织（FAO）公布由FAO国际植物保护协议管理委员会制定。	•用于判断活体转基因生物（LMO）是否含有对植物有害的物质。 •用于确定哪些转基因物质有可能对植物健康构成危害，从而决定是否应禁止其出口，甚至禁止其在本国使用。 •该纲要的标准还适用于其他对植物有潜在危害的转基因生物体，如昆虫、真菌和细菌等。

3–3 与外来植物入侵防控紧密相关的国际公约、协定及其相关规定

公约或协定名称	相关背景	相关规定
《生物多样性公约》	该公约于 1992 年在联合国环境与发展会议上通过，1993 年底生效。《生物多样性公约》是目前在全世界影响最大的有关生物技术的国际公约。	•第 8（h）款规定："成员国必须对那些威胁生态系统、栖息地或物种的外来物种（植物）进行预防引入、控制或根除"。 •制定出"关于预防、控制和消除那些威胁生态系统、生境或物种的外来物种所产生影响的指导原则"。 •强调通过政府间的合作尽可能减少外来入侵植物的风险。
《关于特别是作为水禽栖息地的国际重要湿地公约》	1971 年在伊朗小城拉姆萨尔签订，是一个政府间公约，是湿地保护及其资源合理利用的国家行动和国际合作框架。	•COP 7——有关入侵物种和湿地的决议 VII.14。
《保护野生动物迁徙物种公约》	1979 年签订于波恩。	•濒危迁徙物种成员国应该预防、减少或控制正在威胁或可能进一步威胁这些物种的因素，包括外来植物物种（条款 III（4）（c））。 •《附录 II 迁徙物种协议》规定严格控制引入对迁徙物种有害的外来物种或控制已经引入的有害外来物种（条款 V（5）（e））。
《国际植物保护公约》（IPPC）	1952 年 4 月 3 日生效。FAO 于 1979 年和 1997 年先后两次进行了修改。	•建立一个国际政体，通过要求签约国使用卫生与植物检疫措施来预防有害植物和植物产品的扩散和引入。 •成员国建立国家植物保护机构并同意在信息交换和制订《植物检疫措施国际标准》等方面进行合作。 •地区性协议包括欧洲和地中海协议、亚洲太平洋协议、近东协议、太平洋协议、加勒比海协议、北美协议、南美协议和非洲协议。
《亚洲和太平洋区域植物保护协议》	罗马，1956 年签订于罗马。	•签约国必须预防植物疾病和害虫在东南亚和太平洋地区的引入和扩散。 •IPPC 条款 III 下的一个补充协议。

（续）

公约或协定名称	相关背景	相关规定
《实施卫生与植物卫生措施协议》(SPS)	《实施卫生与植物卫生措施协议》是乌拉圭回合达成的一个新协议，并于1995年1月1日生效。	•WTO 协议的一个补充协议。 •可应用于所有直接或间接影响国际贸易的卫生和植物检疫措施，防止外来植物入侵。
《IUCN 预防外来入侵物种所造成的生物多样性丧失指南》	2000 年	•目的是提高人们对外来物种（植物）的影响的认识和理解。 •提供有关预防引入、再引入以及控制和根除外来入侵植物物种等方面的指南。
《21 世纪议程》	Rio，1992 年	•呼吁加强保护森林免遭疾病和外来有害动植物物种引入的影响（11.14）。 •承认不恰当的引入外来动植物会破坏生物多样性（15.3）。
《生物防治物种进口和释放的行为法则》	FAO，1995 年	•目的是在所有公共和私人实体都参与的情况下，通过国际引入程序，便于安全进出口和释放此类防治生物，尤其是当国家立法不存在或不正确时。 •概述了出口国各机构的具体职能，出口国各机构应该在出口生物防治物种的过程中遵守进口国的相关条例。
《预防引入外来入侵物种》。决议 A-32-9，国际民用航空组织（ICAO）	1998 年	•催促所有签约国利用民用航空机构来减少通过民用航空引入具有潜在入侵性的外来植物物种的危险。 •要求 ICAO 委员会与其他联合国组织合作，共同确定 ICAO 可能通过哪些途径帮助减少引入潜在入侵性植物物种的威胁。

附件Ⅳ
国外林业生物安全法律法规、政策和管理国别分类表

4-1　国际林业生物安全法律法规分类一览表

法律法规类别	具体的相关规定
林业法规	1. 欧盟：《森林繁殖材料销售指令 1999/105/EC》规定，转基因森林繁殖材料只有在被证明不对人类健康和环境构成危害时才允许销售。 2. 德国：1934 年德国颁布了《林业种子和苗木法》，根据法律规定，只有标明种源、品种、收获年代的种子和苗木才可以允许经营、出售和运输，特别规定了对外来种源一定要严格控制，以确保林木生长质量和安全。 3. 瑞典：《新森林法》（2004）第 1 条规定，在森林经营过程中要保护生物多样性。《新森林法》第 7 条规定，政府可颁布规章来禁止或指定森林重建的原材料：a. 规定造林所用的材料为本土或外来种源；b. 管理和规范造林所用材料的贸易过程；造林所用材料包括种子、幼苗、移植幼树以及其他林分更新所需材料。 4. 俄罗斯：《关于加强林业地区野生动物及其天然栖息地保护的法令》（1997），要求对林业地区野生动物及其天然栖息地的林业生物多样性进行保护。《俄罗斯农业和粮食部关于农、林植物认证程序条例生效的法令》，提出由农业部根据国家种子检查认证机构和检测实验室提供的证书进行种子（包括林木种子）认证。从源头控制植物种子的来源，防止外来植物入侵，保护生态环境，维护生物多样性。
与生物多样性保护有关的法律	1. 联合国：1973 年联合国通过了《濒危野生动植物种国际贸易公约》，旨在通过各缔约国政府间采取有效措施，加强贸易控制来切实保护濒危野生动植物种，确保野生动植物种的持续利用不会因国际贸易而受到影响。1992 年联合国环境与发展大会通过《生物多样性公约》。 2. 德国：《自然保护法》、《自然保护和景观改造法》、《野生动物和野生植物重点保护条例》。 3. 瑞典：《自然保护法》（1996）第 14 条规定，禁止对处于濒危或枯竭的野生植物物种进行移植或破坏。 4. 加拿大：《国家公园法》、《野生动物法》、《野生动植物保护与国际、省际贸易法》、《濒危物种法》等。另外《加拿大环境保护法》中包含了“保护包括生物多样性在内的环境”、“政府通过污染预防排除对生物多样性的威胁”等相关条款。 5. 日本：1995 年日本制定了本国的《生物多样性国家战略》，并于 2008 年制定了《生物多样性基本法》，将《生物多样性国家战略》纳入法制化轨道。2007 年农林水产省根据《生物多样性国家战略》制定了《农林水产省生物多样性战略》。日本于 1992 年制定了《濒危野生动植物种保存法》，对珍稀野生动植物种的保护做出了详细规定。

（续）

法律法规类别	具体的相关规定
与生物多样性保护有关的法律	6. 印度：《生物多样性法》（2002）、《生物多样性条例》（2004）和《野生生物保护法》（1972）。 7. 澳大利亚：《国家公园与野生生物保护法》、《濒危物种保护法》、《环境保护与生物多样性保护法》。 8. 新西兰：《生物安全法》（1993）、《国家公园法》（1980）、《野生动物保护法》（1987）。
植物检疫和防止生物入侵的相关法规	1. 欧盟：检疫法规体系由基本法、行政法规和双（多）边协议三个层次构成。欧盟检疫法规是成员国必须遵循的最低要求，成员国有权通过本国立法确定高于欧盟的具体要求。如英国对健康种苗传带某些病虫的允许量比欧盟低、发现重大检疫性有害生物后的禁种年限也长于欧盟。欧盟关于木质包装和垫料的 2004/102/EC 号指令是基于 2002 年 FAO 的国际植物检疫措施标准（ISPM）第 15 号制定的，于 2005 年 3 月 1 日强制实施。 2. 德国：《植物检验令》。 3. 俄罗斯：《俄联邦环境保护法》（2001）第 50 条规定：“没有制定有效的措施防止其无控制的繁殖，没有国家生态鉴定的肯定结论，禁止引进、培育和利用非本地自然生态系统的植物、动物和其他生物体以及人造的植物、动物和其他生物体。”《俄罗斯联邦植物检疫法》（2000），规定了在俄罗斯境内植物检疫的规则、手段、标准、确认授予权、检疫清单以及对输入到俄罗斯境内的应检产品的进口检疫程序等。 4. 荷兰：有关林业生物安全的立法可以追溯至 1951 年的《荷兰植物病虫害防治法》，该法对进口和出口植物，植物产品或零部件的植物及其检疫，防止植物病虫害发生或扩大，规定了管制强制执行措施以及罪行和处罚，在预防生物入侵方面起到了重要作用。 5. 美国：《植物检疫法》、《国家入侵物种法》、《联邦植物去虫法》、《国家环境政策法》、《濒危物种保护法》、《联邦杂草防治法》。 6. 加拿大：《濒危物种法》涉及控制或根除威胁濒危物种的外来入侵物种。已列出的濒危物种有 24%受到或可能受到外来入侵物种威胁。 7. 日本：近年来日本还制定了《防止特定外来生物造成生态系统灾害法》（2005 年制定、2007 年最终修订）。 8. 印度：《植物检疫令》（2003）、《植物检疫法案》（2004）、《毁灭性病虫害法》 9. 澳大利亚：《检疫法》（1908）、《野生动植物进出口保护法》（1982）、《出口管制法》（1982）。

（续）

法律法规类别	具体的相关规定
植物检疫和防止生物入侵的相关法规	10. 新西兰：《生物安全法》规定任何人都不得擅自将新西兰以外的植物等物种及其产品带入这个国家；携带外来植物等物种或者制成品入境的必须申报，违者要被处以200美元罚款或服5年劳役，对外来植物等物种及产品所需的处置费用还要由携带者承担。
转基因生物安全法规	1. 联合国：《生物多样性公约》缔约方大会于2000年1月29日通过了旨在保护生物多样性和人体健康而控制和管理“生物技术改性活生物体”越境转移的《卡塔赫纳生物安全议定书》（2003年9月11日生效）。 2. 欧盟：《关于保护、描述、收集和利用农业基因资源条例（1994年）》、《转基因生物环境释放法令（2001）》、《关于转基因高等植物环境释放结果报告格式的决定（2003）》、《转基因生物可追溯性和标识以及转基因食品和饲料可追溯性条例（2003）》、《转基因生物越境转移条例（2003）》、《转基因生物环境释放法令（2001/18/EC）附件II的环境风险评估原则》、《关于转基因生物环境释放法令（2001/18/EC）附件II环境风险评估原则的补充决定》、《转基因生物科学委员会转基因植物及其衍生食品和饲料开展风险评估的指导文件（2004）》、《关于根据转基因生物环境释放法令建立有关转基因生物基因操作信息的详细登记程序的决定（2004）》、《关于建立转基因生物唯一标识系统的条例（2004）》、《关于建立转基因生物唯一标识系统的条例（2004）》和《转基因生物可追溯性和标识以及转基因食品和饲料可追溯性条例（2003）》。 3. 德国：《重组DNA分子实验准则》。 4. 英国：对转基因生物的管理始于1978年，当时的《卫生与安全法》规定，任何从事遗传操作的单位都必须向由卫生与安全管理局报告。这个法规在1989年进一步得到完善，增加了在从事基因操作之前提交报告的要求。英国于1978年制定了《重组DNA分子实验准则》、1989年颁布了《遗传操作规则》、1992年颁布了《转基因生物体条例》、1997年修订发布了《遗传改良生物有意释放和危险评价规则》。在1992年的《环境保护法》第6篇中规定了转基因生物体向环境释放和市场投放的管理措施。1992年英国政府颁布了《转基因生物的释放和市场化的管理条例》、《转基因生物的隔离使用管理条例》。 5. 瑞典：《基因技术法》（1994）、《化学产品和生物技术生物条例》（1998）、《转基因生物释放条例》（2002）。 6. 俄罗斯：《俄罗斯转基因国家管理条例》。另外，《俄罗斯生态评价法》（1999）根据对人类、动植物、微生物和生态环境的危险程度，把转基因生物分为安全等级Ⅰ（尚不存在危险）、安全等级Ⅱ（具有低度危险）、安全等级Ⅲ（具有中度危险）、安全等级Ⅳ（具有高度危险）四个等级。 7. 美国：《生物技术管理协调框架》、《重组DNA分子研究准则》。

（续）

法律法规类别	具体的相关规定
转基因生物安全法规	8. 加拿大：《联邦生物技术法律框架》和《实验室生物安全指南》。另外，《种子法》第五部分中涉及转基因植物环境释放，以及对转基因植物潜在的负面影响的评估等内容。 9. 日本：日本政府于 2003 年 6 月制定了本国的《限制转基因生物使用确保生物多样性法》。 10. 印度:《重组 DNA 安全性准则》(1990)、《生物技术安全准则（修订)》(1994)、《转基因种子、植物和植物器官的科学研究准则（修订)》(1998)。 11. 澳大利亚：《基因技术法》(2000)。 12. 新西兰：《转基因食品标准》、《危险物质和新型生物体法案》。

4-2 国际林业生物安全政策分类一览表

政策分类	各国（地区）的相关措施
增加投资	1. 德国：林业生物安全政策措施体系的核心体现在增加投资，鼓励在农林业生物技术领域开展深入研究，为在别国进行生物技术转移利用奠定基础。德国联邦政府每年投入生物、生命科学的研究经费大约为 8 亿欧元。 2. 美国：用于农（林）业生物安全的费用以立法的形式，规定从所有生物类科研项目中按 2%进行分割。而且，联邦政府从 1983 年起设立了专项研究基金和专门研究机构。此外，美国国会还通过联邦财政的预算应急机制，设立专门的“生物安全应急行动基金”以应对农（林）业生物安全突发事件。 3. 新西兰：2000 年 6 月 8 日新西兰自然资源保护部部长宣布投资 1.87 亿新元用于生物多样性保护战略。
人才培养	1. 德国：联邦政府出资每年通过竞争把国际上的生物技术顶尖人才吸引到德国，使他们在德国建立自己的研究团队，独立开展创新课题研究。
加强科研、教育工作	1. 德国：联邦政府重点支持开展基因改性植物的安全性研究，并对这些植物在实验室外种植进行监控，寻找改进安全性的方法。 2. 加拿大：加拿大数学信息技术和综合系统（MITACS）开展了生物入侵和扩散研究网络研究项目。该研究项目的目标是通过深入开展外来生物在加拿大入侵和扩散的科学问题，制定科学合理的管理措施。该项目的研究成员主要来自于联邦和省机构、野生动植物组织等。 3. 印度：《国家生物多样性行动计划》以生物安全、气候变化和生物燃料等新课题为主，大力提倡开展环境教育和提高环境意识的活动，开展组织间的合作，对民间参与研究开发给予奖励。 4. 澳大利亚：加强对外来入侵物种的生物学特性、入侵生态学、控制措施等方面的研究，建立入侵物种数据库，并形成外来入侵物种信息共享机制．为外来入侵物种管理政策的制定提供科学依据。
生物安全行动计划	1. 欧盟：《应对生物入侵欧盟行动策略》(*European Strategy on Invasive Alien Species*)。入侵物种监测网络和预警系统。“Natura 2000”生态网络建设工程。 2. 荷兰：20 世纪 90 年代，荷兰出台了生物多样性行动计划。1996 年农业部、外交部、住房和环境部、运输部和经济部共同编制了 1996 ~ 2000 年国家自然管理方案（*Programme International Nature Management*），根据该方案，荷兰政府将支持欧洲（重点是东欧）和发展中国家保护生物多样性。

（续）

政策分类	各国（地区）的相关措施
生物安全行动计划	3. 瑞典：① SwedBio 倡议，由瑞典国际开发合作署（SIDA）和瑞典生物多样性中心发起，侧重于生物多样性、生态系统服务和减轻贫困。② Bioheritage 行动计划，是由瑞典生物多样性中心发起，以促进瑞典和其他欧洲地区生物多样性和栖息地保护为目标。 4. 俄罗斯：《国家生物多样性保护战略》、《俄罗斯生物多样性保护国家行动计划》。 5. 美国：美国 13112 号总统令授权农业部牵头，组织各州政府统一实施“农业有害生物调查合作计划（CAPS）”和“全国农业有害生物信息系统（NAPIS）”等行动计划，对于建立快速反应体系、疫情监测、风险分析和应急除治行动等以及分级外来物种数据库建设与部门间、上下级管理部门间的信息资源共享等，起到了积极的推进作用。 6. 加拿大：1995 年，加拿大林务局制定了《森林生物多样性纲领》，提出了加拿大林业在生物多样性方面所面临的主要问题和重点研究课题。2001 年，加拿大制定了《国家外来入侵物种战略》，该战略根据外来物种所处的阶段制定了预防、早期检测、快速反应，以及遏制、控制和根除 4 个目标。其宗旨是建立一个协调的政策和管理框架，以最大限度地降低外来入侵物种对经济、环境和社会的影响。另外，在《国家林业发展战略》、《绿色规划》等相关林业发展计划中也将生物多样性作为重要内容之一。 7. 日本：日本农林水产省在《农林水产省生物多样性战略》中明确提出了 2007 ～ 2012 年《农林水产省生物多样性保护行动计划》。该计划包括农林水产省生物多样性保护及可持续利用措施的基本计划，生物多样性保护及可持续利用的目标，政府应全面有计划地采取的措施，以及除前 3 项以外的全面地有计划地推进生物多样性保护及可持续利用措施的必要事项。该计划对林业生物安全进行了详细部署，提出了 11 项行动计划：①推进多样性森林建设；②推进森林的合理保护和管理；③推进野生鸟兽造成森林被害的防治对策；④通过确保和培育林业能手和山村资源的利用，促进城市与山村的交流和定居；⑤推进兼顾生物多样性的森林施业；⑥推进国民参加的森林建设和森林的多样性利用；⑦充实森林环境教育和与森林接触的活动；⑧发展以扩大国产材利用为基础的林业和木材产业；⑨推进以“保护林”及“绿色走廊”为主的国有林保护和管理；⑩加强对森林资源的监控；⑪推进世界可持续的森林经营。

（续）

政策分类	各国（地区）的相关措施
生物安全行动计划	8. 印度：《国家生物多样性政策和宏观行动战略》（1999）阐述了有关生物多样性保护与可持续利用的一系列宏观政策和战略声明。《2002 ~ 2016年国家野生生物行动计划》加强保护区网络建设与管理，保护野生濒危物种及其生境，对保护区以外的衰退生境采取恢复措施，禁止偷猎以及动植物非法贸易，开展相关的监测、科研和教育活动，加大财政支持，注重与其他部门的项目相结合。《2005 年国家生物多样性策略与行动计划项目最终技术报告》确定了野生物种和驯化物种生物多样保护以及总体规划和管理方面的工作重点。《国家生物技术发展战略（2007）》从人力资源、基础建设、生产和管理机制等方面提出关键的政策建议和干预措施。 9. 澳大利亚：1996 年颁布的《澳大利亚生物多样性保护国家策略》规定了澳大利亚生物多样性保护的框架和重点，旨在保护生物多样性和濒危物种。该“策略”也涉及外来物种的管理，制定了外来物种影响评价的研究计划，并指出需要建立控制和消除外来物种的生物学和其他方法，最大限度地减小外来物种引进的风险。针对植物和植物产品的主要检疫措施有：①所有经空港入境的植物材料必须申报，并接受海关和澳大利亚检疫检验局（AQIS）检疫人员的检疫，否则将面临高达 5 万澳元的罚款；②成立澳大利亚生物安全局，对申请进口的外国植物产品进行进口风险分析，避免外来物种入侵；只有经实施风险管理措施后，该植物产品的风险水平可以接受的，方予以进口；制定《国家杂草策略》、《杂草风险评价系统》和《压舱水指南》等法规和技术性文件，加强对外来入侵物种的管理；③以引种和科学研究为目的引进植物材料的，须事先向澳大利亚检疫检验局（AQIS）申请办理检疫许可，进境后在指定的隔离场圃作隔离检疫。隔离期将视材料类型和风险程度而定，一般 3 个月至 3 年不等。 10. 新西兰：《生物多样性战略》（2000），《入侵性杂草管理计划》。

4-3　国际林业生物安全管理体制、制度和模式分类一览表

体制、制度和模式	各国（地区）的具体情况
生物安全风险评估机构	德国联邦风险评估研究所负责风险评估和风险交流，其下设 7 个部门，即行政管理部、风险交流部、科研服务部、生物安全部（具体负责林业生物安全监测评估）、食品安全部、物品与产品安全部和消费品安全部。
生物安全管理机构	澳大利亚生物安全局，隶属农林渔业部，负责对生物安全政策提出建议，进行进口风险分析，以及向动植物检疫局和澳大利亚检验检疫局提供检疫意见。
基因技术管理机构	1. 瑞典：瑞典基因技术咨询委员会成立于 1994 年 7 月 1 日。基因技术咨询委员会，以监测基因技术领域中的事态发展，伦理问题的监督，并提出基因技术利用建议。瑞典基因技术咨询委员会由议员、科学家和法律专家组成，委员会的工作与环境保护局相似，但有一个特殊的作用是伦理，负责向公众提供咨询信息。其职责有伦理问题、政策制定、向其他权力机构提供咨询、跟踪开发状况、提供信息等。 2. 印度：基因工程委员会，设在环境与林业部，负责转基因生物的生产、销售、进口和使用的审批。 3. 澳大利亚：基因技术管理局（GTR）负责《基因技术法》的实施，直接对联邦议会负责，所有有关转基因生物的研究、试验、环境释放、商业化生产和进出口需要由 GTR 签发许可，除非该转基因生物属豁免范畴或风险特别低。其主要职责包括：①实施与 GMO 有关的管理法规；②向公众、企业和政府提供有关 GNO 管理的建议；③向其他的管理机构提供风险评估的建议、促进协调或者对 GNO 和 GMP 进行风险评估；④制订与 GMO 有关的导则和标准；⑤承担风险管理和 GMO 的研究；⑥联络有关国际组织。
生物多样性保护机构	1. 俄罗斯：俄罗斯生物多样性保护中心成立于 1992 年 11 月，是非盈利的非政府组织，其前身是成立于前苏联的唯一的国际环境协会——社会生态联盟。 2. 印度：国家生物多样性管理局，根据《生物多样性法》成立的国家机构，负责全国遗传资源获取和惠益分享的审定批准和管理工作。主要职能包括：1）负责审定、批准以下项目：①为了商业应用和开发而需要获取印度遗传资源或者与其相关的传统知识；②转让印度的遗传资源或关于遗传资源的研究成果给外国公民或外国公司；③基于从印度获取的遗传资源而得到的创新研究成果并准备申请知识产权。2）代表印度政府对在其他国家授予的、涉及印度遗传资源和传统知识的知识产权提出异议，并采取必要的行动推翻不合理的知识产权。3）选择不同方式实现惠益分享。另外，印度各邦依据《生物多样性法》成立各邦生物多样性主管委员会，负责其辖区内获取和利益分享的日常管理。

（续）

体制、制度和模式	各国（地区）的具体情况
植物检疫机构	1. 印度：植物保护、检疫与储藏处，该处隶属于农业部农业与合作司，主要负责植物检疫工作，在机场、港口和边境设有35个植物检疫站。 2. 澳大利亚：澳大利亚检验检疫局(AQIS)负责操作程序的开发，在法律的范围内安排检疫范围（包括来自动植物检疫主任授权下的进口许可证决策）并交付检疫所；产品完善和动植物健康检疫局(PIAPH)负责调整有害生物和疾病的应急反应，并在各州和州内联合作好检疫安排（孙双艳，2009）。
林业部门	1. 瑞典：国家森林委员会负责转基因森林树木的管理。
食品卫生部门	1. 瑞典：国家食品管理局负责转基因食品的管理，医药产品管理局负责转基因医药产品的管理。 2. 德国：德联邦消费者保护与食品安全局负责风险管理和与其他国家及欧盟机构的协调，其下设5个部门，即食品和饲料与日用品部、植保产品部（具体制定林业生物安全管理措施）、兽药部、基因工程部、分析部。
环境部门	1. 瑞典：瑞典环境保护局在生物安全管理方面的主要职责是：政策制定；立法；向其他权力机构提供咨询；每年向欧盟提交瑞典GMO使用情况的报告；参与CBD的工作。环境部所属国家化学品检验局负责转基因微生物的管理。 2. 日本：日本环境省是制定国家环境政策和生物多样性国家战略的主管部门。环境省设有自然环境局，负责全国自然环境保护和推进生物多样性的保全、野生生物保护管理以及国际间合作交流等政策措施的制定和实施。该局下设自然环境计划课、国立公园课、野生生物课、自然环境建设参事和总务课。自然环境计划课负责生物多样性保护和公约的实施；野生生物课负责防止物种入侵和转基因生物的管理；总务课下设有生物多样性中心，负责大约每5年1次的自然环境保护调查，系统地收集自然环境及生物多样性数据，为环境评估提供信息。
多部门管理体制	1. 荷兰：荷兰专门设立了生物安全管理机构，即转基因委员会和转基因生物执行办公室。荷兰转基因委员会（COGEM）是一个独立的技术和科学咨询委员会，其成员由环境部任命。COGEM由科学家组成，并建立了植物、动物、微生物、病毒、大规模释放、医学、教育与信息以及伦理与社会问题八个专门委员会。荷兰卫生、福利和体育部成立了新异安全评价委员会，为卫生部和农业、自然管理与渔业部提供咨询。根据现有科学数据，该委员会审查由申请者提供的信息是否准确、完整，结论是否可靠。在荷兰，欧盟转基因微生物封闭使用法令（90/119/EEC）和转基因生物环境释放法令（90/220/EEC）的主管部门是住房、空间规划和环境部，具体实施机构是环境保护司和化学品、安全和辐射司。在转基因生物环境释放审批中，环境部应与农业、自然管理和渔业部等协商。

（续）

体制、制度和模式	各国（地区）的具体情况
多部门管理体制	2. 英国：英国在生物安全管理方面有比较健全的管理机构。①国务大臣负责涉及人类健康和安全的转基因生物释放或市场化许可的审批。②卫生与安全管理局：主要负责转基因生物隔离使用管理，参与转基因生物的释放和市场化管理。③环境、运输及政区部：在转基因生物的释放和市场化管理以及隔离使用管理过程中起协调作用。④农、渔、食品部和卫生部：共同管理新食品和新食品成分的管理。⑤环境、食品和农村事务部 (DEFRA)：负责管理转基因生物的有意释放，并制定转基因生物环境安全的国家、欧盟和国际政策。其他有关部门是：苏格兰办公室农业、环境和渔业处，北爱尔兰环境处，威尔士办公室农业处。此外，还包括环境释放咨询委员会 (ACRE)，就转基因生物环境释放可能产生的环境和人类健康安全问题，向环境、食品和农村事务部部长、苏格兰部长、威尔士部长、北爱尔兰环境处、食品标准局、卫生和安全执行官提供咨询。ACRE 是一个法定的、独立的专家委员会，由环境部长任命。 3. 美国：国家生物技术科学协调委员会，具体管理工作由美国农业部 (USDA)、环保署 (EPA)、食品药品管理局 (FDA) 三个机构负责，以农业部为主。
生物安全风险评估	1. 德国：2005 年 8 月，联邦风险评估研究所发布了《健康评估文件格式指南》，统一规定了风险评估报告的内容及格式，也适用于林业生物安全评估报告。联邦风险评估研究所完成的风险评估报告要提交给相关的机构，并为联邦消费者保护与食品安全局出台具体保护措施提供依据。 2. 澳大利亚：澳大利亚为已建立转基因植物环境风险分析完整体系的少数国家之一。其转基因生物所使用的评估架构，可能性及后果各分四级，再由与之相关的 16 个组合情况设定四类风险等级（可忽略 -negligible、低 -low、中 -moderate、高 -high），风险等级则进一步作为风险管理的参考与依据（OGTR/Australia，2005）。另外，针对杂草的引进，澳大利亚建立了一套杂草风险评价系统（WRA），对引进的外来植物在野外建立种群的风险、可能产生的影响以及控制和消除的可能性进行评估，并通过问题和评分标准的制定，对将有意引进的外来植物进行风险评价。 3. 新西兰：林业转基因产品在进入消费渠道前或进口前，必须经过安全评估，以决定是否允许该转基因林产品进口或上市，安全评估一般遵循逐案评估原则—由于不同品种或品系的转基因生物或在不同环境中释放的同一品种或品系的转基因生物所产生的风险有可能不同，必须针对具体的转基因生物环境释放逐案进行风险评估。转基因生物的风险评估一般包括 6 个步骤：第 1 步，对转基因生物可能引发不良后果的特性进行鉴定，即危害鉴定；第 2 步，如果发生不良作用，对每个不良作用的潜在后果进行评估；第 3 步，对每个明确的潜在后果发生的可能性进行评估；第 4 步，对每个由转基因生物的明确特性引发的风险进行估计；第 5 步，运用风险管理策略；第 6 步，决定转基因生物的综合风险。

（续）

体制、制度和模式	各国（地区）的具体情况
生物安全管理模式	1. 欧盟：欧盟的生物安全管理立足于生物技术过程。不论是哪类生物，只要是通过重组技术获得的转基因生物，都要接受安全性评价和监控。欧盟在国际上极力主张对转基因产品采取“预先预防态度”，不仅针对转基因生物及其产品本身进行监管，而且也对转基因生物的研制过程进行监管。有的欧盟成员国在生物安全管理过程中直接使用欧盟法规，有的则依据这些法律建立本国的法规。 2. 德国：发现风险（预警或监测）；风险评估；评估报告公开；生物安全主管部门制定风险管理措施。 3. 英国：国务大臣负责转基因生物释放或市场化许可，在批准前要征得卫生与安全管理局等部门的同意。申请者向国务大臣提交申请书，并在得到确认通知后，10 天以内在释放地有影响的报纸刊登有关申请的信息，包括申请者姓名、地址，释放转基因生物的概述，释放地点及目的，以及释放的大致时间等信息。同时应将有关申请内容通知申请释放地点的所有者、自然保护组织、国家河流管理机构（在英格兰为河流水质与岛屿委员会）、申请者所组建的安全委员会的每个成员。对于转基因生物释放的申请，其内容包括：提供有关转基因生物释放的信息，包括生物体的情况等；转基因生物释放对人体健康与环境的影响与风险评估的声明；已有的关于待释放转基因生物及其释放目的报道与发表的文献，主要涉及知识产权问题；内容总结（SNIF），以利于欧盟成员国之间的交流。对于转基因生物市场化的申请，除了上述转基因生物释放所包括的有关信息外，还要包括：在市场化之前对转基因生物所作的试验数据与结果；转基因生物在其市场范围对生态系统的可能影响，并考虑欧盟成员国之间的差别，给出总的风险评估；出示没有给出转基因生物释放申请所要求相应部分内容的原因；提供获得的数据所采用的方法及有关文献。另外，卫生与安全管理局具有强制执行转基因生物隔离使用法规的权利。卫生与安全管理局在国务大臣授权下，可以对从事转基因生物工作的人、单位对某种转基因生物解除法规限制，并颁发证书，同时它可以规定解除的条件和时间，以及有权随时撤销解除证明。 4. 美国：美国林业生物安全管理制度和其他生物安全制度一样，主要包括审批许可制度、安全评价制度、标识制度、公共知情权制度和公众参与制度等。美国实行以产品为基础的林业生物安全管理模式。美国对转基因食品持积极支持的态度，认为转基因生物与非转基因生物没有本质的区别，监控管理的对象是生物技术产品，而不是生物技术本身。美国是对转基因安全研究最多的国家，也是全球转基因生物审批最宽松的国家。

（续）

体制、制度和模式	各国（地区）的具体情况
生物安全管理模式	5. 日本：日本林业生物安全管理与其他计划体系一样，首先由政府制定国家战略，然后各地区根据国家战略制定区域计划，并逐级落实。地方政府在完成区域战略的制定和变更并及时公布的同时，必须报送环境大臣。 6. 澳大利亚：澳大利亚防止外来物种入侵的6个程序是：预防、诊断、监测、控制、教育和培训、商业化和交流，每个环节均有特定的战略目标和行动措施。“预防”的目标是填补外来入侵生物生物学和流行学研究上的关键性空白，以便于制定针对外来入侵生物的科学决策；“诊断”的目标是通过研究制定高效的诊断技术，实现快速鉴定外来入侵生物，使澳大利亚对外来入侵生物早期诊断能力达到世界一流水平；“监测”的目标是建立以科学有效的取样系统和调查方法为基础的全国性监测体系；“控制”的目标是通过控制、风险转移及恢复策略降低外来生物入侵带来的经济影响和社会影响；“教育和培训”的目标是提高私人企业的认识、知识和技能，增加从事供应链和进出口途径的专业人才的供应；“商业化和交流”的目标是把政府、大学及相关组织研究植物安全技术通过企业实现商业化。 7. 新西兰：《新西兰生物安全战略》采取以下3种方式控制外来入侵物种：①预防和排除，即防止有害动植物和其他有害生物的进入和定殖；②监测和相应，即对那些可能造成危害的外来物种进行早期检测、监测和风险评估，同时应配备快速和有效的入侵响应机制；③有害动植物的管理，即对已经定殖的对经济、环境和人们的健康造成威胁的外来入侵物种进行有效管理（包括根除、遏制和控制）。

附件V

与中国林业生物安全相关的法律、法规、政策目录*

名　　称	颁布时间	颁布部门	备注
一、法律法规			
中华人民共和国森林法	1979	全国人大	1998 年修订
中华人民共和国宪法	1982	全国人大	规定“国家保障自然资源的合理利用，保护珍贵的植物和动物，禁止任何组织或个人用任何手段侵占或者破坏自然资源。”该法于 1988、1993、1999、2004 年进行了修订。
中华人民共和国进出口动植物检疫条例	1982	国务院	1991 年上升为法
植物检疫条例	1983	国务院	1992 年修订
中华人民共和国森林法	1984	全国人大	1998 年修订
森林和野生动物类型自然保护区管理办法	1985	国务院	
中华人民共和国森林法实施细则	1986	原林业部	2000 年修订为条例
中华人民共和国野生动物保护法	1988	全国人大	
森林防火条例	1988	国务院	2008 年修订
森林病虫害防治条例	1989	国务院	
中华人民共和国进出境动植物检疫法	1991	全国人大	
中华人民共和国陆生野生动物保护实施条例	1992	国务院	
基因工程安全管理办法	1993	原国家科学技术委员会	

* 按时间顺序排列

（续）

名　称	颁布时间	颁布部门	备注
中华人民共和国自然保护区条例	1994	国务院	
植物检疫条例	1994	国务院	修订
植物检疫条例实施细则（林业部分）	1994	原林业部	
中华人民共和国自然保护区条例	1994	国务院	
中华人民共和国野生植物保护条例	1996	国务院	
中华人民共和国植物新品种保护条例	1997	国务院	
中华人民共和国刑法	1997	全国人大	全国人大八届五次会议修订时，将动植物检疫工作中的严重失职定为犯罪，并制定了相应的法定刑。
中华人民共和国森林法	1998	全国人大	修订
中华人民共和国种子法	2000	全国人大	
中华人民共和国森林法实施条例	2000	国家林业局	
中华人民共和国濒危野生动植物进出口管理条例	2006	国务院	
森林防火条例	2008	国务院	修订
二、政策、办法等			
关于引进林木种子、苗木履行检疫审批手续的通知	1981	原林业部	
国家重点保护野生动物名录	1988	原林业部、农业部	
国内森林植物检疫技术规程	1989	原林业部	
中国生物多样性保护行动计划	1994	原国家环保局	
中国21世纪议程——中国21世纪的人口、环境与发展白皮书	1994	国务院	
森林植物检疫技术规程	1998	国家林业局	修订

（续）

名　　称	颁布时间	颁布部门	备注
国家重点保护野生植物名录（第一批）	1999	国家林业局	
中国国家生物安全框架	2000	国家环保总局	
引进林木种子苗木及其他繁殖材料检疫审批和监管规定	2003	国家林业局	
关于加强生物物种资源保护和管理的通知	2004	国务院	
重大外来林业有害生物灾害应急预案	2005	国家林业局	
普及型国外引种试种苗圃资格认定管理办法	2005	国家林业局	
突发林业有害生物事件应急处置办法	2005	国家林业局	
国家林业局普及型国外引种试种苗圃资格认定行政许可被许可人监督管理办法	2005	国家林业局	
重大动物疫情应急条例	2005	国务院	
全国陆生野生动物疫源疫病监测预警体系建设总体规划	2005	国家林业局	
开展树木转基因工程活动审批管理办法	2006	国家林业局	
陆生野生动物疫源疫病监测规范（试行）	2006	国家林业局	
全国动物防疫体系建设规划（2004 ~ 2008）	2006	国家发展改革委	农业部、财政部、国家质检总局、国家林业局等部门参加编制
中国野生植物保护战略	2007		
林木种质资源管理办法	2007	国家林业局	
转基因森林植物及其产品安全性评价技术规程	2007	国家林业局	
全国生物物种资源保护与利用规划纲要	2007	国家环保总局	

REFERENCES
参考文献

Adair R, Black Wattle. 2002. South Africa manages conflict of interest[J].CABI Biocontrol News, 23(1):5-7.

Alstad D N, Corbin K W. 1990. Scale insect allozyme differentiation within and between host trees [J]. Evol Ecol, (4): 43-56.

Alstad D N. 1982 .Effects of air pollutants on insect populations[J]. Annual Review of Entomology, 27: 369-384.

Amiro B D, Todd J B, 0non B W, et a1. 2001. Direct carbon emissions from Canadian forest fires, 1959 to 1999[J]. Canadian Journal of Forest Research, 31:512-525.

Antonio V, José M M. 2001. Spatial distribution of forest fires in Sierra de Gredos (Central Spain)[J]. Forest Ecology and Management, 147:55-65.

Bebi P, Kulakowski D , Veblen T T. 2003. Interactions between fire and spruce beetles in a subalpine Rocky Mountain forest landscape[J].Ecology, 84:362-371.

Bergeron Y, Brisson J. 1990. Fire regime in red pine stands at the northern limit of the species range[J].Ecology, 71 (4):1352-1364.

Bradley Tim, Tueller Paul. 2001. Effects of fire on bark beetle presence on Jeffrey pine in the Lake Tahoe Basin[J]. Forest Ecology and Management, 142:205-214.

Butler D, Reichhardt T, Abbott A, et al. 1999. Basic research holds key to weighing risks[J] .Nature, 398: 652.

Clare Miller, Marianne Kettunen (IEEP), Clare Shine. 2006. Scope options for EU action on invasive aline species (IAS): final report for the European Commission Institute for European Environmental Policy (IEEP)[R].Brussels,Belgium, 109.

Cobbinah J R. 1997. Major insect pests of humid Africa and their management: paper submitted to the XI World Forestry Congress[C].Antalya,Turkey.

Cock M J W. 2003. Biosecurity and forests: an introduction with particular emphasis on forest pests: FAO forest health and biosecurity working paper FBS/2E[R].

Colautti R I, Grigorovich I A, MacIsaac H J. 2006. Propagule pressure: a null model for biological invasions[J].Biological Invasions, 8:1023–1037.

Dale H V, Joyce A L, McNulty R, et al. 2001.Climate change and forest disturbances[J]. BioScience, 51(9):723-734.

Daskalakou E N, Thanos C A. 1996. A leppo pine (Pinus halepensis) postfire regeneration: the role of canopy and soil seed banks[J].International Journal of Wildland Fire, 6(2):59-66.

Delfosse E S.2000. Risk and ethics in biological control[J]. Biological control,25(3):319-329.

Didham R K, Hammond P M, Lawton J H, et al. 1998.Beetle species responses to tropical forest fragmentation[J].Ecol Mon,2005, 68 (3):295-303.

Dighton J, et al. 1991. Atmospheric pollutants and ectomycorrhizae: More questions than answers? [J]. Environ Pollut, 73:179.

Dighton J, et al. 1987. Effects of artifical acid precipitation on the mycorrhizas of scots pine seedings[J].New Phytol, 107:191.

Dixon R K, Krankina O N. 1993. Forest fires in Russia:carbon dioxide emissions to the atmosphere[J].Can J For Res, (23):700-705.

Dixon R K. 1988. Response of ectomycorrhizal Quercus rubra to soil cadmium, nickel and lead[J].Soil Biochem, 21:555.

Ducey M J, Moser W K, Ashton P M S. 1996. Effect of fire intensity on understory composition and diversity in a Kalmia-dominated oak forest[J].New England, USA: Plant Ecology, 123(1):81-90.

Elkin Che M, Reid Mary L. 2004. Attack and reproductive success of mountain pine beetles (Coleoptera Scolytidae) in fire-damaged Lodgepole pines [J]. Environmental Entomology, 33: 1070-1080.

Entry J A, et al. 1987.The effect of pH and aluminium concentation on mycorrhizal formation in Abies balsamea [J]. Can J For Res, (17):865.

Esler K J, Holmes P M, Richards D M, et al. 2008. Riparian vegetation management in landscapes invaded by alien plants:insights from South Africa[J].South African Journal of Botany, 74(3):397-400.

Fettig C J, Borys R R, McKelvey S R, et al. 2008. Blacks Mountain experimental forest: bark beetle responses to differences in forest structure and the application of prescribed fire in interior ponderosa pine[J].Can J For Res, (38):924-935.

Fettig C J, McMillin J D , Anhold J A , et al. 2006. The effects of mechanical fuel reduction treatments on the activity of bark beetles (Coleoptera: Scolytidae) infesting ponderosa pine[J].For Ecol Manage, 230:55-68.

Fleming R A, Candau J, McAlpine R S. 2002. Landscape-scale analysis of interactions between insect defoliation and forest fire in central Canada[J].Climate Change, 55:252-272.

Fred H. 1992.Correlation between data from laboratory and field tests for investigating the toxicity of pesticides to earthworm[J].Soil Biol & Biochem, 24 (12):1749-1753.

Gara R I, Littke W R, Agee J K, et al. 1985. Influences of fires, fungi and mountain pine beetles on development of a Lodgepole pine forest in south-central Oregon[C]//D M Baumgartner (eds.).Symposium proceedings of Lodgepole pine: the species and its management, Washington State University, Pullman WA: 153-162.

Grumet R, Gifford F. 1998. Plant biotechnology in the United States: issues and challenges en route to commercial production[J].Hortscience, 32(2):187-191.

Hails R S. 2000.Genetically modified plants: the debate continues[J].Trends in Ecol Evolu, 15 (1):14-18.

Hain F P. 1987. Interactions of Insects trees and air pollution [J].Tree Physiology, (3):93-102.

Halma J R, et al. 1986. Air pollution stressors and forest decline[M]//Majumdea S K(eds.).Endangered and threatened species programs in pennsylvania and other states: causes, issues and management. Easton: The Pennsylvania Academy of Science Publication, 455-462.

Hanula J L, Meeker J R, Miller D R, et al. 2002. Association of wildfire with tree health and numbers of pine bark beetles, reproduction weevils and their associates in Florida[J].Forest Ecology and Management, 170:233-247.

Hart J J, Welch R M, Norvell W A, et al. 1998. Characterization of cadmium binding, uptake, and translocation in intact seedlings of bread and durum wheat cultivars[J]. Plant Physiol, 116:1413-1420.

Henneman M L, Memmott J. 2001. Infiltration of a Hawaiian community by introduced biological control agents[J].Science, 293:1314-1316.

Henrik F, Brodsgaard, Camilla J, et a1. 2003. Environmental risk assessment of transgene products using honey bee (Apismellifera) larvae[J].Apidologie, 34:139-145.

Hibeck A, et al. 1998. Effect of transgenic Bacdlus thuvingiensis cornfed prey OH mortality and developmeot time of immature Chrysoperla carnea (Naeuroptera: Chrysopidae)[J]. Enviaon Entomol, 27(2): 480-487.

Howard F J. 1991. Environmental impacts of classical biological control[J].Annual Review of Entomology, 36:485-509.

Howarth F G. 2000. Non-target effects of biological control agents[M]//Gurr G S Wratten (eds.).Biological control: measures of success, 369-403.

Hulme P E. 2006. Beyond control: wider implications for the management of biological invasions[J].Journal of Applied Ecology, 43:835-847.

Inceoglu A B, Shizuo G K, Andraw G H, et al. 2001. Recombinant baculoviruses for insect contro1[J].Pest Manag Sci, 57: 981-987.

IPCC. 2001. Climate Change 2001: the scientific basis[R].Cambridge: Cambridge University Press, 140-165.

James R R. 1997. Utilizing a social ethic toward the environment in assessing genetically engineered insect-resistance in trees[J].Agric Human Values, 14:237-249.

Joachim H Spangenberg. 2007. Biodiversity pressure and the driving forces behind[J]. Ecological Economics, 61:146-158.National Invasive Species Act 1996[EB /OL].

http: / /www. invasivespec ie s. gov/ laws/main. Shtml.

Kahl L S. 1994. Summary of Consultation with Calgene, Inc. Concerning Flavr Savr Tomoto. FDA. 91A, 330.

Knhn P. 1992.Germany' s gene law begins to bite[J].Science, 255:524-526.

Koch R L. 2003.The multicolored Asian Lady Beetle, Harmonia Axyridis: a review of its biology, uses in biological control, and non-target impacts[J].Journal of Insect Science, 32(3):1-16.

Kreutzweiser D, Laura E, Janelle S, et al. 2001.Comparative effects of a genetically engineered insect virus and a growth regulating insecticide on microbial communities in aquatic microcosms[J].Ecotoxicology and Environmental Safety, 48:85-98.

Kulakowski D, Veblen T T , Bebi P. 2003. Effects of fire and spruce beetle outbreak legacies on the disturbance regime of a subalpine forest in Colorado [J]. Journal of Biogeography 30:1445-1456.

Kurz W A, Apps M J, Webb T M, et al. 1992.The carbon budget of the Canadian forest sector: phase I: Forestry Canada Information Report NORX-326[R]. 93.

Li J B, Heinz K M, Flexner J L, et al. 1999. Effects of recombinant baculoviruses on three nontarget heliothine predators[J].Biological Control, 15:293-302.

Linder P B, Zackrisson O. 1997. Stand structure and successional trends in virgin boreal forest reserves in Sweden[J].Forest Ecology and Management, 98:17-33.

Losey J E,Rayor L S,Carter M E. 1999.Transgenic pollen harms monarch larvae[J]. Nature, 399:214.

Lynch H J. 2006.Spatiotemporal dynamics of insect-fire interactions[D].Cambridge, MA: Harvard University.

Lynch L D, Thomas M B. 2000.Nontarget effects in the biocontrol of insects with insects, nematodes and microbial agents: the evidence[J]. Biocontrol News and Information, 21:117-130.

Mack R N, et al. 2000. Biotic invasions: causes, epidemiology, global consequences and control[J].Ecol Appl, 10(3):689-710.

Malanson G P. 2002. Extinction debt trajectories and spatial patterns of habitat destruction[J]. Annals Assoc Am Geograph, 92:177-188.

Malone L A, Burgess E P J, Stefanovic D, et al. 2000. Effects of four protease inhibitors on the survival of worker bumble bees Bombus terrestris L[J].Apidologie, 31(1): 25-38.

Mcenroe N A, Helmisaari H S. 2001.Decomposition of coniferous forest litter along a heavy metal pollution gradient, South West Finland[J].Environmental pollution, 113:11-18.

Michaud J P. 2000.The Asian citrus psyllid and its natural enemies[J].Citrus Ind, 81(8):42-44.

Michaud J P. 2002.Non-target impacts of Acaricides on Lady beetles in Citrus: a laboratory study[J]. Florida Entomological Society, 85(1):191-196.

Miller J M, Patterson J E. 1927.Preliminary studies on the relation of fire injury to bark beetle attack in western yellow pine[J].J Agric Res, 34:597-613.

Moretti M, Obrist M K, Duelli P. 2004.Arthropod biodiversity after forest fires: winners and losers in the winter fire regime of the southern Alps[J].Ecography, 27:173-186.

Ney-Nifle M, Mangel M. 2000.Habitat loss and changes in the species-area relationship[J]. Conserv Biol, 14:893-898.

Nicholas A, Linacre P K Ades. 2004. Estimating isolation distances for genetically modified trees in plantation forestry[J].Ecological Modelling, 179:247-257.

Ogden J, Basher L, McGlone M. 1998.Fire, forest regeneration and links with early human habitation: evidence from New Zealand[J].Ann Bot, 81:687-696.

Parker T J, Clancy K M, Mathiasen R L. 2006. Interactions among fire, insects and pathogens in coniferous forests of the interior western United States and Canada[J]. Agricultural and Forest Entomology, 8:167-189.

Perrings C, Dehnen-Schmutz K, Touza J, et al. 2005. How to manage invasive species under globalization[J].Trends in Ecology and Evolution, 20:212–215.

Philip W Lambdon. 2008. Alien flora of Europe: species diversity, temporal trends, geographical patterns and research needs[J].Preslia, 80:101-149.

Piero Genovesi,Clare Shine. 2004. European strategy on invasive alien species. Nature and environment, 137 . Council of Europe.

PrzybylskiZ. 1979. The effects of automobile exhaust gases on the Arthropods of cultivated lants, meadows and rchards [J]. Enviromental Pollution, 19:157-161.

Reich P B, et al. 1985.Effects of O3, SO2 and acidic rain on mycorrhizal infection in northen red oak seedings[J].Can J Bot, 63:2049.

Riccardo Scalera. 2008. EU funding for management and research of invasive alien species in Europe. Support for a pilot project on ‘Streamlining European 2010 Biodiversity Indicators (SEBI2010)’ Contract number – 3603/B2007.EEA.53070. May.

Santiago D, Motas-Guzman M, Reja A, et al. 1998 .Lead and cadmium in red deer and wild boar from Sierra Morena Mountains (Andalusia, Spain) [J]. Bulletin of Environmental Contamination and Toxicology , 61: 730-737.

Santoro A E, Lombardero M J, Ayers M P, et al. 2001. Interactions between fire and bark beetles in an old growth pine forest [J]. Forest Ecology and Management, 144:245-254.

Schuler T H, Poppy G M, Kerry B R, et al. 1999. Potential side effects of insect-resistant transgenic plants on arthropod natural enemies[J].Trends in Biotechnology, 17(5):210-216.

Smith T M, Leemans R, Shugart H H. 1992.Sensitivity of terrestrial carbon storage to CO2 induced climate change: comparison of four scenarios based on general circulation models[J].Climaic Change, 21:367-384.

Soulé M E. 2005.Conservation biology: the science of scarcity and diversity[M]. Sunderland, Massachusetts, USA: Sinauer associates Inc. Publisher, 1986.

Stephens S L, Ruth L W. Federal forest fire policy in the United States[J].Ecological

Applications, 15:532-542.

Stotzky G P.2000. Ersistence and biological activity in soil of insecticidal proteins from Bacillus thuringiensis and of bacterial DNA bound on claysand humic acids[J].J Environ Qual, 29: 691-705.

Tapp H, Stotzky G. 1995.Insecticidal activity of the toxin from Bacillus thuringiensis subspecies kurstaki and tenebrionis absorbed and bound on pure and soil clays[J].Appl Environ Microbiol, 61:1786-1790.

Thomas M B, Willis A J. 1998. Biocontrol: risky but necessary?[J].Trends in Ecology and Evolution. 13:325-329.

Thompsonm G W, et al. 1984. Effects of aluminum and manganese on the growth of ectomycorrhizal fungi [J]. Appl Environ Micro, 48:556.

Toole R E. 1961.Fire scar development[J].Southern Lumberman, 203 :111-112.

Turner M G, Romme W H, Gardner R H. 1999. Prefire heterogeneity, fire severity, and early postfire plant reestablishment in subalpine forests of Yellowstone National Park, Wyoming[J]. Int J Wildland Fire, 9 (1) :21-36.

Turner M G, Romme W H, Reed R R, et al. 2003.Post fire aspen seedling recruitment across the Yellowstone (USA) Landscape[J].Landscape Ecology, 18 (2) :127-140.

Urban D L, Harmon M E, Halpern C B. 1993. Potential response of Pacific Northwestern forests to climate change: effects of stand age and initial composition[J].Climatic Change, 23:247-266.

Vasconcelos S D, Williams T, Hails R S, et al. 1996.Prey selection and baculovirus dissemination by carabid predators of Lepidoptera[J].Ecological Entomology, 21:98-104.

Wagner M R, Atuahene S K N, Cobbinah J R. 1977.Forest entomology in west tropical Africa: forest Insects of Ghana[M].Dordrecht: Kluwer Academic Publishers, 210.

Wallin K F, Kolb T E, Skov K R, et al. 2003.Effects of crown scorch on ponderosa pine resistance to bark beetles in northern Arizona[J].Environmental Entomology, 32:652-661.

WHO. 2004. Laboratory biosafety manual[M].Third Edition.

Willenberg A, et al. 1990. Effect of environmental stress factors on ectomycorrhizal fungi in vitro[J].Can J Bot, 68:1741.

Wittenberg R, Cock M J W. 2001.Invasive alien species: a toolkit of best prevention and management practices[M].Wallingford, UK:CABI Publishing, 228.

Yan X D, Zhao S D. 1996.Simulating the sensitivity of Changbai Mt. forests to climatic change[J]. China: J Environ Sci, 8(3):357- 370.

Yu Zailin, Podgwaite J D, Wood H A. 1992.Genetic engineering of a Lymantria dispar nuclear polyhedrosis virus for expression of foreign genes[J].J Gen Virol, 73:1509-1514.

Zoeten G A. 1991.Risk assessment: Do we want history repeat itself?[J]. Hytopathology, 81(6):585-586.

Encyclopedia of science, technology and Ethics[M/OL]. www. bookrags. com/ research/ biosecurity – este - 0001_0001_0.

鲍思伟 . 2005. 浙江天台山野生观赏攀援植物资源及其园林应用 [J]. 湖北大学学报：自然科学版 , 27 (2) : 169-173.
边永民 . 2004. 中欧关于向环境中释放转基因生物的法律比较 [J]. 国际商务 , (增刊) , 40.
边永民 . 2007. 欧盟转基因生物安全法评析 [J]. 河北法学 , 25 (5) : 157-163.
才玉石 , 宋双玉 , 赵瑞兴 . 2007. 美国怎样抓林业有害生物管理 [J]. 中国林业 , (8B) : 50-51.
蔡守秋 . 2002. 论生物安全法 [J]. 河南省政法管理干部学院学报 , (2) : 1-10.
曹杰伟 . 2009. 浅析人畜共患病发生的原因及防范措施 [J]. 河南农业 , (10): 48-49.
陈超 , 展进涛 , 廖西元 . 2007. 国外转基因生物安全管理分析及其启 [J]. 中国科技论坛 , (9) : 112-115.
陈放 , 曹毅 , 林宏辉 , 等 . 2004. 建立我国生物安全防御体系战略设想及应对措施 [J]. 决策咨询通讯 , 15 (1) : 22-24.
陈广燕 , 王蓉 . 2005. 自然科技资源总论 [M]// 王东阳 . 自然科技资源政策法规研究 . 北京：科学出版社 .
陈灵芝 , 马克平 . 2001. 生物多样性科学：原理与实践 [M]. 上海：上海科学技术出版社 .
陈士林 , 黄林芳 , 王瑀 , 等 . 2005. 中药资源生物多样性保护问题及对策 [J]. 中医药信息 , 22 (2) : 3-5.
陈颖健 . 2004. 生物安全：人类健康和环境保护的新领域 [J]. 求是 , (6) : 53-54.
戴小枫 . 2007. 美国农业生物安全的国家战略及其对我国的启示 [J]. 中国科技论坛 , (4): 132-134.
邓继福 , 王振中 , 张友梅 , 等 . 1996. 重金属污染对土壤动物群落生态影响的研究 [J]. 环境科学 , 17 (2) : 1-5.
丁晖 , 石碧清 , 徐海根 . 2006. 外来物种风险评估指标体系和评估方法 [J]. 生态与农村环境学报 , 22 (2) : 92-96.
丁建清 , 会卫东 . 1996. 生物防治：利用生物多样性保护生物多样性 [J]. 生物多样性 , 4 (4) : 222-227.
丁建清 , 解焱 . 2001. 中国外来种入侵机制及对策 . 保护中国的生物多样性 (二) [M]. 北京：中国环境科学出版社 ,107-128.
丁双阳 , 李怀业 , 李学锋 , 等 . 2001. 转基因杨树对美国白蛾幼虫中肠解毒酶及乙酰胆碱酯酶的影响 [J]. 东北林业大学学报 ,29 (3) :8-30.
段景春 , 李章启 . 2008. 生物入侵与生物多样性保护 [J]. 濮阳职业技术学院学报 , 21 (2): 27.
樊军锋 , 韩一凡 , 李玲 , 等 . 2002. 84K 杨树耐盐基因转化研究 [J]. 西北林学院学报 , 17 (4) : 34-37.
范晓虹 , 李尉民 . 2001. 保护我国生物安全的检疫对策研究 [J]. 生物多样性 , 9 (4) : 439-445.
冯宗炜 . 1993. 酸雨对生态系统的影响—西南地区酸雨研究 [M]. 北京：中国科学技术出版社 .
高宝嘉 , 高素红 , 刘军侠 , 等 . 2006. 转双抗虫基因 741 杨节肢动物群落营养结构及生

态位变化 [J]. 生态学报 , 26 (10) : 3499-3507.

高宝嘉 , 张炬红 , 王永芳 , 等 . 2004. 转抗虫基因 741 杨抗虫性研究 [J]. 河北农业大学学报 , 27 (3) : 60-63.

高素红 , 高宝嘉 , 刘军侠 , 等 . 2006. 转基因 741 杨节肢动物群落主要害虫及天敌的动态变化 [J]. 生态学报 , 26 (10) : 3491-3498.

高素红 , 高宝嘉 , 刘军侠 . 2006. 转双抗虫基因 741 杨不同栽培模式对节肢动物群落结构的影响 [J]. 河北农业大学学报 , 29 (3) : 58-61.

高素红 , 毛富玲 , 王江柱 , 等 . 2005. 转双抗基因 741 杨节肢动物群落生态安全性评价 : 转高贤明 , 赵玉杰 , 王硕 , 等 . 2009. 紫茎泽兰物候学特征及防控对策 [C]// 全国林业有害植物防控研讨会论文集 , 珠海 .

龚玉梅 . 2007. 林业领域中的生物安全性及其相关政策研究 [D]. 北京 : 中国林业科学研究院 .

顾万春 , 李文英 . 2005. 林木种质资源共享政策法规研究 [M]// 自然科技资源政策法规研究 . 北京 : 科学出版社 .

顾万春 , 王棋 , 游应天 , 等 . 1996. 森林遗传资源学概论 [M]. 北京 : 中国科学技术出版社 .

顾万春 . 2005. 中国林木种质资源本底现状与保护对策 [M]// 薛达元 . 中国生物遗传资源现状与保护 . 北京 : 中国环境出版社 .

关传友 . 2003. 皖西大别山区野生攀援观赏植物资源与应用研究 [J]. 阜阳师范学院学报 : 自然科学版 , 20 (2) : 15 - 19.

官蕾 . 2007. 上海野生动物疫源疫病监测体系建设对策研究 [J]. 上海建设科技 , (2) : 57-58, 63.

郭同斌 , 嵇保中 , 诸葛强 , 等 . 2007. 转基因杨树对杨小舟蛾幼虫解毒酶活性的影响 [J]. 林业科学 , 43 (5) : 59-63.

郭艳秀 . 2007. 野生动物疫源疫病监测预警体系的思考 [J]. 中国林业经济 , 83 (3) : 57-58.

郭跃 . 2000. 德国林业发展和生态环境保护的特点及启示 [J]. 重庆师范学院学报 , 17 (3) : 17-23.

国家环保总局生物安全管理办公室 . 2007. 加强生物安全管理 维护国家生态安全 [J]. 环境教育 , (4) .

国家林业局野生动植物保护司 , 国家林业局野生动物疫源疫病监测总站 . 2007. 陆生野生动物疫源疫病监测 [M]. 沈阳 : 辽宁科学技术出版社 .

国务院发展研究中心 . 2002. 发达国家管理转基因生物安全的几种模式 [J]. 中国农业信息 : 国外农业 , (9) .

国务院发展研究中心 . 2002. 美、日、欧盟转基因生物安全管理模式 [J]. 中国家禽 : 转基因专题 , 19 (4) .

郝贵霞 , 朱祯 , 朱之悌 . 1999. 转水稻巯基蛋白酶抑制剂基因毛白杨的获得 [J]. 高技术通讯 , (11) : 17-21.

郝贵霞 , 朱祯 , 朱之悌 . 2000. 转 CpTI 基因毛白杨的获得 [J]. 林业科学 , 36 (1) : 116-119.

郝燕湘 . 2000. 松材线虫病工程治理及对策 [J]. 中国林业 , (5) : 14.

洪华珠 , 扬红 . 1995. 病毒杀虫剂的发展 [J]. 中国生物防治 . 11 (12) : 84-88.

洪晓月，徐海根，李红梅，等 . 2003. 江苏省外来入侵害虫与病原生物的现状、影响与防治对策 [J]. 南京农业大学学报，26 (4) : 116-123.

侯英杰，张冰玉，苏晓华 . 2006. 转基因林木潜在生态风险研究进展 [J]. 中国生物工程杂志，26 (12) : 117-121.

胡海清 . 2006. 林火对森林虫害发生影响的研究 [J]. 林业科学，42 (12) : 77-83.

胡海燕，杨龙 . 2006. 利用微生物防治植物病害的研究进展 [J]. 中国生物防治，22: 190-193.

胡建军，刘庆一，王克胜，等 . 1999. 欧洲黑杨转 Bt 毒蛋白基因植株大田抗性测定 [J]. 林业科学研究，12 (2) : 202-205.

胡建军，张蕴哲；卢孟柱，等 . 2004. 欧洲黑杨转基因稳定性及对土壤微生物的影响 [J]. 林业科学，40 (5) : 105-109.

黄印尧，方元炜，李自强 . 2001. 实施卫生与植物卫生措施协议 [J]. 福建畜牧兽医，4 (23) : 44-46.

佳楠 . 2009. 做好动物疫病防控工作是义不容辞的责任：张仲秋谈中国动物疫病预防控制中心 2009 年工作要点 [J]. 中国牧业通讯，(6) : 10-11.

贾士荣 . 1997. 转基因植物的环境与食品安全 [J]. 生物工程进展，17 (6) : 37-42.

贾士荣 . 1999. 转基因作物的安全性争论及其对策 [J]. 生物技术通报，(6) : 1-7.

贾文明，周益林，丁胜利，等 . 2005. 外来有害生物风险分析的方法和技术 [J]. 西北农林科技大学学报：自然科学版，33 (增刊) : 195-200.

姜桥英 . 2008. 基层动物防疫工作中存在的问题和对策 [J]. 云南畜牧兽医，(2) : 4-5.

姜文虎，刘军侠，高嘉宝，等 . 2007. 转双抗虫基因 741 杨对靶标害虫发育的影响 [J]. 河北林业科技，(5) : 1-3.

蒋志刚，马克平，韩兴国 . 1997. 保护生物学 [M]. 杭州：浙江科学技术出版社 .

柯坚 . 2002. 我国生物安全立法问题探讨 [J]. 中国环境管理，(2) : 12-14.

柯坚 . 2003. 论生物安全法律保护的风险防范原则 [J]. 法学杂志，22 (3) : 33-35.

李皓 . 2009. 人畜共患病与公共卫生管理 [J]. 科技潮，(7) : 46-47.

李劲松 . 2006. 试论生物危害与生物安全 [J]. 预防医学论坛，12 (1) : 125-128.

李克让，陈育峰 . 1996. 全球气候变化影响下中国森林的脆弱性分析 [J]. 地理学报，51 (增刊) : 40-49.

李明，黄艳，沈平华 . 2008. 林下烧火清园防治橡胶蚧壳虫试验初报 [J]. 中国热带农业，(5) : 44-45.

李明阳，徐海根 . 2005. 生物入侵对物种及遗传资源影响的经济评估 [J]. 南京林业大学学报：自然科学版，29 (2) : 98-102.

李淑梅，张春铃，胡建军，等 . 2008. 转基因抗虫杨树新品种‘健杨 94’[J]. 林业科学，44 (7) : 141.

李文华，倖俊玲，方田 . 2008. 防范外来物种入侵的法律对策 [J]. 法制与经济，(183) : 72-73.

李霞，张新时，杨奠安 . 1994. 应用 Holdridge 植被气候分类系统进行中国植被对全球变化响应的研究 [M]// 中国国家自然科学基金委员会生命科学部、中国科学院上海文献情报中心编．全球变化与生态系统．上海：上海科学技术出版社．
李新凤．2004. 生物安全现状及管理对策思考 [J]. 湖南冶金职业技术学院学报，4 (3)：242-244.
李永成，赵宇翔，周茂建，等．2005. 加强疫木管理　遏制松材线虫病扩散蔓延 [J]. 中国森林病虫，24 (1)：36-39.
李振宇，解焱．2002. 中国外来入侵种 [J]. 北京：中国林业出版社．
林祥明，朱洲．2004. 美国转基因生物安全法规体系的形成与发展 [J]. 世界农业，(5)：14-17.
林燕梅．2007. 美国和欧盟的转基因生物安全管理现状 [J]. 环境教育，(4)：24-26.
刘标，薛达元．2000. 国际生物安全现状与我国的生物安全对策 [J]. 农村生态环境，6 (l)：34-37.
刘传光，林青山，江奕君，等．2003. 转基因植物的生物安全问题探讨 [J]. 中国生态农业学报，11 (3)：175-177.
刘春兴．2006. 欧盟应对生物入侵的管理策略 [J]. 世界环境，(6)：63-64.
刘风华，孙仲序，崔德才，等．2000. 细菌 mtlD 基因的克隆及在转基因八里庄杨中的表达 [J]. 遗传学报，27 (5)：428-433.
刘海涛，张川红，马淼，等．2009. 中国树木转基因研究进展及其生物安全管理现状 [J]. 中国农学通报，25 (5)：80-89.
刘红霞，温俊宝，骆有庆，等 .2001. 森林有害生物风险分析研究进展 [J]. 北京林业大学学报，23 (6)：46-51.
刘谦，朱鑫泉 .2002. 生物安全 [M]. 北京：科学出版社．
刘卫东 .2002. 植物转基因技术及安全性研究进展 [J]. 南京农专学报，18 (1)：6-12.
刘文瑜，杨学昌 .2009. 人畜共患疾病的现状与对策 [J]. 云南农业，(5)：33-34.
刘艳红，赵惠勋．2000. 干扰与物种多样性维持理论研究进展 [J]. 北京林业大学学报，22 (4)：101-105.
龙火生．2003. 生物安全的由来及发展 [J]. 家畜生态 ,24 (2)：7-1.
卢宝荣，张文驹，李博．2003. 转基因的逃逸及生态风险 [J]. 应用生态学报，14 (6)：989-994.
卢孟柱，胡建军．2006. 我国转基因杨树的研究及应用现状 [J]. 林业科技开发，20 (6)：1-4.
鲁绍伟，袁胜亮，周国娜，等．2007. 转双抗三倍体毛白杨对舞毒蛾幼虫中肠解毒酶的影响 [J]. 安徽农业科学，35 (23)：7200-7201, 7204.
陆忠伟．2003. 非传统安全论 [M]. 北京：时事出版社．
落志筠．2007. 构建我国转基因生物安全法律制度框架的思考 [J]. 内蒙古财经学院学报，(1)：112-114.
马丹炜，邝先慧，王跃先．2003. 生物安全问题的社会生态风险分析 [J]. 西南民族大学学报：(社会人文版)，24 (12)：396-399.
马克平．1993. 试论生物多样性的概念 [J]. 生物多样性，1 (1)：20-22.
马述忠．2004. 欧盟对转基因产品的管理措施 [J]. 世界农业，(11)：45-47.
马晓梅，朱西儒，田长恩．2006. 我国微生物农药研究与应用的新进展 [J]. 武汉科技学院学报，19 (11) : 42-46.
毛秀梅 . 2008. 我国野生动植物保护现状 [J]. 农业科技与信息，(19) : 54-55.
孟亮，李红双，金德敏，等 . 2004. 转几丁质酶基因黑杨的获得 [J]. 生物技术通报 . (3): 4851.
孟庆瑜，刘广明 . 2005. 试论外来物种入侵法律制度的完善 [J]. 美中法律评论，2 (11) : 66-71.
莫莎 . 2003. 对外贸易与保护我国生物安全 [J]. 对外经济贸易大学学报，(5) : 20-22.
潘建明 . 2003. 国家生态安全与外来物种入侵 [J]. 生态学通报，38 (4) : 14-15.
潘伟彬，陈志彤，黄毅斌 . 2007. 外来物种入侵对生态安全的影响 [J]. 泉州师范学院学报，25 (6) : 115-120.
钱迎倩，马克平 . 1998. 经遗传修饰生物体的研究进展及其释放后对环境的影响 [J]. 生态学报，18 (1) : 1-9.
钱迎倩，魏伟 .2003. 再论生物安全 [J]. 广西科学，10 (2) :126-128, 134.
全国农业技术推广服务中心，中国植物保护学会和中国昆虫学会 . 2001. WTO 与植物检疫发展战略研究 [M]. 北京：中国农业出版社 .
桑卫国，马克平，魏伟 . 2000. 国内外生物技术安全管理机制 [J]. 生物多样性，8 (4) ；413-421.
邵景文 . 1989. 大兴安岭东部火烧迹地蛀干害虫发生规律初报 [J]. 东北林业大学学报，(4) : 35-38.
沈熙环 . 2007. 森林遗传育种资源的保存策略 [J]. 林业科技开发，21 (3) : 1-4.
史雅娟，吕永龙，任鸿昌，等 . 2003. 持久性有机污染物研究的国际发展动态 [J]. 世界科技研究与发展，(4) : 73-78.
宋伟，方琳瑜 . 2006. 我国转基因食品安全立法的若干思考 [J]. 科技管理研究，(9) : 43, 64-66.
苏晓华，张冰玉，黄烈健，等 . 2003. 转基因林木研究进展 [J]. 林业科学研究，16 (1) : 95-103.
孙莉 . 2005. 植物引种的生物安全性分析 [J]. 吉林林业科技，34 (1) : 34-37.
孙楠，黄冠胜，林伟，等 . 2007. 主要贸易国家有害生物风险分析研究方法比较 [J]. 植物检疫，21 (2) : 87-91.
孙伟，杨顺祥 . 2009. 灾难应急管理技术领域的挑战与机会 [J]. 中国减灾，(1) : 17-19.
孙修炼，胡志红 . 2008. 我国昆虫病毒杀虫剂的研究与应用进展 [J]. 中国农业科技导报，6 (6) : 33-37
田晓瑞，舒立福，王明玉 . 2005. 林火动态变化对我国东北地区森林生态系统的影响 [J]. 森林防火 . 1: 21-25.
田晓瑞，赵凤君，李红，等 . 2007. 低强度火烧对长白山林区蒙古栎林的影响 [J]. 自然灾害学报，16 (1) : 66-70.
田晓瑞，舒立福，王明玉 . 2003. 1991-2000 年中国森林火灾直接释放碳量估算 [J]. 火灾科学，12 (1) : 6-10.
田颖川，李太元，莽克强，等 . 1993. 抗虫转基因欧洲黑杨的培育 [J]. 生物工程学报，9

(4) : 291-297.
万方浩，李保平，郭建英 . 2008. 生物入侵：生物防治篇 [M]. 北京：科学出版社 .
万方浩，叶正楚，Peter Harris. 1997. 生物防治作用物风险评价的方法 [J]. 中国生物防治，13 (1) : 37-41.
万方浩 . 2005. 重要农林外来人侵物种的生物学与控制 [M]. 北京：科学出版社 .
汪其怀 . 2006. 中国农业转基因生物安全管理回顾与展望 [J]. 世界农业，(6): 18-20.
汪松，谢彼德，解焱 . 1996. 保护中国的生物多样性（二）[M]. 北京：中国环境科学出版社 .
汪绚 . 1995. 赴德林业管理体制、林业立法及林业政策考察报告 [M]// 杨禹畴，吴志民 . 国外林业技术考察报告选编 . 哈尔滨：东北林业大学出版社 .
王灿发 . 2000. 创建框架性法规体系：生物安全管理立法初探 [J]. 国际贸易，(7) : 15-19.
王超，魏秀俭，郭彦 . 2006. 浅谈生物安全的有关问题 [J]. 安徽农业科学，34 (7) : 1302-1303.
王东阳 . 2005. 自然科技资源共享政策法规研究 [M]. 北京：科学出版社 .
王豁然，江泽平 . 1995. 论中国林木引种驯化策略 [J]. 林业科学，31 (4) : 367-372.
王明远 . 2008."转基因生物安全"法律概念辨析 [J]. 法学杂志，(1) : 79-81.
王瑞君，郭福涛，孙家宝 . 2005. 黑河地区火烧与森林虫害关系的初步研究 [J]. 中国森林病虫，24 (3) : 12-14
王小军 . 2006. 生物安全与我国生物安全法 [J]. 宁波大学学报，19 (4) : 118-124.
王学聘，韩一凡，戴莲韵，等 . 1997. 抗虫基因欧洲杨的培育 [J]. 林业科学，33 (1) : 69-74.
王颖，甄志先，杨敏生，等 . 2007. 转双抗虫基因三倍体毛白杨外源基因表达及性状相关性分析 [J]. 昆虫学报，50 (9) : 907-913.
王玉涛，侯广维，冯元普 . 2005. 川西高山松林火烧迹地植被天然恢复过程中物种多样性动态 [J]. 四川林业科技，26 (2) : 12-19.
王振中，张友梅，夏卫生，等 . 1996. 有机磷农药对土壤动物群落结构的影响研究 [J]. 生态学报，16 (4) : 357-366.
王忠海，陈杰，肖常青 . 2008. 构建辽宁鸟类疫源疫病监测体系初探 [J]. 辽宁林业科技，(2) : 45-47.
王子灿 . 2006. Biosafety 与 Biosecurity: 同一理论框架下的两个不同概念 [J]. 武汉大学学报：哲学社会科学版，59 (2) : 254-58.
魏伟 . 2003. 浅谈与生物安全立法有关的几个问题 [J]. 科技与法律，(1) : 84-86.
温战强，金学林，王鸿加 . 2006. 全国第三次大熊猫调查报告 [M]. 北京：科学出版社 .
吴坚 . 2004. 我国林业外来有害生物入侵现状及防控对策 [J]. 环境，(4) : 41-44.
吴裕 . 2008. 浅论植物种质、种质资源、品系和品种的概念及使用 [J]. 热带农业科技，31 (2) : 45-49.
吴志平，徐步进 . 1999. 转基因作物释放后在环境中成为杂草的风险性 [J]. 生物工程进展，19 (1) : 9-13.
夏如冰 . 2002. 中国生物防治科技的发展及其动因初探 [J]. 中国农史，21 (3) : 27-36.

夏婷婷，况明生 . 2008. 我国生物入侵与生态安全研究 [J]. 太原师范学院学报：自然科学版，27 (3)：143-147.

肖唐华，周德翼，李成贵 . 2008. 美国转基因生物安全行政监管特点分析 [J]. 生态经济，(3)：91-94.

徐承远，张文驹，卢宝荣，等 . 2001. 生物入侵机制研究进展 [J]. 生物多样性，9 (4)：430-438.

徐海根，王健民，强胜 . 2004.《生物多样性公约》热点研究：外来物种入侵、生物安全、遗传资源 [M]. 北京：科学出版社 .

徐海根，王健民，强盛 . 2004. 外来物种入侵 • 生物安全 • 遗传资源 [M]. 北京：科学出版社 .

徐海明 . 2005. 种质资源核心库构建方法的研究及其应用 [D]. 杭州：浙江大学 .

徐靖，李俊生，张文国，等 . 2007. 我国生物安全问题、管理现状与对策 [J]. 环境保护，(7A)：25-30.

徐友刚 . 2003. 考察美国生物安全立法情况的报告 [J]. 生物技术安全，(1)：77-79.

许定发 . 1995. 森林遗传资源保护研究进展 [J]. 植物资源与环境，2 (3)：46-54.

薛达元 . 2000. 中国生物遗传资源现状与保护 [J]. 北京：中国环境科学出版社 .

杨宝君，朱克恭，周元生 . 1995. 中国松材线虫病的流行与治理 [M]. 北京：中国林业出版社 .

杨传贵，焦志延 . 2000. 关于森林衰退与大气污染关系的研究 [J]. 世界环境，(2)：45-48.

杨传平，刘桂丰，梁宏伟，等 . 2001. 耐盐基因 Bet—A 转化小黑杨的研究 [J]. 林业科学，37 (6)：34-38.

杨丁 . 2005. 动物疫病早期预警体系的构建 [J]. 中国牧业通讯，(3): 31-34.

杨国伟，胡箭 . 2009. 云南省陆生野生动物疫源疫病监测工作现状及对策 [J]. 林业调查规划，(1)：105-108.

杨京平，卢剑波 . 2002. 生态安全的系统分析 [M]. 北京：化学工业出版社 .

杨树春，刘新田，曹海波，等 . 1998. 大兴安岭林区火烧迹地植被变化研究 [J]. 东北林业大学学报，26 (1)：19-23.

杨印生，娄少华，张孝义，等 . 2008. 美国、欧盟、日本对转基因作物的态度与政策比较及对我国的启示 [J]. 生态经济：产业观察，(7)：129-131.

杨忠岐 . 2004. 利用天敌昆虫控制我国重大林木害虫研究进展 [J]. 中国生物防治，20 (4)：221-227.

佚名 . 2005.《湿地公约》与国际重要湿地 [J]. 湿地科学与管理，1 (1)：21.

于文轩，王灿发 . 2005. 国外生物安全立法及对中国立法的思考 [J]. 科技与法律，(4) .

余叔文，卞咏梅，马光靖，等 . 1990. 重庆南山马尾松林衰亡与大气污染关系的讨论 [J]. 环境科学学报，10 (3)：378-383.

余思义，蔡双双 . 2009. 人畜共患病预防控制的现状和综合防制策略 [J]. 中国预防医学杂志，(6)：552-555.

曾北危 . 2004. 转基因生物安全 [M]. 北京：化学工业出版社 .

张保平，李治海，赵秀萍 . 2009. 人畜共患病的危害及防制 [J]. 中国动物保健，(4)：

71-74.

张碧侠 . 2009. 加强动物疫病防控 促进西藏畜牧业健康发展 [J]. 安徽农学通报：上半月刊 , (3) : 157-158.

张博 . 2005. 美国外来物种入侵的相关法律对我国的启示 [J]. 黑龙江省政法管理干部学院学报 , (2) : 118-119.

张汉荣 . 2009. 如何有效防控动物疫病的发生 [J]. 中国牧业通讯 , (5) : 43-44.

张华 , 王冲 . 2001. 欧盟转基因生物安全立法和管理情况 [J]. 政策与管理 , (11) : 14-16. .

张兰 , 李建科 . 2005. 转基因产品对蜜蜂和雄蜂的影响 [J]. 中国养蜂 , 56 (6) : 7-9.

张润志 , 康乐 . 1999. 侵入型害虫的成灾机制与防治对策 [J]. 昆虫知识 , 36 (3) : 181-183.

张维平 . 1999. 生物多样性面临的威胁及其原因 [J]. 环境科学进展 , 7 (5) : 123-131.

张卫明 , 赵伯涛 , 钱骅 , 等 . 2006. 我国重要野生植物种质资源共享机制探讨 [J]. 中国野生植物资源 , (2) : 1-3.

张文国 . 2007. 生物安全问题的本质是人的问题 [J]. 环境经济 , (10) : 33-36.

张一宾 . 2008. 生物杀虫剂的概况和发展方向 [J]. 现代农药 , 7 (1) : 1-5.

张正旺 . 1995. 保护生物学 : 生物学的新分支 [J]. 生物学通报 , 30 (8) : 7-9.

张忠臣 . 2006. 论国际生物安全背景下中国的对策 [D]. 青岛 : 青岛大学 .

赵魁义 , 张文芬 , 周幼吾 , 等 . 1994. 大兴安岭森林火灾对环境的影响与对策 [M]. 北京 : 科学出版社 , 166-167.

赵文霞 . 2006. 外来林业有害生物管理与生物安全立法 [J]. 法治论丛 : 上海政法学院学报 , (2) : 106-109.

甄志先 , 李静 , 梁海永 , 等 2007. 转 BtCry3A 基因杨树毒蛋白表达及对桑天牛抗性的研究 [J]. 蚕业科学 , 33 (4) : 538-542.

郑光美 . 2006. 秦岭大熊猫的发现 : 一段尘封的历史 [M]// 赵学敏 . 大熊猫 : 人类共有的自然遗产 [J]. 北京 : 中国林业出版社 .

中国科学院 . 1999. 科学发展报告 : 外来种入侵和生态学效应 [M]. 北京 : 科学出版社 .

周利飞 , 杨德军 .2007. 昆虫病毒杀虫剂的研究概况 [J]. 植物医生 , 20 (3) : 8-9.

周乃元 . 2003. 浅议生物安全的有关问题 [J]. 科技与法律 , (1) : 80-83.

周伟 . 2008. 美国的转基因生物安全管理与生物技术风险交流 [J]. 安徽农学通报 , 14 (21) : 3-5.

周乙华 , 庄辉 . 2005. 实验室感染与生物安全 [J]. 中华预防医学杂志 , 39 (3) : 215-217.

朱桂寿 . 2008. 浙江省陆生野生动物分布及其疫源疫病监测体系建设研究 [D]. 南京 : 南京林业大学 .

朱慧芬 , 张长芹 , 龚洵 . 2003. 植物引种驯化研究概述 [J]. 广西植物 , (1) : 52-60.

朱莉飞 , 朱明艳 , 肖曙光 .2008. 转基因林木生物安全性评价及管理研究 [J] . 河南林业科技 , 28 (1) : 35-37.

朱守一 . 1991. 生物安全与防止污染 [M]. 北京 : 化学工业出版社 .

朱水芳 , 陈乃中 , 李伟才 , 等 . 2004. 外来生物入侵及其国境控制体系构想 [J] . 植物检疫 , (1) : 32-36.

祝列克 . 2005. 强化政府职责 提高科技含量 坚决遏制外来林业有害生物的危害 [J] .

中国森林病虫，24 (1)：27-30.
祝晓莲．2007. 国际生物安全形势及我国应取的对策 [J]. 国际技术经济研究．(4)：1-4.
宗亦臣，郑勇奇，张川红，等．2006. 新银合欢在干热河谷地区天然更新的初步调查报告 [R]. 北京．
2006 年国际热带木材协定 [EB/OL]．[2009-06-23]．http://www.itto.int/.
濒危野生动植物种国际贸易公约 [EB/OL]．[2009-06-23]．http://www.cites.org/.